教育部人文社会科学研究专项任务项目（高校辅导员研究）

高校学生危机事件有效应对策略

王建兴　高萌　侯娟　著

中国商业出版社

图书在版编目（CIP）数据

高校学生危机事件有效应对策略/王建兴，高萌，侯娟著．--北京：中国商业出版社，2022.6
ISBN 978-7-5208-2104-9

Ⅰ.①高… Ⅱ.①王… ②高… ③侯… Ⅲ.①高等学校—突发事件—处理—研究—中国 Ⅳ.①G647.4

中国版本图书馆 CIP 数据核字（2022）第 114456 号

责任编辑：管明林

中国商业出版社出版发行
（www.zgsycb.com 100053 北京广安门内报国寺 1 号）
总编室：010-63180647 编辑室：010-83114579
发行部：010-83120835/8286
新华书店经销
北京建宏印刷有限公司印刷

*

710 毫米×1000 毫米 16 开 16.25 印张 251 千字
2022 年 6 月第 1 版 2022 年 6 月第 1 次印刷
定价：78.00 元

* * * *

（如有印装质量问题可更换）

序

随着经济社会的发展，高校日益成为危机事件的多发领域，危机管控与处理已经成为高校管理者面对的一个重要课题。长期在高校工作，见多了各类危机事件的发生，有的事件因处理不当，在给师生带来危害的同时，也给高校带来很大的负面影响，造成学校工作的被动；有的危机事件却因反应迅速，处理及时有效，给高校增了光。事物的发生发展都是有规律可循的，高校危机事件的规律是什么，高校管理者如何学习危机管理理论，如何应急处置各类突发事件，提高学校的声誉？这些问题都需要高校管理者深度思考。

因工作原因，我与一些学生辅导员熟悉、熟知，知道他们工作的艰辛与充实。我曾积极鼓励学生工作人员结合工作开展理论研究。王建兴同志作为多年的学生工作人员，在工作中积极探索，勤于学习，善于思考，在危机管理方面积累了一些经验。2016年获批了山东省社会科学规划项目"高校突发事件应对策略研究"，2020年又获批教育部人文社会科学研究专项任务项目（高校辅导员研究）"高校学生危机事件有效应对策略研究"，借此将多年的研究汇集成册之际，让我作序，我欣然受之。

本书详细介绍了突发事件、危机、应急管理与危机管理等相关知识，列举了四类危机事件及其下级分类，重点结合高校学生层面的危机事件，为高校管理者和广大师生科普了危机管理的一般常识。通过本书可以使学校领导干部和学生工作人员熟悉危机事件应对的一般过程，学习危机管理工作方法，提高解决实际问题的能力。书中列举了大量高校学生危机事件的案例，既有应对过程，又有经验提炼，还有教训启示，具有很强的借鉴意义。本书的目的在于帮助高校各级领导干部、应急管理工作者开阔视野，指导危机管理工作实践，提高应对危机的能力。从成书情况看，这项工作研究取得了一定的成功，其成果具有较大的理论价值和应用价值。

张子礼

山东理工大学 教授

前 言

担任辅导员时间越长,经历的学生危机事件越多,思考也就越多。1995年冬,我刚担任辅导员不久,就遇到一个新生自杀,紧张之余是接待来校的家长,安抚他们的情绪,配合公安机关还原学生生前的生活轨迹。后来学校党委书记安慰我说:"这个学生的选择与你无关。"后来我得知,他留下的三封遗书其一就是写给我的,大致是感谢我半年来对其的关照。也正是通过遗书,学校领导了解了我的工作,了解了辅导员,以至于后来对我的工作一直赞赏有加。以后的时间又经历过几起学生自杀事件,有的死者亲属来学校大吵大闹,追究学校的责任,要求赔偿高额的死亡补助,给学校的工作带来一时的被动。有人说时代变了,学生变了,家长也变了,学校和家长的法律意识都有了很大的提高。家长遇见事情往往先咨询律师。学校常年聘有法律顾问,高校出现危机事件,家校双方都会运用法律武器保护己方的利益权益,但危机事件的应对绝不仅仅是息事宁人,而是有着科学的规律性。研究这些规律,了解这些理论基础,有助于提高高校危机管理的水平,维护高校声誉。2009年暑假,我有幸在秦皇岛参加了一次学术会议,接触到中国科学院科技战略咨询研究院中国科学院科技政策与管理科学研究所研究员陈安先生,他是中国地震局地震应急预案管理专家组成员、中国灾害防御协会风险分析专业委员会会员、中国科学学与科技政策研究会政策模拟专业委员会会员,还担任多所大学的兼职教授,他主讲的有关突发事件理论的报告,帮我打开了一扇了解突发事件、了解危机管理的窗口。

高校对于危机事件的应对管理直接关系到事件解决的成本,而现实情况是很多高校管理者缺乏必要的危机管理知识,高校师生普遍缺少危机管理教育。将高校常见的危机事件分类加以说明,以发生在高校大学生层面的真实案例加以梳理评判,找出其成功的经验,反思因应对不足带来的危害,将有助于提高师生的危机意识,保护师生的生命财产安全。

本书由山东理工大学王建兴组织编写,第一部分、第二部分和附录由王建兴编写，侯娟负责第三部分的第一、第二节，高萌负责第三部分第三、第四节，研究生管清超负责第四部分的第一、第二节，研究生张春英负责第四部分的第三节，全书由王建兴统稿。书中引用了国内许多专家、学者的观点，写作过程中得到了山东理工大学的张子礼同志、邢同卫同志给予的大力支持，在此表示衷心的感谢！

本书是2020年教育部人文社会科学研究专项任务项目（高校辅导员研究）"高校学生危机事件有效应对策略研究"的总结成果。

本书虽力求精益，但成书仓促，不足之处在所难免，恳请广大读者批评指正。

作者
2022年3月

目 录

第一部分 高校学生危机事件概论 ················· 1

一、突发事件与应急管理 ··························· 1
（一）突发事件 ································· 1
（二）突发事件的应急管理 ······················· 4

二、危机与危机管理 ······························ 9
（一）危机 ····································· 9
（二）危机的应对管理 ·························· 11
（三）危机与突发事件的区别联系 ················ 12

三、高校学生危机事件概论 ······················· 14
（一）高校学生危机事件的内涵 ·················· 14
（二）高校学生危机事件的影响 ·················· 15
（三）做好高校学生危机事件应对的意义 ·········· 17

第二部分 危机管理理论 ························· 20

一、理论来源 ··································· 20

二、关于突发事件的理论 ························· 21
（一）突发事件的分类 ·························· 21
（二）突发事件的分段 ·························· 35
（三）突发事件的分级 ·························· 41

三、关于危机管理的理论 ························· 50
（一）危机管理的主体和客体 ···················· 50
（二）危机管理的策略 ·························· 51
（三）危机管理的内容 ·························· 52
（四）现代危机管理的体系 ······················ 57

第三部分　高校学生危机事件的应对策略 …… 64

一、高校学生危机事件管理的现状与问题 …… 64
（一）高校学生危机事件管理的现状 …… 64
（二）高校学生危机事件管理存在的问题 …… 67

二、高校学生危机事件的应对原则 …… 69
（一）以人为本、生命至上 …… 70
（二）确保有预案，平时多演练 …… 71
（三）科学规范，依法处置 …… 73
（四）重视网络舆情、维护高校形象 …… 78

三、高校常见危机事件的应对策略 …… 83
（一）自然灾害 …… 83
（二）事故灾难 …… 103
（三）公共卫生事件 …… 110
（四）社会安全事件 …… 124

四、加强校地联动，打造平安校园 …… 133
（一）联合开展好市民安全教育 …… 134
（二）共同维护交通安全 …… 137
（三）把好食品卫生安全关 …… 138
（四）重视校园消防安全 …… 140
（五）制定实验室安全检查标准 …… 142

第四部分　提高高校危机管理水平 …… 157

一、形成健全的危机管理体制 …… 157
（一）行政责任与社会责任系统 …… 160
（二）快速反应与资源支持系统 …… 162
（三）工程防御与技术保障系统 …… 168
（四）紧急避难与救助救援系统 …… 170

二、建立高效的危机管理机制 …… 175
（一）监控与启动机制 …… 176

（二）训练与保障机制 …………………………… 181
　　（三）处置与协调机制 …………………………… 185
　　（四）评价与终止机制 …………………………… 189
　　（五）监督与问责机制 …………………………… 195
三、编制有效的危机管理预案 ……………………………… 196
　　（一）预案的编制与生成 ………………………… 197
　　（二）预案的启动与终止 ………………………… 208
　　（三）预案的演练与培训 ………………………… 212
　　（四）预案的评估与修订 ………………………… 220

附录

　附录1　突发事件应急预案管理办法 ……………………… 228
　附录2　学生伤害事故处理办法 …………………………… 235
　附录3　关于完善安全事故处理机制维护学校教育教学
　　　　　秩序的意见 ………………………………………… 242

第一部分
高校学生危机事件概论

一、突发事件与应急管理

（一）突发事件

我国高校数量多，人员密集，致灾因素复杂，历来是消防安全管理的重点单位。近几年来，随着高校发展规模的扩大，高校火灾也频频发生，给广大师生的人身及财产安全造成了极大威胁。

1. 北京市海淀区某大学公寓楼火灾事故

2022年3月2日6时许，北京市海淀区某大学公寓楼发生火灾，燃烧物为衣物、生活用品、杂物等，过火面积约15平方米，火灾造成102室及室内物品不同程度烧损和烟熏损失，一层楼道及102室楼外墙不同程度烟熏受损，无人员伤亡。

经调查，对起火原因认定如下：起火部位位于102室中厅内西侧下方处，推断起火时间为2022年3月2日6时01分左右，起火原因系中厅内通电电器发生故障，引燃周边可燃物所致。在起火位置发现手机、电吹风、电子琴、热熔胶枪、照明灯具等电器残骸。综合调查询问、现场勘验、视频分析、物证鉴定等证据情况，排除放火嫌疑，火灾具有明燃特征，排除遗留火种、微弱火源等起火的因素，未能锁定具体电器。

2. 烟台某大学公寓楼4天发生2起火灾事故

2016年8月17日凌晨1:50左右，位于山东省烟台市的某大学13号公寓楼起火。公寓内因起火发生爆炸,把暑假期间留住的学生惊醒,宿舍管理人员发现火情,呼喊学生避火。当同学们从楼上跑到二楼时,被浓烟呛得眼泪直流,湿毛巾也无法阻挡呛人的烟味,大家扶着墙一路摸索着下楼。宿舍管理人员打开了防火应急通道,同学们全部跑到了楼前草坪上。随后,两辆消防车赶到现场将火扑灭,确定无人员伤亡。起火宿舍在公寓楼一楼,宿舍内铁床被烧变形,相近几个宿舍的窗玻璃全部爆裂。着火宿舍所在区域走廊的水管、电线、网线等被烧化,造成断水、断电、断网,走廊墙壁被熏黑。

图1-1 某大学公寓发生火灾

17日下午,学校公布事故调查原因:8月16日晚,13号公寓一楼某宿舍留住学生在宿舍点燃了蚊香后外出上网,因蚊香放在纸质鞋盒子里,且周边堆有杂乱的衣物等可燃物,导致整个宿舍被烧毁,整栋宿舍楼300多人在浓烟中疏散、安全撤离,所幸没有人员受伤。

此前,8月14日该校2号公寓两名留住学生在走廊使用液体酒精炉吃火锅,在没有熄灭火焰的情况下添加酒精,引发火灾事故,导致一人烧伤面积达40%。

3. 台风"烟花"事故

2021年7月18日,年度第6号台风"烟花"在西北太平洋洋面上生成。7月25日在浙江省舟山市普陀区沿海登陆,26日在浙江省平湖市沿海再次登陆,27日沿江苏、安徽北上,29日进入山东,并于30日晨移入渤海,逐渐变为温带气旋,30日20时,台风"烟花"被中央气象台停止编号。中央气象台于2021年7月21日18时就发布台风蓝色预警,23日10时发布台风橙色预警。国家海洋预报台发布海浪红色警报以及风暴潮红色警报。

图1-2 烟台某大学学生公寓楼起火

台风"烟花"造成浙江、上海、江苏、安徽4个省市受灾人口271.1万人,累计转移群众274万人,1100多间房屋损坏,直接经济损失33.5亿元。

以上示例就是两类突发事件。前两例为火灾事故类,第三例为自然灾害类。

根据中国2007年11月1日起施行的《中华人民共和国突发事件应对法》的规定,突发事件是指突然发生,造成或者可能造成严重社会危害,需要采取应急处置措施予以应对的自然灾害、事故灾难、公共卫生事件和社会安全事件。

突发事件有两层含义:一是事件迅速发生,难以合理预料;二是一旦发生,人们不能用一般方法处理,较难合理地应对,如果应急处置不当,可能带来严重后果。也可以直观理解为"突然发生的事情"。如 2003 年爆发的"SARS"疫情、2008 年汶川地震等。从国家法律给出的定义中不难看出，突发事件一般分为自然灾害、事故灾难、公共卫生事件和社会安全事件四类。

（二）突发事件的应急管理

突发事件的应对称为"应急管理"，应急管理是指为了降低突发事件的危害，基于对突发事件的原因、过程以及后果的科学分析，利用各方面资源，运用各种手段与方法对突发事件进行有效的应对、控制和处理的过程。

狭义的应急管理特指突发事件发生后的状态，是在事件已经发生或损失已经造成后进行的应急处置。

广义的应急管理是指政府及其他公共机构在突发事件的事前预防、事发应对、事中处置和善后恢复过程中，通过建立必要的应对机制，采取一系列必要措施，应用科学、技术、规划与管理等手段，保障公众生命、健康和财产安全，促进社会和谐健康发展的有关活动。

应急管理古已有之。从上古传说中，因天裂而有人类始祖女娲补天之说，就反映了人类对于风险的原始应对策略，那就是希望有具备强大超人力量的神仙来实施对于突发事件的应急管理。人们往往把突然发生的"天灾"和"人祸"理解为突发事件，也是有一定道理的。近代传统的应急管理多是处置一般性的自然灾害事件或事故类事件，比如交通管理部门处理出现伤亡人数较多的交通事故，农业部门处理恶劣天气对农作物带来的损失等。现代的应急管理与传统的应急管理相比，已经有了较大的区别，传统的应急管理通常只处理单一领域或行业的事件，而现代应急管理处理的突发事件大多涉及多个领域或行业，且更多地采用了现代技术与管理方法。

在经过几个里程碑式的事件之后，我国现代的应急管理水平得到大幅度提高。国务院于 2018 年成立了应急管理部，体现了国家对应急管理重要性的重视。我国已初步建立较为完备的应急管理体系，这个体系的内容主要包括"一案三制"。

"一案"是指应急预案，就是根据发生和可能发生的突发事件，事先研究制订的应对计划和方案。通俗理解就是"遇到突发事件按照什么方案去做",包括各级政府总体预案、专项预案和部门预案,以及基层单位的预案和大型活动的单项预案。应急预案的目标是建立"纵向不断层,横向不缺失"的预案体系。纵向要求编制从国家到省到市、县、乡镇各级政府和基层单位的应急预案,不可断层;横向要求涵盖所有种类的突发事件的专项预案和部门预案,不可或缺。

2004年,国务院办公厅发布《国务院有关部门和单位制定和修订突发公共事件应急预案框架指南》,使重大事故应急预案的编写有章可循。目前为止,我国已编制国务院部门应急预案57部,国家专项应急预案21部,全国各级应急预案130多万件,基本上涵盖了各类常见突发事件。[①]

"三制"是指应急管理中的管理体制、运行机制和法制。

"应急管理体制"是为有效预防和应对突发事件,避免、减少和减缓突发事件造成的危害而建立起来的以政府为核心,其他社会组织和公众共同参与的有机体系,目的是建立集中统一、坚强有力的组织指挥机构,形成强大的社会动员体系。建立领导责任制,建立健全应急处置的专业队伍、专家队伍。通俗理解就是"什么人来组织实施"。

"应急运行机制"涵盖心理、信息、管理等多方面,遵循"标准运行、分级响应、统一管理、属地为主"的原则,主要建立健全监测预警机制、信息报告机制、应急决策和协调机制、分级负责和响应机制、公众的沟通与动员机制、资源的配置与征用机制,奖惩机制和城乡社区管理机制等。通俗理解就是"怎样实施"。

"应急法制"是国家、社会层面的工作,主要包括国家发布施行的与应急管理有关的法律法规,各地政府和部门颁布的有关法规条例等,规定了应急管理中的法律遵循、违法处罚依据等,通俗理解就是"应急管理中的遵法、执法、违法问题"。到2017年底,我国已颁布四类应急管理法律法规103部。

纵观世界历史,突发事件层出不穷、由来已久,远的如各国农民起义、宫廷政变,如陈胜、吴广起义、黄巢起义、玄武门之变、拿破仑雾月政变、

---

① 赵媛媛. 我国应急管理体系的现状、问题以及完善[J]. 时代金融, 2012 (3), 254.

四·一二反革命政变等,近的有美国2001年爆发的"9·11"事件、2003年中国及东南亚国家爆发的"SARS"疫情、马加爵杀人事件等。在当时来说,都可以算是突发事件,有的还影响深远。

关于突发事件的理论研究,总体上可归结为"始于国外,成于国内"。

20世纪70年代,应急指挥系统(Incident Command System,ICS)是美国应对各类突发事件的通用做法,并且已经成为美国乃至很多国家应对突发事件的重要工具。1970年,美国加利福尼亚州发生了一场森林火灾,造成了大量人员伤亡和巨额经济损失。在火灾救援中,消防部门在人员、设备、专业术语、组织方式等方面无法有效协同,降低了救援效率。为此,美国国家林业局在1972年开展了加利福尼亚州潜在紧急事件消防资源系统(FIrefighting RESources of California Organized for Potential Emergencies,FIRESCOPE)项目,这就是ICS的雏形。20世纪80年代,ICS成为联邦消防部门应急管理的基础。自那时起,许多州开始运用ICS,并不断地加以完善。

1979年,卡特总统发布12127号行政命令,将原来分散的紧急事态管理机构集中起来,成立了联邦应急管理局(Federal Emergency Management Agency,FEMA),专门负责突发事件应急管理过程中的机构协调工作,其局长直接对总统负责。该局的成立标志着美国现代应急管理机制正式建立,同时也是世界现代应急管理的一个标志。到90年代,美国联邦应急管理局下属的应急管理学院(Emergency Management Institute,EMI)还把ICS作为重要培训内容和课程加以推广。2001年"9·11"事件的爆发,使得美国政府高度重视国家安全问题,2004年,国土安全部发展了一系列概念、准则、程序、流程和术语,逐步建立和完善了国家突发事件管理系统(National Incident Management System,NIMS),而ICS正是其主要内容。ICS把理性和科层制组织原则扩展到灾害响应的不确定性中,不仅提供了响应规则和做法,还建立了任务分工和协调机制。[1]

日本地处亚欧板块、太平洋板块交接处,地域狭小,自然灾难频发。火山爆发、台风、地震、海啸、暴雨等各种灾害极为常见,在长期与灾难

---

[1] 张美莲,佘廉. 国外突发事件应急响应研究综述[J]. 国外社会科学,2015(01):100–112.

的对抗中，日本形成了一套较为完善的综合性防灾减灾对策机制。

一是应急管理法律体系较为完善。日本应急管理法律体系相当庞大，各类防灾减灾法达50多部，如《灾害对策基本法》中明确规定了国家、中央政府、社会团体、全体公民等不同群体的防灾责任，除了这一基本法之外，还有建立了围绕灾害周期而设置的法律体系，即基本法、灾害预防和防灾规划相关法、灾害应急法、灾后重建与恢复法、灾害管理组织法五部分，使日本在应对自然灾害类突发事件时有法可依。

二是重视防灾减灾教育和防灾演练。日本政府和国民极为重视防灾减灾教育，从中小学教育抓起，培养公民的防灾意识；将每年的9月1日定为"灾害管理日"，8月30日—9月5日定为"灾害管理周"，通过各种方式进行防灾宣传活动；政府和相关灾害管理组织机构协同进行全国范围内的大规模灾害演练，检验决策人员和组织的应急能力，使公众能训练有素地应对各类突发事件。

三是完善灾害救援体系。为了有效地应对灾害，转移风险，日本建立了由政府主导和财政支持的巨灾风险管理体系，政府为地震保险提供后备金和政府再保险。巨灾保险制度在应急管理中起到了重要作用，为灾民正常的生产生活和灾后恢复重建提供了保障。政府还建成了由消防、警察、自卫队和医疗机构组成的较为完善的灾害救援体系。消防机构是灾害救援的主要机构，同时负责收集、整理、发布灾害信息；警察的应对体制由情报应对体系和灾区现场活动两部分组成，主要包括灾区情报收集、传递、各种救灾抢险、灾区治安维持等；日本的自卫队属于国家行政机关，根据《灾害对策基本法》和《自卫队法》的规定，灾害发生时，自卫队长官可以根据实际情况向灾区派遣灾害救援部队，参与抗险救灾。

在我国当代的关于突发事件的研究中，有几个里程碑式的事件。第一个是2001年美国"9·11"事件，这一全球性事件引起了世界各国对于国家安全问题的重视，美国在事件之后进行了一系列举措和机构调整，包括成立反恐机构、发动反恐战争、捉拿本·拉登等，促使众多国家开始研究国家安全和应急管理问题。

第二个是2003年"SARS"疫情，它促进了我国突发事件的应急机制建设。在"SARS"爆发之前，我国政府并没有专门机构和法律来处理突发性事件。2003年7月，国务院办公室公布了关于应对突发性公众事件的草案。随后几年里，各级政府应对突发事件的预案相继发布，成立专门应急机构，预案内容从自然灾害、公民健康危机、工业事故到重大交通事故等。同时，从"SARS"之后，政府启动了官员问责机制，政府新闻发言人制度也从此起步，最大的标志就是2007年11月1日实施了《中华人民共和国突发事件应对法》。

第三个里程碑就是2008年初的南方雪灾和"5·12"汶川地震，它使我国政府积攒了越来越多应对突发事件的成功经验，诸如面对突发自然灾害，政府反应越来越迅速、救灾组织越来越科学、灾后重建、信息披露越发高效。另外，经国务院批准，自2009年起，将每年5月12日设定为全国防灾减灾日。

2018年，国务院专门成立了应急管理部，体现了国家对应急管理重要性的高度重视。

图1-3 汶川特大地震纪念馆

2020年初以来，一场席卷全国的新型冠状病毒肺炎疫情突如其来，世卫组织2020年1月命名该病毒为2019-nCoV，国际病毒分类委员会2020

年 2 月 11 日将其命名 SARS – CoV – 2,这是人类面临的有史以来最严峻的突发公共卫生事件。随着新冠疫情在全球蔓延,各国应对疫情的措施各不相同,效果也参差不齐,差距明显。这不仅反映了各国政府的应急能力的高下,也反映了一个国家,一个政府、政党对待民众、对待生命的态度。表面是措施上、手段上的区别,实际也体现了各国文化内核的差异。对中国而言,新冠疫情发生后,党中央高度重视,从中央到地方,迅速行动起来,形成了强大合力,中华大地上很快呈现出一幅与时间赛跑、与病魔较量的画面。疫情防控期间,中国第一时间向世界卫生组织通报信息,第一时间向其他相关国家分享信息,开展科研合作。面对疫情,中国人民齐心协力,服从命令,听从安排,在抗疫中形成了"生命至上、举国同心、舍生忘死、尊重科学、命运与共"的伟大抗疫精神,取得了举世公认的成就。

同时,国外疫情却没有得到有效控制,不少民众失去生命。某些之前较早建立起危机应对机制的先进国家,在政治制度面前,在政客的政治操控面前,显得力不从心、漏洞百出。面对这次新冠疫情,我国的应急管理能力得到进一步检验和提升,体现了我们的社会治理能力和管理水平更上一个新台阶,也体现了我们巨大的制度优势。

二、危机与危机管理

(一) 危机

危机(Crisis)与突发事件(Emergency)极容易混淆。

最先系统地提出危机概念的是美国心理学家凯普兰(Gerald Caplan),他于 1964 年首次提出"心理危机"(Psychological Crisis)的理论,认为当一个人面临突然或重大生活困难情境时,他先前的危机处理方式和惯常的支持系统无法应对眼前的处境,即当他必须面对的困难情境超过了他的能力时,这个人就会产生暂时的心理困扰(Psychological Distress),这种暂时性的心理失衡状态就是心理危机。

美国危机管理专家劳伦斯·巴顿(Laurence Barton)认为:危机是一

个引起潜在负面影响的具有不确定性的事件，可能会对组织及其员工、产品、服务、资产和声誉造成巨大的损害。他提出了危机的影响范畴已经扩大到组织及其员工的声誉和信用层面，由此凸显公共沟通的重要性。

荷兰的乌里尔·罗森塔尔（Rosenthal）从社会学角度提出：危机是指对一个社会系统的基本价值和行为准则架构产生严重威胁，并且在时间压力和不确定性极高的情况下，必须对其作出关键决策的事件。

《现代汉语词典（第7版）》将"危机"解释为"潜伏的危险，或严重困难的关头"。按字的拆分，其中的"危"和"机"分别代表"危险"和"时刻、机遇"。总结来说，危机是指潜伏的祸害或危险，是一种将要打破的平衡状态，这种平衡状态一旦打破，将带来危害或损失。当然，一种危机发生，原有的平衡状态被打破，如果处理得当，也会促成另外一种新的平衡状态，带来新的机遇，因此也是一种既有危险又有机会的时刻。

大家耳熟能详的经济危机（Financial Crisis），是指资本主义在生产过程中周期性爆发的生产过剩的危机。这种生产过剩不是绝对过剩而是相对过剩，即相对于劳动人民有支付能力的需求和资本价值增值的需要而言的过剩。一般表现为商品大量积压、生产锐减、工厂大批倒闭，工人大量失业、信用关系严重破坏，整个社会经济陷入极端混乱和瘫痪之中。

2007—2009年环球金融危机，又称为世界金融危机、次贷危机、信用危机、金融海啸及华尔街海啸等，是一场2007年8月9日始于美国浮现的次级房屋信贷危机，投资者开始对按揭证券的价值失去信心，引发流动性危机，即使多国中央银行多次向金融市场注入巨额资金，也无法阻止这场金融危机的爆发。2008年9月9日，这场金融危机开始失控，并导致多个相当大型的金融机构倒闭或被政府接管，对国际金融秩序造成了极大的冲击和破坏，使金融市场产生了强烈的信贷紧缩效应，国际金融体系长期积累的系统性金融风险得以暴露。次贷危机引发的金融危机是美国20世纪30年代"大萧条"以来最为严重的一次金融危机，中国也受到次贷危机的影响。

（二）危机的应对管理

相对于突发事件的应急管理，危机的应对称为危机管理。

早期西方所称的危机管理（Crisis Management）主要指在企业管理领域，为了应对企业生产经营中发生的不利事件和潜在的风险（包括对企业声誉造成不利影响）而采取的防范、处理体系和对应的措施。通常强调危机沟通管理（Crisis Communication Management），俗称危机公关，基本对策是加强信息的披露与公众的沟通，争取公众的谅解与支持。后来危机管理逐步延伸到政府、军队等管理部门和社会组织，是这些机构或组织为应对各种危机情境所进行的规划决策、动态调整、化解处理及员工培训等活动过程，其目的在于消除或降低危机所带来的威胁和损失。通常包括危机爆发前的预计、预防管理和危机爆发后的应急善后管理。从这个意义上说，危机管理涵盖了突发事件的应急管理和危机爆发前的预防管理。

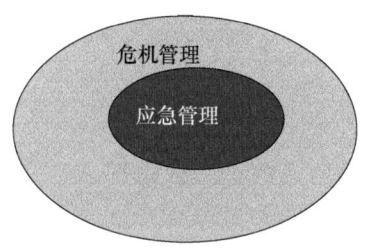

图 1-4　危机管理与应急管理的内涵比较

危机管理是专门的管理科学，它是为了应对潜在或突发的危机事件，为使损害降至最低而事先建立的防范、处理体系和对应的措施。因此，任何防止危机发生的措施、任何消除危机产生的风险的努力，都是危机管理。危机管理的内容也包括"一案三制"：危机管理的预案、危机管理的法制、危机管理的体制、危机管理的机制。

一般情况下，根据危机发生的时间顺序，危机管理包括对危机前、危机发生后、危机后期的管理三段。内容方面是危机管理主体通过危机监测、危机预警、危机决策和危机处理，达到避免、减少危机产生的危害，总结危机发生、发展的规律，对危机处理科学化、系统化的一种新型管理体系。

危机管理的目标是"降低危害,转危为机",就是要把握危机发生的规律性,在偶然性中发现必然性,在危机中发现有利因素,掌握处理危机的方法与艺术,尽力避免危机所造成的危害和损失,并且能够缓解矛盾,变害为利、转危为机。

(三) 危机与突发事件的区别联系

危机与突发事件都是一种干扰情形。干扰是指打扰、妨碍,使混乱,是对原计划、原进程的小幅度改变。当干扰小时,人们可能感知不到,当干扰因素的累积达到一定量值,就可以触发危机状态。

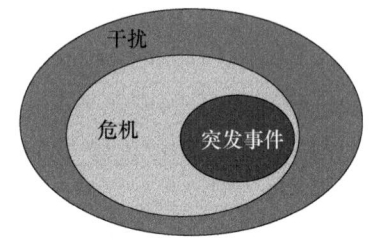

图1-5 危机与突发事件的内涵对比

危机与突发事件共同点:两者均会给社会、组织或个人带来一定程度损失、危害或负面影响;都需紧急处理,如不紧急处理,造成的损失、损害将更大;都具有不确定性。

危机与突发事件不同之处:突发事件是实际已经发生并造成很大影响的状态。突发事件的负面影响是现实存在的,人们可以深刻地感觉到;危机不一定是已造成严重损失的状态,而是一种可能引发突发事件的状态,有时甚至危害一直都没有发生。危机的负面影响可以是显性的、现实的,也可以是隐性的、潜在的。从范围上区分,危机内涵更广,包括没有发生的事件;突发事件是已经发生的事件,有可能带来更大的危机。

中国高校在20世纪末开始扩招,高等教育经费投入不足,由此引发众多高校贷款发展,2008年前后陆续迎来还贷高峰。高校举债行为在增加学校资产,改善办学条件,提高办学竞争力的同时,也带来因债务而产生的财务风险。有的高校亏损运行,连债务利息都无法偿还,个别高校甚至影响了教师工资、奖金和福利待遇的发放，导致优秀骨干教师不断流失。对高校来说，高债务风险就是一种危机，这种危机如果不能很好地管理控制，就可能引发一系列的不利影响。

在高校，每年都有学生意外死亡事件。2016年3月9日，河南某学院的学生郑某办理网贷用以赌球，后因无力偿还巨额债务而选择跳楼自杀。对于高校管理者来说，学生的意外死亡就是突发事件，接下来要面对如何向主管部门上报情况、如何接待来校的家属、如何面对家属的诉求、法律上如何界定学校责任赔偿等。

用个形象的比喻来区分危机和突发事件：行人路过的墙头上有块摇摇欲坠的砖头，有可能伤到路人，这是危机；某日大风，被吹落的砖头砸伤了一名路人，致使伤者住院，这就是突发事件。

突发事件如果应急处置不当，可能引发一系列次生事件，导致出现更大的危机；危机如果被人及时识别、预警，就会避免突发事件。危机和突发事件会相辅相成、互相转化。

比如1962年，在加勒比海地区发生了一场震惊世界的古巴导弹危机，是美苏冷战时期最严重的正面对抗事件。由于此前的1959年，美国在意大利和土耳其部署了中程弹道导弹，苏联为了扳回一城，在1962年7月3日和8日，赫鲁晓夫与古巴的劳尔·卡斯特罗会谈，达成秘密协议：苏联决定在古巴部署中程导弹，提供伊尔－28喷气轰炸机。7月下旬苏联用商船将导弹等武器秘密运抵古巴；8月，美国发现了苏联设在古巴的导弹发射场；10月15日，又辨认出了多座发射台和中程弹道导弹。对美国而言，苏联运送导弹到美国家门口这事是典型的突发事件，美国肯尼迪政府认为这件事情如果处置不好，会带来严重的危机，民众会认为政府无能，总统支持率下降，世界会爆发核战争等。世界处于核战争爆发的千钧一发之际，人类空前地接近被毁灭的边缘。危机虽然仅仅持续了13天，苏美双方领导人一直在核按钮旁徘徊，最后经过多轮博弈交锋，以苏联与美国的相互妥协而告终。

苏联运送导弹到古巴的突发事件，引发了美苏的核战争危机；苏联停止在古巴部署导弹，核战争危机的解除，避免了在美国本土核弹头爆炸的一系列突发事件。

三、高校学生危机事件概论

（一）高校学生危机事件的内涵

2004年2月，云南某大学发生了"马加爵杀人事件"，在高校及全社会引起强烈反响。该校2000级学生马加爵因受不了同学的讥讽，加之心理扭曲，于2004年2月13—15日连杀4名同学后从昆明火车站出逃，3月15日在海南省三亚市河西区落网，4月24日被昆明市中级人民法院依法判处死刑，剥夺政治权利终身；6月17日被依法执行死刑。马加爵事件和后来2010年10月西安药家鑫事件、2013年4月复旦投毒案等一系列突发事件，引发了社会的广泛关注，也引起了高校管理和人才培养方面的大讨论，也称得上高校危机事件管理的里程碑式事件。许多高校此后开始重视大学生心理健康教育和心理咨询工作，部分学校加大了学生校外住宿的管理力度。教育部先后出台了《教育部关于切实加强高校学生住宿管理的通知》（教社政〔2004〕6号）、《教育部办公厅关于进一步加强高校学生住宿管理的通知》（教社政厅〔2005〕4号）和《教育部办公厅关于进一步做好高校学生住宿管理的通知》（教思政厅〔2007〕4号）来加强对大学生的安全管理。

2013年11月，中国人民大学招生就业处原处长蔡某涉嫌招生受贿被捕。

2018年1月，北京航空航天大学教师陈某因性骚扰女学生被撤职。

根据中央纪委监察部网站公布信息，2016年共通报了27名高校领导、2017年共有15所高校的19名省管干部（厅级）受到党纪政纪处分。

这些涉及高校领导或师生的事件，也把所在高校推到了风口浪尖，给学校声誉带来不利影响。

危机事件从发生领域上可分为政府、学校、家庭、社会组织、军队等不同领域。发生在高校领域的危机事件，根据涉及的当事主体不同，又可分学校的、教职工的、学生的或其他与学校有密切关系人员的（如学生家长等），甚至是以上多种主体的组合。

高校学生危机事件特指发生在高校领域，事关学生安全，对学生、高校和社会都可能带来危害和声誉影响的危机事件。

（二）高校学生危机事件的影响

近年来，高校危机事件呈高发态势。一是因为高校的在校生越来越多，2020年底全国在校大学生已达4183万（普通高校达3285万人），单校在校生规模越来越大，普通高等学校校均规模11260人，其中，本科学校15179人，高职（专科）学校7776人。每个省份万人规模以上的大学比比皆是。二是大学生有知识、有思想、有热情，思维活跃，关注社会发展，危机事件一旦发生，大学生很容易迅速聚集并情绪激动。三是信息技术、互联网的高速发展为信息传播提供了多样的手段和平台，人人都是记者，人人都是评论员，抖音、快手、论坛、贴吧、APP等，使高校师生对社会上的热点、焦点乐于关注，媒体和社会也高度关注高校的一举一动，这种双向高度关注，加剧了危机事件的信息传播，"放大"或"辐射"了应有影响。四是整个社会开放程度的扩大，意识形态领域暗流涌动，形势错综复杂，容易使高校领域的危机事件产生"国际化影响"。[①] 因此发生在高校的危机事件和高校的危机管理成为一个重要的研究领域。

高校学生危机事件对高校和大学生的影响，从内容看有物质性影响和非物质影响两类，从效果看有积极影响和消极影响两方面。物质性影响主要包括生命财产、身体健康状况、自然环境改变等；非物质影响主要有社会声誉、心理健康、情绪心理变化、政策制度等方面。

1. 影响高校的社会声誉

曲阜师范大学的谭维智认为[②]，高校社会声誉是公众对高校主观认识和评价的集合，是高校在发展过程中的衍生产物，是吸引公众择校的重要指标。高校的社会形象来自公众对于高校的办学业绩、管理水平、学校硬件设施、教师科研教学水平、学生校友获得的成绩等诸多方面信息的感知、记忆、思维、想象。谭维智认为可以从公众对高校的"认识"和"评价"

---

① 冯润民. 高校突发事件管理中预警机制的构建［J］. 思想理论教育，2007（Z1）：164-168.
② 谭维智. 大数据时代的中国大学社会声誉研究［N］. 大众日报，2016-01-28.

两方面来衡量高校的社会声誉。认识是一种量化反应，可分为"知名度"和"关注度"两个指标；评价是一种价值判断，可分为"认可度"和"美誉度"两个指标。中国教育大数据研究院推出的基于大数据技术的《中国高校社会声誉排行榜》是老百姓的口碑榜，是亿万网民用鼠标点击、键盘敲打出的真实的大学软实力。

高校发生学生类的危机事件，无疑会提高高校的"知名度"和"被关注度"，特别是网络时代，借助互联网的传播，会使看似偏远地域、不知名的高校瞬间被推上头条和热搜榜。但高校处理危机事件的方式、手段，产生的效果，不一定带来"认可度"和"美誉度"。特别是引起社会普遍关注的热点事件，更容易引起更大范围的社会轰动效应。高校学生危机事件最容易影响到的就是学校的社会声誉（认可度和美誉度）。

2. 影响正常的教学生活秩序

危机事件本身就是对正常平衡状态的一种干扰。高校发生学生类的突发事件或人身安全事件，势必带来对正常教学、生活秩序的破坏。

2010年9月16日凌晨2:30开始，河南郑州的某大学一名学生出现了肚子疼、腹泻的症状去校医院就诊，此后陆续有60多名学生的身体出现不良反应。这些学生此前均在该大学第一餐厅就过餐。事件发生后，郑州市委、市政府有关领导第一时间赶到学校和医院，现场指挥协调，组织救治工作。首先查封餐厅，公安、卫生、食药等部门积极介入。16日下午，经过卫生部门对呕吐物的检查，确认是后勤部门在进货时，一些物品在储运过程中发生霉变，造成此次食物中毒事件。随后医院根据这一情况，给学生用药，学生在输液后情况稳定，随后，学生陆续返校。学校责令餐厅停业整顿，卫生达标后再营业。

3. 影响学生的身心健康

一种平衡状态被打破，新的平衡还未建立，危机或突发事件的发生必定会对当事者带来心理上的冲突影响，甚至危及生命和健康。

某大学生中学时数学、英语基础就弱，升入大学后，未能及时适应大学的学习节奏，第一学期期末考试便造成数学和英语两门必修课程的不及格。之后，该生便逐步形成了对这两门课的"恐惧"、厌学，出现不交作业甚至逃课现象，辅导员老师多次督促，他即使勉强坐在课堂里也跟不上讲课节奏，听不懂。而该校对毕业生的要求是修读完必修课、选修课等一定数量的学分，英语、数学必须修读及格，否则就无法获得毕业资格。越临近毕业，该生的学业压力就越大，以至于影响到了生活、交往等各个方面，出现了严重的学业危机。在第六学期期末，该生由于长期封闭自己，导致压抑、焦虑、失眠，出现重度抑郁症状，被迫休学。

（三）做好高校学生危机事件应对的意义

高校学生危机事件如果解决得好，有可能变坏事为好事，化危为机，给学校和学生带来积极影响。

一是有利于学生身心健康。2020年初，我国爆发新冠肺炎疫情，这次突发重大公共卫生事件对高校和大学生正常教学秩序带来巨大的影响，许多学生无法正常返校上课。国务院联防联控机制密集发布多版防护指南，指导各地高校学生暂缓开学，学生居家学习，教师网络授课，做好疫情防控。后来又发布疫情防控常态化背景下的防护指南，指导各地学生错峰返校，在校期间做到不聚集、不堂食、上课保持一定间隔等。这些措施的实施，有效地应对了疫情危机，保护了大学生的身心健康和生命安全。通过这场疫情危机，广大大学生更加清晰地认识到我们党和政府以人民为中心的执政理念，更是通过中外抗疫效果的巨大反差对比，感受到了生为中国人是多么骄傲和自豪，更多青年大学生由衷地为我们伟大的祖国点赞。

二是有利于改善学校社会声誉。有效地应对高校学生危机事件，可变被动为主动，有效地改善学校社会声誉。2020年6月6日下午，山西省某大学大二学生时某因参加一门课程补考携带手机作弊，被监考老师发现当场抓获，该名学生在考场哭了将近20分钟后，在当天14:58分被人发现坠楼身亡，时某的家属对学校质疑，认为自己的孩子在考场哭了将近20分钟，监考老师没有去安抚孩子的情绪，最后造成自己的孩子自杀，学校和监考老师都有一定的责任。该事件将大学推到了风口浪尖，网友纷纷发声表态，有的谴责大学，有的为大学辩解。6月9日，该大学校长在综合公安机关前期调查的基础上，主动回应媒体采访时称："学生跳楼，学校和老师都很难过，没有人是铁石心肠。老师做法并无不当之处，学校会继续坚持对考试作弊严查的规章制度，树立严格的规范。"该校长应对此次危机的回答可以说合情合法，有力度也有温度，很好地回应了网络和网民关切，得到了社会的认可，令这所大学的社会声誉并没有因此事件而受到减损。

三是有利于改善学校管理方面短板。任何危机事件的爆发都有其原因，分析发生危机事件产生的原因，总结规律和经验，有助于发现学校管理方面的漏洞和短板，通过事件发现暴露出的问题，堵住漏洞，补齐短板，会有助于提升学校的整体水平。有的学校在某交叉路口，发生多起交通事故，造成学生死伤，那么，如何设置交通信号灯，如何设置路面减速带，如何培养提高师生文明的交通行为习惯就成为管理者应该重点补齐的工作短板。有的高校积极维修或加固危险楼宇设施，也是未雨绸缪，防患于未然。

四是有利于提高学校和师生的危机管理能力。众所周知，日本各级各类学校的防灾减灾教育比较成功，学生们的防灾自救能力也得到很好的培训。在我国，自2008年汶川地震后，2008年6月4日，国务院第11次常务会议通过《汶川地震灾后恢复重建条例》，6月18日，《汶川地震灾后恢复重建对口支援方案》正式颁布，统一部署对口支援任务，创新提出"一省帮一重灾县，举全国之力，加快恢复重建"。明确要求19个省市以不低于1%的财力对口支援重灾县市3年。在地震发生后不到三个月，就解决了上千万受灾群众的住房安置问题。全国各地纷纷响应国家号召，同灾区当地结成对子，针对灾区对口实际，派人给物，不惜一切代价，共建汶川。在援建共建过程中，国家要求普遍提高学校、居民住宅等的防震等级，公共服务设施全面上档升级，基础设施根本性改善，产业发展优化升级，防灾减灾能力显著提高。并且，所有学校都开展了防震救护能力的演习演练，形成了规范的制度和文件。

提高学校和师生的危机管理能力关键在领导干部。学校管理者要敬畏生命，主动担当作为，提升专业能力，确保一方平安。[①] 必须提高自己的研判力、决策力、掌控力、协调力、舆论引导力和学习能力。必须坚持时间第一、现场第一、效果第一的原则，具有应对各种危机的敏锐洞察力，快速应变，及时疏导，果断处理，将危机消除在始发阶段，制止危机状态

---

① 闪淳昌. 防范化解重大风险提高危机管理能力 [J]. 中国党政干部论坛, 2019 (05): 6–11+1.

的蔓延,如果能够化危为机就更难得了。对下必须要立即行动,千方百计做好先期处置,控制事态,把伤亡损失降到最低;对上要及时如实报告,主动争取上级指导和支援;对相关地区或单位要及时通报,健全联动机制,强化协调配合,形成合力;对媒体和社会及时主动发声,正确引导舆论。善于争夺第一话语权,争夺第一解释权,争夺第一评论权,争夺第一定义权。

大学生要善于学习,善于总结,善于提高。要学会吃一堑、长一智,从经历的危机事件中学会成长,提高自己的生存能力、应急能力和危机意识。①提高大学生危机意识。危机意识教育是危机教育的首要内容,是大学生有效应对危机的第一道防线。高校应在大学四年的不同阶段按照学生的心理特点及专业学习的规律,有计划、分层次地开设必修或选修课程,使师生对日常学习生活中存在的各类危机形成敏锐的辨识能力。②发挥课堂教学的主渠道作用。充分发挥课堂教学作为危机教育主渠道的作用,在各学科的课堂教学中有机融入危机意识教育。发挥课堂教学在危机知识与技能传播方面系统化与全面化的优势。创新教学方法将危机行为教育贯穿于课堂教学全过程。③加强危机宣传教育。大力开展危机宣传教育,将其作为课堂教育的有效补充,尤其要在形式多样化、内容实用化上下功夫,努力搭建各类活动平台。④注重日常应急模拟演练。高校应投入相应的人力、财力和物力,设立专门培训机构,制订切实可行的培训计划,实现有组织、按计划、分层次地对全体师生进行应急模拟演练,提高危机应对技能。

第二部分
危机管理理论

一、理论来源

在危机管理领域,许多学者都颇有建树。闪淳昌教授是我国《中华人民共和国安全生产法》《国家突发公共事件总体应急预案》及多项安全法规标准主要起草人,主持过多起特大事故的调查处理工作,如大连"5·7"空难、烟台"11·24"海难等,他于2003年至2005年担任国务院办公厅应急预案工作小组副组长,是《国家突发公共事件总体应急预案》的主要起草人,初步建立起了我国突发公共事件应急预案框架体系。

陈安教授自2009年9月起担任国际危机与危机管理学会（International Society of Crisis and Emergency Management）联合主席,任中国地震局地震应急预案管理专家组成员、中国灾害防御协会风险分析专业委员会会员、中国科学学与科技政策研究会政策模拟专业委员会会员,还担任《科技促进发展》杂志的副主编,现任河南大学兼职教授、河南大学危机管理研究所所长、三峡大学兼职教授、北京市劳动保护科学研究所客座研究员等职。陈安及其研究团队积极推广现代应急管理知识、体系和文化,创办电子学术期刊——《应急管理汇刊》并任主编,连续多年发布年度版《中国应急报告》,多次举办"现代应急管理"课程班,培养和带动了更多青年学者参与应急管理研究领域,成为应急管理领域的专家。

游昌乔是公关顾问专家、品牌传播专家、危机公关专家,被业界和媒体誉为"中国危机管理第一人""中国危机公关第一人"。他作为关键点传媒（关键点公关）董事长、华中科技大学兼职教授，是危机公关5S原则及品牌传播5B理论的创立者，多个部委或中央机构及地方政府新闻发言或公共传播顾问，清华大学、北京大学、上海交通大学、中南财经政法大学等高校演讲嘉宾，多家企业的品牌及公关顾问。他将危机管理的目的总结为预防危机、控制危机、解决危机、在危机中恢复、在危机中发展。

本书写作过程中参考了大量专家学者的观点，他们对危机管理的探索研究为本书提供了许多理论根据。

二、关于突发事件的理论

（一）突发事件的分类

根据中国2007年11月1日起施行的《中华人民共和国突发事件应对法》，突发事件分为自然灾害、事故灾难、公共卫生事件和社会安全事件四类。

1. 自然灾害类（一级分类）

自然是与人类生活在地球上有密切联系的又与人类社会相区别的物质世界，包括水、空气、山川、河流、微生物、植物、动物、地球、宇宙等，从纵向上分可包括地下、地表、地上、大气层、外太空等一切物质。自然灾害是人类依赖的自然界中所发生的，且对人类社会造成的危害的现象和事件，包括海啸、地震、火山喷发、滑坡、泥石流、火灾、农林病虫害、宇宙辐射、赤潮、干旱、高温、低温、寒潮、洪涝、台风、龙卷风、冰雹、霜冻、暴雨、暴雪、冻雨、大雾、大风、雾霾、扬沙、沙尘暴、雷电、闪电等灾害。

一种自然灾害发生后，往往会诱发导致其他的系列灾害发生，通常把最早发生的起作用的灾害称为原生灾害，因原生灾害诱发的灾害称为次生灾害或衍生灾害。有的自然灾害的形成过程较短较急，称为突发性自然灾害，如火山爆发、地震、洪水、飓风、风暴潮、冰雹、暴雨等；有的自然灾害是在致灾因素长期发展的情况下逐渐显现成灾的，如土地沙漠化、水土流失、环境恶化等,这类灾害称为缓发性自然灾害。常见自然灾害的二级分类为天文、地质、气象、水文、农作物生物或森林类。

(1) 天文灾害(二级分类)

天文灾害指空间天体或其状态,如太阳表面、太阳风、磁层、电离层和热层瞬时或短时间内发生异常变化,引发耀斑爆发、高速太阳风、磁暴、电离层干扰等,可能引起卫星运行、通信、导航以及电站输送网络的崩溃,危及人类的生命和健康,造成社会经济损失。其他小型天体或碎片,如陨石、流星撞击地球等。

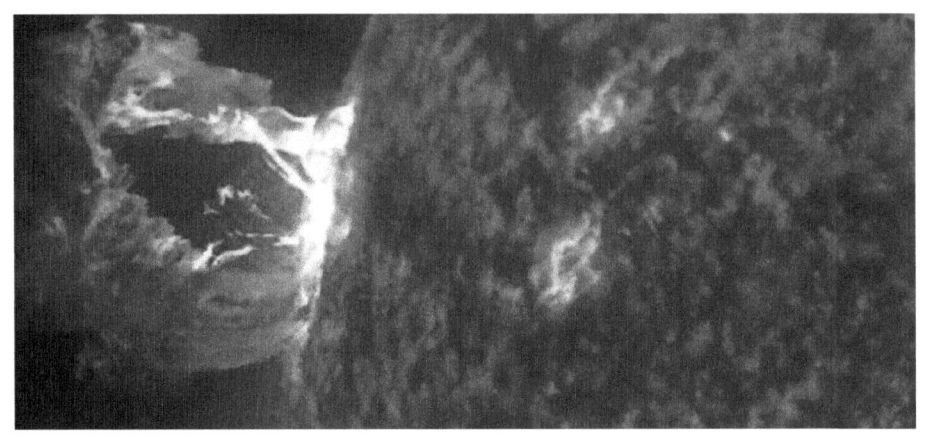

图 2-1 太阳日冕物质抛射

(2) 地质灾害(二级分类)

① 地震:一种破坏力极大的自然灾害,地震除了直接引起的山崩、地裂、房倒屋塌之外,还会引起火灾、水灾、爆炸、滑坡、泥石流、毒气蔓延、瘟疫等次生灾害。

② 泥石流:泥石流是在山区沟谷中,因暴雨、冰雪融化等水源激发的、含有大量泥沙石块的特殊洪流。

③ 滑坡:滑坡上的岩石山体由于种种原因在重力作用下沿一定的软弱面(或软弱带)整体地向下滑动的现象叫作滑坡。

④ 崩塌:也叫作垮塌或塌方,是陡坡上的岩体在重力作用下突然脱离母体崩落、滚动、堆积在坡脚(或沟岩)的地质现象,可分为土崩和岩崩两大类。

图 2-2 2010 年 8 月，甘南舟曲县发生特大泥石流灾害

⑤ 地面下沉：由于长期干旱，地下水位降低，加之过量开采地下水等导致的地壳变形现象。

（3）气象灾害（二级分类）

① 暴雨：山洪暴发、河水泛滥、城市积水。

② 雨涝：内涝、渍水。

③ 干旱：农业、林业、草原的旱灾，工业、城市、农村缺水，土地荒漠化。

④ 干热风：干旱风、焚风。

⑤ 高温、热浪：酷暑高温、人体疾病、灼伤、作物逼熟。

⑥ 热带气旋：狂风、暴雨、洪水。

⑦ 冷害：由于强降温和气温低造成作物、牲畜、果树受害。

⑧ 冻害：霜冻、作物、牲畜冻害，水管、油管冻坏。

⑨ 冻雨：电线、树枝、路面结冰。

⑩ 结冰：河面、湖面、海面封冻，雨雪后路面结冰。

⑪ 雪害：暴风雪、积雪。

⑫ 雹害：毁坏庄稼、破坏房屋。

⑬ 风害：倒树、倒房、翻车、翻船。

图2-3 2008中国南方的雨雪冰冻灾害

⑭ 龙卷风：局部毁灭性灾害。

⑮ 雷电：雷击伤亡。

⑯ 连阴雨：对作物生长发育不利、粮食霉变等。

⑰ 浓雾：人体疾病、交通受阻。

⑱ 低空风切变：（飞机）航空失事。

⑲ 酸雨：作物等受害。

⑳ 沙尘暴：人畜死亡、建筑物倒塌、农业减产、大气污染、表土流失。

(4) 水文灾害（二级分类）

① 风暴潮（台风）：来自高纬地带的冷空气与来自海上的热带气旋通过交互影响，使沿海大风与巨浪接连发生，因此形成风暴潮。

② 灾害性海浪：在海上引起灾害的海浪叫作灾害性海浪。

③ 海冰：海冰是有害水冻结而成的，也包括流入海洋的河冰和冰山等。

④ 海啸：海啸主要是大洋沿岸国家遭受的由于猛烈的地震所引起的海洋灾害。

图 2-4 2018年1月6日，渤海大连北部夏家河子海域被海冰覆盖

⑤ 赤潮：赤潮是因海水中一些微小的浮游植物、原生动物或细菌，在一定的环境条件下突发性地增殖，引起一定范围内在一段时间中的海水变色现象。

⑥ 厄尔尼诺现象：指太平洋东部和中部的热带海洋的海水温度异常地持续变暖，使整个世界气候模式发生变化，造成一些地区干旱而另一些地区又降雨量过多。

⑦ 暴雨灾害。

⑧ 山洪。

⑨ 融雪洪水。

⑩ 冰凌洪水。

⑪ 溃坝洪水。

⑫ 泥石流与水泥流洪水。

(5) 农作物生物或森林灾害（二级分类）

① 农作物或森林病害：主要有水稻病害240多种，小麦病害50种，玉米病害40多种，棉花病害40多种及大豆、花生、麻类等多种病害。

② 农作物或森林虫害。

③ 农作物或森林鼠害。

④ 农作物草害。

图 2-5　2014 年 8 月，河南 3000 亩黄河滩遭遇蝗灾

2. 事故灾难类

事故灾难（Disaster）是在人们生产、生活过程中发生的，直接由人的生产、生活活动引发的，违反人们意志的、迫使活动暂时或永久停止，并且造成大量的人员伤亡、经济损失或环境污染的意外事件，主要包括企事业单位的各类安全事故、交通运输事故、公共安全设施和设备事故、环境污染和生态破坏事故等。

（1）火灾事故：是指在时间或空间上失去控制的灾害性燃烧现象，是最经常、最普遍地威胁公众安全和社会发展的灾害。

（2）爆炸事故：是指由于人为、环境或管理等原因，物质发生急剧的物理、化学变化，瞬间释放出大量能量，并伴有强烈的冲击波、高温高压和地震效应等，造成财产损失、物体破坏或人身伤亡等的事故。可分为物理爆炸事故和化学爆炸事故。

（3）交通安全事故：包括道路交通事故、铁路交通事故、水上交通事故等。

（4）电、气、水事故：包括触电事故、公共场所停电事故、电梯事故、燃气事故、煤气中毒事故、供水事故、饮用水污染事故等。

（5）危化品事故：指因危险化学品，如苯、液化气、汽油、甲醛、氨水、二氧化硫、硫化氢、农药、液氯等造成伤害的事故。危险化学品一般具有爆炸性、易燃性、毒性、腐蚀性等。

（6）放射源事故：放射源是指用放射性物质制成的能产生辐射的物质或实体，其发射出来的射线具有一定的能量，它可以破坏细胞组织，从而对人体造成伤害。如核事故是指在核设施（如核电站）发生意外情况，造成放射性物质外泄，使人承受超过或相当于规定限值的照射。

（7）环境污染事故：如水污染事故、大气污染事故、固体废物污染事故、放射性污染事故等。

（8）溺水事故：是指在游泳或失足落水时发生的严重意外伤害，人溺水后可引起窒息缺氧，一般4～5分钟就可因呼吸心跳停止而导致死亡。

（9）踩踏事故：是指在聚众集会中，特别是在人多产生拥挤移动时，有人意外跌倒后，后面不明真相的人群依然在前行，对跌倒的人产生踩踏，从而产生惊慌、加剧的拥挤和新的跌倒人数，并恶性循环的群体伤害的意外事件。

图2-6　2015年11月20日黑龙江龙煤集团鸡西公司杏花煤矿发生火灾事故

（10）矿山事故：如烧伤与爆炸伤多因矿下作业失当，作业场所、通风不良，瓦斯、煤尘积聚，当被违章作业的明火点燃时，即可发生瓦斯爆炸、矿井火灾；如中毒致伤亡，矿山事故中的有毒有害的气体可致人咳嗽、胸闷、气急，甚至肺水肿、脑水肿、昏迷而死亡；如被困人员一旦救援后接触强光可能导致失明。

根据事故灾难造成的人员伤亡或者直接经济损失，一般分为以下等级：

（1）特别重大事故，是指造成30人以上死亡，或者100人以上重伤（包括急性工业中毒），或者1亿元以上直接经济损失的事故；

（2）重大事故，是指造成10人以上30人以下死亡，或者50人以上100人以下重伤，或者5000万元以上1亿元以下直接经济损失的事故；

（3）较大事故，是指造成3人以上10人以下死亡，或者10人以上50人以下重伤，或者1000万元以上5000万元以下直接经济损失的事故；

（4）一般事故，是指造成3人以下死亡，或者10人以下重伤，或者1000万元以下直接经济损失的事故。

3. 公共卫生事件类

公共卫生事件是指突然发生，造成或者可能造成社会公众健康严重损害的重大传染病疫情、群体性不明原因疾病、食品安全和职业危害、动物疫情以及其他严重影响公众健康和生命安全的事件，常见公共卫生类事件如下：

（1）流行性感冒（简称流感）：流感病毒引起的急性呼吸道感染，传染性强、传播速度快，主要通过空气中的飞沫、人与人之间的接触或与被污染物品的接触传播，临床症状为急起高热、全身疼痛、显著乏力和轻度呼吸道症状。流感病毒可分为甲（A）、乙（B）、丙（C）三型，甲型流感H1N1病原体是一种新型病毒，毒株包含有猪流感、禽流感和人流感三种流感病毒的基因片段，人对甲型H1N1流感病毒普遍易感，并可以人传染人。

（2）高致病性禽流感：在鸡、鸭、鹅等禽类之间传播的急性传染病，在特殊情况下也可以感染人类，病人早期症状与其他流行性感冒非常相似，主要表现为发热、鼻塞、流鼻涕、咳嗽、嗓子疼、头痛、全身不舒服，一旦引起肺炎，有可能导致病人死亡。

（3）新型冠状病毒：包括中东呼吸综合征（MERS）和严重急性呼吸综合征（SARS）等，由一种由新冠病毒（CoV）引起的病毒性呼吸道疾病，中东呼吸综合征病毒于2012年在沙特阿拉伯首次被发现，临床表现为发热伴寒战、咳嗽、气短、肌肉酸痛、腹泻、恶心呕吐、腹痛等。新型冠状病毒（nCoV）是一种先前尚未在人类中发现的新型冠状病毒，如新型冠状病毒2019－nCov。

（4）艾滋病：由艾滋病病毒引起的，这种病毒破坏人的免疫系统，使人体丧失抵抗力，从而发生多种感染和肿瘤，最终死亡，病毒可通过性、血液及母婴三种方式传播。

（5）流行性脑脊髓膜炎（流脑）：脑膜炎奈瑟氏菌感染引起的急性传染性疾病，表现主要有急性发热、剧烈头痛、恶心、呕吐、颈强直、畏光、皮肤瘀斑等，死率较高，另外10%～20%的存活者将长期留有后遗症，如智力障碍、听力损伤等。

（6）流行性乙型脑炎：乙型脑炎病毒引起的急性中枢神经系统传染病，临床特点是高热、头痛、呕吐、意识障碍、抽搐、颈强直，易发生呼吸衰竭，易留有神经系统后遗症。

（7）病毒性肝炎：由肝炎病毒引起的一种传染病，主要分为甲、乙、丙、丁、戊5种类型，甲型、戊型肝炎一般通过饮食传播，乙型、丙型和丁型肝炎主要经血液、母婴和性传播，部分慢性乙型肝炎病人还可能发展为肝硬化或肝癌。

（8）严重急性呼吸综合征（简称"SARS"）：病毒引起的严重急性呼吸道症候群，主要通过近距离空气传播，直接接触病人的痰液、唾液、鼻涕也会被感染，其症状与流感和肺炎不易区别，如不及时治疗，会导致病人死亡。

（9）肺结核病：主要通过病人咳嗽、打喷嚏或大声说话时喷出的飞沫传播给他人，主要症状有咳嗽、咳痰、痰中带血、低热、夜间盗汗、疲乏无力、体重减轻等，严重病人可以出现肺空洞或并发大出血。

（10）麻疹：由麻疹病毒引起的急性呼吸道传染病，临床以发热、上呼吸道炎症、麻疹黏膜斑及全身丘疹为特征，麻疹患者为唯一传染源，病毒存在于眼结膜、鼻、口咽和气管等分泌物中，通过喷嚏、咳嗽和说话等由飞沫传播，具有传播速度快、人群普遍易感等特点。

（11）霍乱：由霍乱弧菌引起的急性肠道传染病，主要是饮用或食用了霍乱弧菌污染的水和食物而感染，起病突然，多从剧烈腹泻开始，然后是呕吐,每日大便多达十几次,水样便。

(12) 疟疾:俗称"打摆子""冷热病",病原体是疟原虫,由蚊子传播,当蚊子咬人吸血时,把疟原虫带入人体血液,引起传播流行。

(13) 流行性出血热:主要通过鼠类传染,病毒可通过破损皮肤、被病毒污染的空气和食品进入人体使人患病,患者早期症状是发热、"三痛"(头痛、腰痛、眼眶痛)、"三红"(颜面、颈、上胸部泛红),多数病人出现蛋白尿。

(14) 埃博拉出血热:当今世界上最致命的病毒性出血热,包括恶心、呕吐、腹泻、肤色改变、全身酸痛、体内出血、体外出血、发热等,是一种罕见的病毒,1976年在非洲的埃博拉河地区被发现并由此得名。

(15) 登革热:由登革热病毒引起的急性蚊媒传染病,主要通过白纹伊蚊(花斑蚊)叮咬传播,目前没有疫苗可用,最佳预防方法是防蚊灭蚊。

图2-7 2014年夏季,广东爆发登革热疫情

(16) 手足口病:由肠道病毒引起的传染病,多发生于5岁以下儿童,发病后以手、足、口腔等部位发生疱疹为特征,如治疗不及时,少数患儿可因合并心肌炎、肺炎、脑膜炎而死亡。

(17) 红眼病:由病毒引起的传染性很强的眼病,主要症状是眼部充血肿胀(红眼)、眼痛、有异物感、眼屎多,通过接触被病人眼屎或泪水污染的物品(毛巾、手帕、脸盆、水等)而被传染,夏秋季容易流行。

（18）狂犬病：人被带有狂犬病病毒的狗、猫咬伤、抓伤后，会引起狂犬病，一旦发病，无法救治，几乎100%死亡，其典型症状是发热、头痛、怕水、怕风、四肢抽筋等。

（19）鼠疫：由鼠疫杆菌引起的烈性传染病，与鼠疫病人接触和被鼠、蚤叮咬可以传播，与鼠、旱獭等携带鼠疫杆菌的动物接触也可以传播。

（20）口蹄疫：口蹄疫病毒引起的偶蹄动物共患的一种急性、热性、高度传染性疫病，其特征是在口、舌、唇、鼻、蹄、乳房发生水疱，并溃烂形成烂斑，烈性传播，对畜牧业危害相当严重。

（21）炭疽：由炭疽芽孢杆菌引起的一种人与动物共患的急性、热性、败血性传染病，易感染牛、马、羊、驴等草食动物，人类通过接触患病的牲畜，进食感染本病牲畜肉类、吸入含有该病菌的尘埃，以及接触污染的皮毛等畜产品而感染患病。

（22）食物中毒：指人摄入了含有毒有害物质的食物或把有毒有害物质当作食物摄入后出现的非传染性疾病，可分为细菌性食物中毒、真菌性食物中毒、化学性食物中毒。

（23）农药中毒：大量接触或误服农药，会出现头晕、头痛、浑身无力、多汗、恶心、呕吐、肚子疼、腹泻、胸闷、呼吸困难等症状。重者还会有瞳孔缩小、昏睡、四肢颤抖、肌肉抽搐、口中有金属味等症状。

（24）化学品中毒：人们可能因接触苯、甲苯、二甲苯、汽油、正己烷、氯仿、氯乙烷、甲醇、乙醚、丙酮、二硫化碳等有机溶剂而引起中毒；毒鼠强是剧毒化学品，对人畜生命危害极大。

（25）化学品烧伤：包括被强酸烧伤和被强碱烧伤，高浓度的酸能使皮肤角质层蛋白质凝固坏死，并可引起局部疼痛性凝固性坏死；被强碱烧伤时，会使局部细胞脱水，创面呈黏滑或肥皂样变化。

（26）外来物种入侵：指外来物种在适应了当地新的生态系统后，进而大肆绞杀本地物种，危害生物多样性，破坏当地的生态平衡，对人和原有环境带来危害。

（27）农业转基因生物安全：农业转基因生物是指利用基因工程技术，改变基因组构成，用于农业生产或者农产品加工的动植物、微生物及其产品，主要包括转基因动植物（含种子、种畜禽、水产苗种）和微生物；转基因动植物、微生物产品；转基因农产品的直接加工品；含有转基因动植物、微生物或者其产品成分的种子、种畜禽、水产苗种、农药、兽药、肥料和添加剂等产品。由于群众对转基因食品的安全性了解不深，因此容易引起恐慌和误解。

4. 社会安全事件类

社会安全事件是指在社会冲突矛盾或利益冲突无法调和的情况下，矛盾突然激化致使部分社会成员做出的在主观上违背一般社会认同感，客观上违背国家安全政策的行为，这些行为包含许多不可预料因素，往往令人猝不及防，无以应对。包括重大刑事案件、重特大火灾事件、恐怖袭击事件、涉外突发事件、经济安全事件、规模较大的群体性事件、民族宗教突发群体事件、校园安全事件以及其他社会影响严重的突发性社会安全事件等。[①]

（1）刑事案件是指犯罪嫌疑人或者被告人被控涉嫌侵犯了刑法所保护的社会关系，国家为了追究犯罪嫌疑人或者被告人的刑事责任而进行立案侦查、审判并给予刑事制裁的案件，如罚金、有期徒刑、死刑、剥夺政治权利等。重大刑事案件指恶劣的恶性刑事治安案件、涉黑犯罪案件、群死群伤恶性治安事件、群体性事件、监管羁押场所异常事件等。

（2）重大火灾是指造成10人以上30人以下死亡，或者50人以上100人以下重伤，或者5000万元以上1亿元以下直接财产损失的火灾；特别重大火灾是指造成30人以上死亡，或者100人以上重伤，或者1亿元以上直接财产损失的火灾情形。

（3）恐怖袭击：指恐怖组织或个人使用暴力或其他破坏手段制造的危害社会稳定、危及人民群众生命财产安全的一切形式的活动，其针对但不仅限于平民及民用设施，是不符合国际道义的攻击方式，常见形式有炸弹爆炸、毒气袭击、生物恐怖等。

（4）涉外突发事件：涉及对象分为国家、机构和公民，包括我国主权、领土、领海、领空完整及对外方针、政策的重大问题和机构、公民涉外权利权益；地域上分为发生在境外的涉及我国机构和人员安全及利益的突发性事件和在我国境内发生的涉及国外、外国机构和人员的突发性事件。

---

① 冯毅. 社会安全突发事件概念的界定 [J]. 法制与社会，2010（25）：279-280.

图 2-8 2014 年 3 月 1 日晚，新疆暴恐分子在昆明火车站制造的恐怖袭击致多人死伤

常见的有中国公民在境外遗失机票、行李、身份证、护照等相关票据和证件，发生工伤或事故，失踪或遭绑架，财产遭盗窃、抢劫或他人强占、被害等；中国驻外机构或企业受到非法侵占或不公正对待，有辱我国主权和尊严，从事非法活动受到制裁等。

（5）经济安全事件：经济安全是指经济全球化时代一国保持其经济存在和发展所需资源有效供给、经济体系独立稳定运行、整体经济福利不受恶意侵害和非可抗力损害的状态和能力，包括金融安全、能源安全、科技安全、粮食安全、淡水资源保障、国际贸易安全、人才安全等。一是指国内经济安全，二是指国际经济安全。为此国家既要保护、调节和控制国内市场，又要维护全球化了的民族利益，参与国际经济谈判，实现国际经济合作。常见的经济安全事件如生活必需品供给事件、粮食供给事件、能源资源供给事件、金融突发事件等。

（6）规模较大的群体性事件：群体性事件是指由某些社会矛盾引发，特定群体或不特定多数人聚合临时形成的偶合群体，通过没有合法依据的规模性聚集、对社会造成负面影响的群体活动。规模较大的群体性事件一般会发生多数人语言或肢体行为上的冲突，或表达诉求和主张，或直接争取和维护自身利益，或发泄不满、制造影响，因而对社会秩序和社会稳定造成重大负面影响，如非法集会、游行，集体上访、静坐请愿，或集体罢课、罢市、罢工，集体围攻冲击党政机关、重点建设工程和其他要害部位，导致集体阻断交通，集体械斗甚至集体打、砸、烧、杀、抢。

（7）民族宗教突发群体事件：民族问题是在民族关系上民族与民族之间的矛盾问题，指民族从形成、发展直到消亡过程中各个历史阶段，不同民族和民族间在社会生活的各个领域发生的各种矛盾，是由宗教信仰、宗教习俗、宗教歧视、宗教迫害或宗教战争引起的社会问题，是民族问题的重要组成部分。一个民族的思想信仰是这个民族社会生活的精神支柱，对于多数民族来说，宗教信仰是神圣、崇高、不可亵渎的，必要时可以拿生命来保卫它。在虔诚信教的民族那里，宗教信仰是其诸多民族性中最敏感最容易触动的神经，不仅支配着人们的思想感情、宗教组织和宗教礼俗，也支配或影响着人们的日常生活，包括社会政治、伦理道德、文学艺术、家庭婚姻、人际往来和生老病死，所以民族问题向来是和宗教问题连在一起的。

民族宗教突发事件主要有政治型、经济型、生活型。政治型多因国际敌对势力、境外民族分裂势力、宗教极端势力、民族宗教方面的复旧势力等的渗透破坏，以及个别犯罪分子为谋求个人非法利益而利用和控制一些不明真相的少数民族群众和信教群众制造的突发事件和冲突；经济型多因地区间发展不平衡，经济发展水平差距大而引起的民族心理不平衡和不满情绪，或因经济利益引起的矛盾和冲突等；生活型主要表现为落实民族宗教政策不力、处置民族宗教问题失误等引起的矛盾和冲突。这些事件多表现为聚集群众较多、背景复杂、容易发生违法行为，处置需要掌握专业的民族宗教知识。

（8）校园安全事件：校园安全事件是指学生在校期间，由于某种偶然突发的因素而导致的人为伤害事件。校园安全工作是社会安全工作的十分重要的组成部分，直接关系到青少年学生的安全、健康，关系到千家万户的幸福安宁和社会稳定。因为校园环境封闭，人员众多，社会关注度高，因此学校安全事件极易成为社会热点。常见的学校安全事件：挤压事件、体育活动伤亡事故、校园暴力、打群架、性侵、消防事故、学生身心异常导致的事故、学生自杀、校园设施事故等。

（二）突发事件的分段

突发事件虽然是突然发生的，但根据马克思主义哲学原理，任何事物都是一个由量变到质变的过程。突发事件的产生也是一个由量变到质变的过程，当其处于量变的阶段，会有一些征兆呈现出来，因此突发事件在发生前，可称为事前阶段，在这个阶段，那些后来导致突发事件发生的因素称为隐患。

1. 突发事件的事前

根据《中华人民共和国突发事件应对法》，突发事件应对工作实行预防为主、预防与应急相结合的原则，事前预防是应对突发事件的一个主要环节。突发事件的事前预防主要工作包括风险评估、社会动员、应急预案、监测预警。

（1）风险评估

风险评估能为安全工作提供基础资料，并评估出不同环境或不同时期的危险性重点，以便加强安全管理，采取宣传教育、行政、技术及监督等措施，推动落实安全工作。风险评估分识别风险、评估风险和控制风险三个步骤。识别风险包括危险材料识别、危险工序识别、工作环境检查、安全预警检查等环节；评估风险是指在风险识别和估计的基础上，综合考虑风险发生的概率、损失幅度以及其他因素，得出系统发生风险的可能性及其程度，并与公认的安全标准进行比较，确定风险等级，由此决定是否需要采取控制措施，以及控制到什么程度；控制风险就是使风险降低到可接受的程度，当风险发生时，不至于影响正常工作运作，常用手段有免风险、转移风险、减少威胁、强化薄弱点、进行安全监控等。

（2）社会动员

国家建立有效的社会动员机制，目的是增强全民的公共安全和防范风险的意识，提高全社会的避险救助能力。一是提高公民的危机意识、风险意识，教育更多的公民从思想上、行动上重视安全问题；二是普及突发事件的常识，介绍各类突发事件的危害和一般性规律，新闻媒体应当无偿开展突发事件预防与应急、自救与互救知识的公益宣传；三是普及急救常识和救灾减灾常识，让公民提高救灾防灾的能力；四是定期组织救灾防灾演练、演习，提高公民应急突发事件的生存能力，县级以上人民政府及其有关部门可以建立由成年志愿者组成的应急救援队伍，单位应当建立由本单位职工组成的专职或者兼职应急救援队伍。

各级各类学校应当把应急知识教育纳入教学内容，对学生进行应急知识教育，培养学生的安全意识和自救与互救能力，教育主管部门应当对学校开展应急知识教育进行指导和监督。县级以上人民政府应当建立健全突发事件危机管理培训制度，对人民政府及其有关部门负有处置突发事件职责的工作人员定期进行培训。

（3）应急预案

国家建立突发事件应急预案体系。国务院制定国家突发事件总体应急预案，组织制定国家突发事件专项应急预案；国务院有关部门根据各自的职责和国务院相关应急预案，制定国家突发事件部门应急预案；地方各级人民政府和县级以上地方各级人民政府有关部门根据有关法律、法规、规章、上级人民政府及其有关部门的应急预案以及本地区的实际情况，制定相应的突发事件应急预案。各级地方的城乡规划应当符合预防、处置突发事件的需要，统筹安排应对突发事件所必需的设备和基础设施建设，合理确定应急避难场所。国家建立健全应急物资储备保障制度，完善重要应急物资的监管、生产、储备、调拨和紧急配送体系。

所有单位应当建立健全安全管理制度，掌握并及时处理本单位存在的可能引发社会安全事件的问题，防止矛盾激化和事态扩大；定期检查本单位各项安全防范措施的落实情况，及时消除事故隐患；对本单位可能发生的突发事件和采取安全防范措施的情况，应当按照规定及时向上级部门报告。

应急预案的目的是突发事件发生后能有章可循，更重要的是事前定期组织演练、演习，预防灾害事件的发生，达到未雨绸缪的目的。

（4）监测预警

国家建立全国统一的突发事件信息系统。对各级人民政府及其有关部门汇集、储存、分析、传输有关突发事件的信息与其他相关政府部门、专业机构和监测网点实现互联互通，加强信息交流与情报合作。下级人民政府应当及时汇总分析突发事件隐患和预警信息，必要时组织专家学者会商，对发生突发事件的可能性及其可能造成的影响进行评估,认为可能发生重大或者特别重大突发事件的,应当立即向上级人民政府报告,并向上级人民政府有关部门、当地驻军和可能受到危害的毗邻或者相关地区的人民政府通报。

国家建立突发事件监测制度,县级以上人民政府及其有关部门应当根据自然灾害、事故灾难和公共卫生事件的种类和特点,建立健全基础信息数据库,完善监测网络,划分监测区域,确定监测点,明确监测项目,提供必要的设备、设施,配备专职或者兼职人员,对可能发生的突发事件进行监测。

国家建立健全突发事件分级预警制度,对自然灾害、事故灾难和公共卫生事件,按照突发事件发生的紧急程度、发展势态和可能造成的危害程度分为一级、二级、三级和四级,分别用红色、橙色、黄色和蓝色标示,一级为最高级别。

2. 突发事件的发生与发展

陈安等学者认为,任何突发事件的发生都有个起源,根据事件对社会正常秩序干扰程度的不同,从轻到重可分为干扰、危机和突发事件。当干扰小时人们可能感知不到,当干扰因素的累积达到一定量值,就可以触发危机状态;危机往往是可以被认知或感知到的,危机处理不当,隐患继续增加,时机成熟,量变引起质变,就触发了突发事件。在触发突发事件之前,干扰和危机统称为隐患。

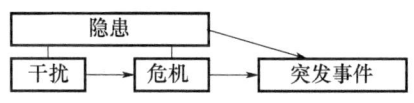

图 2-9 干扰、危机与突发事件关系

从干扰到危机再到突发事件的演变过程,若是由单一原因造成的,称为单源性突发事件。如夏季暴雨对人们的社会生活秩序算是干扰情形,如果因暴雨持续,在山区道路容易引发泥石流或山体滑坡则为危机状态;当山体滑坡发生,堵塞道路、妨碍交通出行就构成了突发事件①。

---

① 陈安,李铭禄,陈宁. 现代应急管理的若干理论与实践新思路 [J]. 中国科学院院刊,2008 (06):531-537.

如果引起突发事件的隐患是多个，或者先后有多个因素引起，则称为多源性突发事件。如流感盛行叠加春运高峰，大规模人群流动加剧了流感的传播速度，某地医疗机构应对不力，药品储备不足，隔离防护措施不力，导致该地医院人满为患，药品不济，出现危重病人死亡，就是多源性突发事件。

突发事件的发生有快有慢，从时间维度上看，有的事件以秒、分、小时计，如地震就在分秒之间；工厂断电、交通事故、大城市的上班车流高峰会以小时计；有的事件按天计，如夏季暴雨，冬季持续降雪等；有的则按旬、月、季度来计算，如厄尔尼诺现象、全球变暖、春季干旱、草原虫鼠害等。

突发事件的发展是指事件及其影响在时间上的延长、空间上的扩展和激烈程度上的增强。任何引起突发事件的原因无非为内因和外因，有的一因一果，有的一因多果，有的多因一果，有的多因多果。任何一个突发事件的发生都是由别的因素触发的，同时这一事件又可能成为其他事件的诱因[①]。

突发事件的发展可分为"转化""蔓延""衍化""耦合"四种类型。

（1）转化：指事件 A 发生了，由此导致了事件 B，一因一果。比如一个学生宿舍因用电不当导致电路短路起火，电路明火引燃了蚊帐，引发宿舍火灾，逃生过程中有一名学生匆忙跳楼导致伤残。学生受伤事件（B）就是因为宿舍火灾事件（A）引起的，宿舍火灾事件转化为学生受伤事件。

图 2-10　突发事件的转化

（2）蔓延：指事件 A 发生了，接二连三地引发了多个同类事件发生，一因多果。如 2008 年 1 月南部多个省份大雪，导致北京发出的多次火车、航班延误，而北京站发车的延误，导致天津、济南、徐州多个车站的更多车次延误或取消。

---

① 迟菲，陈安．突发事件蔓延机理及其应对策略研究［J］．中国安全科学学报，2013，23（10）：170-176．

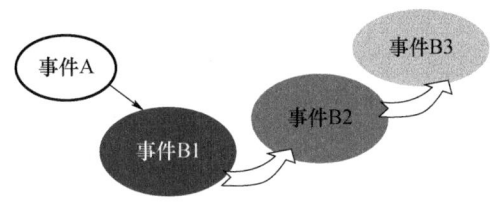

图2-11 突发事件的蔓延

（3）衍化：指在应对突发事件 A 时，不得不采取的一些不恰当措施，这些不当措施又造成了另外的事件 B，事件 B 可能比事件 A 轻微，也可能更严重（事情办砸了）。例如，刹车失灵，司机为避免撞到路人而紧急转向，将车撞向了路旁，导致车辆侧翻，司机重伤，货物损失巨大。再比如，为治疗流感使用高级抗生素类药物，导致细菌病毒增加了抗药性，造成一般药物对病人失效。

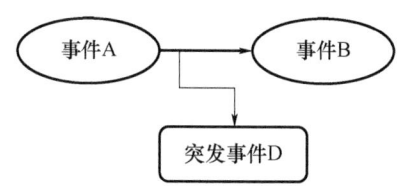

图2-12 突发事件的衍化

（4）耦合：指两个或两个以上隐患共同作用导致突发事件进一步加剧（多因一果）。根据程度不同可细分为弱耦合、中度耦合、强耦合。

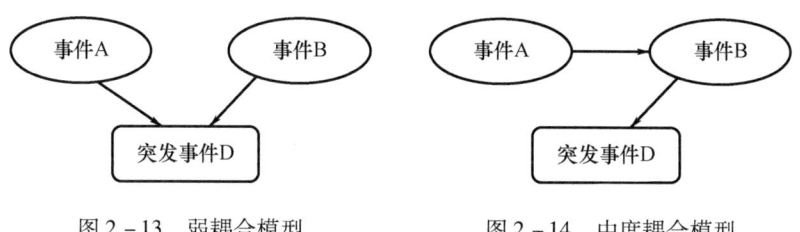

图2-13 弱耦合模型　　　　图2-14 中度耦合模型

弱耦合是指因素 A、B 之间不存在相互作用，只是在时间或空间上有交叉，结果导致突发事件 D 的发生。例如家用燃气泄漏（A）后，户主回家未觉察到，吸烟（B）时引起爆炸（D）。燃气泄漏与吸烟只是在时空上碰巧了，这样的因素叠加或组合关系并密切相关，但对造成爆炸的结果缺一个不可。

中度耦合是指因素 A、B 间存在单向的作用，A 影响 B 进而影响到整个突发事件 D 的发生和发展。常见的如火灾中的"火借风势，风助火威"，风（A）通过对火（B）的方向、大小的影响，而使火灾（D）加剧。

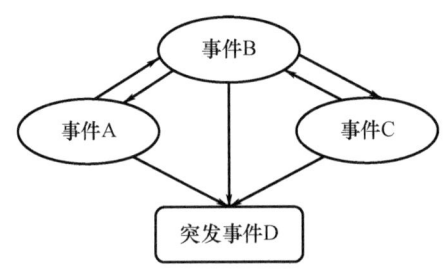

图 2-15　强耦合模型

强耦合是指各事件因素（A、B、C…）之间存在相互作用，关联密切，共同导致了突发事件 D 的发生和发展。比如煤气管线破裂，燃气泄漏（A），导致某封闭空间（如管道井）气体浓度加大（B），抢修的工人作业施工不当（C），电焊火花引起管道井内的燃气爆炸（D）[①]。

3. 事后恢复与重建

突发事件的威胁和危害得到控制或者消除后，应当停止执行有关应急处置措施，同时采取其他必要措施，防止发生次生、衍生事件，并立即组织对突发事件造成的损失进行评估，尽快恢复生产、生活和社会秩序，制订恢复重建计划。

灾后评估就是在突发事件处理结束后，对突发事件的情况进行的全面评估，度量的主要依据就是已经发生的所有损失，包括直接损失和间接损失，其中直接损失包括物质财产损失和人员伤亡，间接损失包括灾后救援投入、修复重建投入、社会影响损失和衍生损失等。评估内容还应包括对突发事件本身的评估、对政府主体危机管理水平的评估、对受影响区域或地域的承灾脆弱性评价和机构可恢复弹性的评估。机构弹性是指一个管理

---

① 亓菁晶，陈安. 突发事件与应急管理的机理体系 [J]. 中国科学院院刊，2009，24（05）：496-503.

机构应对与处置突发事件并再度恢复到初始正常运行状态的能力。一般而言，处置过程越出色，时间越短、资源消耗越少，则恢复至正常运行状态的代价就越小。

事后恢复还需要对参与事件应急的公民个人、机关团体进行总结和奖惩。国家法律规定，公民参加应急救援工作或者协助维护社会秩序期间，其在本单位的工资待遇和福利不变，对那些表现突出、成绩显著的公民或机构给予表彰或者奖励，对在应急救援工作中伤亡的人员依法给予抚恤，对在救援工作中负有责任的领导予以诫勉或组织处分，对那些投机倒把、贪污救灾资金、侵吞国家救灾物资的予以严惩，以在全社会倡导一种扶危济困的风气。

还有一项重要工作就是修订应急预案。政府应总结突发事件应急处置工作的经验教训，制定改进措施，及时修订弥补完善之前的应急预案，针对突发事件的应急处理，定期组织预案的演练和救灾防灾知识的宣传普及，真正将经验教训化作提高救灾防灾减灾的能力。

（三）突发事件的分级

1. 突发事件的预警分级

可以预警的自然灾害、事故灾难和公共卫生事件的预警级别，按照突发事件发生的紧急程度、发展势态和可能造成的危害程度分为一级、二级、三级和四级，分别用红色、橙色、黄色和蓝色标示，一级为最高级别。社会安全事件不设预警级别。

表2-1 突发事件的预警分级

预警级别	一级（Ⅰ）	二级（Ⅱ）	三级（Ⅲ）	四级（Ⅳ）
标示色	红色	橙色	黄色	蓝色
紧急程度	最高	较高	高	一般

发布预警信息时，应包括突发公共事件的类别、预警级别、起始时间、可能影响范围、警示事项、应采取的措施和发布机关等。政府可通过广播、电视、报刊、通信、信息网络、警报器、宣传车或组织人员逐户通知等方式进行，另外对老、幼、病、残、孕等特殊人群以及学校等特殊场所和警

报盲区应当采取有针对性的公告方式。

政府在发布三、四级预警时，应及时启动应急预案，收集、报告有关信息，向社会公布反映突发事件信息的渠道，组织对信息的分析评估，预测可能性、影响范围和强度、级别，定时向社会发布预测信息、评估结果和危害警告，并同时宣传避害减灾常识，公布咨询电话。

政府发布一、二级预警时除采取上述措施外，还应即刻组织起应急救援队伍，动员后备人员做好救援和处置工作的准备，调集所需物资、设备、工具，准备避难场所，加强对重点单位、重要部位和基础设施的安全保卫，维护社会治安秩序，确保交通、通信、供水、排水、供电、供气、供热等公共设施的安全和正常运行，同时向社会发布避灾减灾的建议、劝告，转移、疏散或者撤离易受危害的人员并予以妥善安置，转移重要财产，控制或限制容易导致危害扩大的公共活动。

另外，政府可根据事态的发展予以并重新发布预警级别或者取消。

2. 突发事件的分级

按照社会危害程度、影响范围等因素，突发事件的等级分为特别重大、重大、较大和一般四级。在2007年《中华人民共和国突发事件应对法》中只对自然灾害、事故灾难、公共卫生事件做了分级；在2008年国务院办公厅下发各级政府部门的《特别重大、重大突发公共事件分级标准（试行）》，将社会安全事件也进行了等级区分。

表2-2 突发事件的分级

级别	特别重大（Ⅰ级）	重大（Ⅱ级）	较大（Ⅲ级）	一般（Ⅳ级）

表2-3 特别重大突发事件

分类	内容
自然灾害类	（一）水旱灾害 1. 一个流域发生特大洪水，或多个流域同时发生大水； 2. 大江大河干流重要河段堤防发生决口； 3. 重点大型水库发生垮堤； 4. 洪水造成铁路繁忙干线、国家高速公路网和主要航道中断，48小时无法恢复通行； 5. 多个省（区、市）发生特大干旱； 6. 多个大城市发生极度干旱。

续表

分类	内容
自然灾害类	（二）气象灾害 　　1. 特大暴雨、大雪、龙卷风、沙尘暴、台风等极端天气气候事件影响重要城市和50平方公里以上较大区域，造成30人以上死亡，或5000万元以上经济损失的气象灾害； 　　2. 一个或多个省（区、市）范围内将出现极端天气气候事件或极强灾害性天气过程，并会造成特大人员伤亡和巨大经济损失的气象灾害； 　　3. 在其他国家和地区发生的可能对我国经济社会产生重大影响的极端天气气候事件。 （三）地震灾害 　　1. 造成300人以上死亡，直接经济损失占该省（区、市）上年国内生产总值1%以上的地震； 　　2. 发生在人口较密集地区7.0级以上的地震。 （四）地质灾害 　　1. 因山体崩塌、滑坡、泥石流、地面塌陷、地裂缝等灾害造成30人以上死亡，或直接经济损失1000万元以上的地质灾害； 　　2. 受地质灾害威胁，需转移人数在1000人以上，或潜在可能造成的经济损失在1亿元以上的灾害险情； 　　3. 因地质灾害造成大江大河支流被阻断，严重影响群众生命财产安全。 （五）海洋灾害 　　1. 风暴潮、巨浪、海啸、赤潮、海冰等造成30人以上死亡，或5000万元以上经济损失的海洋灾害； 　　2. 对沿海重要城市或者50平方公里以上较大区域经济、社会和群众生产、生活等造成特别严重影响的海洋灾害。 （六）生物灾害 　　在2个以上省（区、市）病虫鼠草等有害生物暴发流行，或新传入我国的有害生物在2个以上省（区、市）内发生，或在1个省（区、市）内2个以上市（地）发生，对农业和林业造成巨大危害的生物灾害。 （七）森林草原火灾 　　1. 受害森林面积超过1000公顷、火场仍未得到有效控制或受害草原面积8000公顷以上、明火尚未扑灭的火灾； 　　2. 造成30人以上死亡或造成重大影响和财产损失的森林火灾，造成10人以上死亡，或伤亡20人以上的草原火灾； 　　3. 距重要军事目标和大型军工、危险化学品生产企业不足1公里的森林草原火灾； 　　4. 严重威胁或烧毁城镇、居民地、重要设施和原始森林的或需要国家支援的森林草原火灾
事故灾难类	（一）安全事故 　　1. 造成30人以上死亡（含失踪），或危及30人以上生命安全，或1亿元以上直接经济损失，或100人以上中毒（重伤），或需要紧急转移安置10万人以上的安全事故； 　　2. 国内外民用运输航空器在我国境内发生的，或我民用运输航空器在境外发生的坠机、撞机或紧急迫降等情况导致的特别重大飞行事故； 　　3. 危及30人以上生命安全的水上突发事件，或水上保安事件，或单船10000吨以上国内外民用运输船舶在我境内发生碰撞、触礁、火灾等对船舶及人员生命安全以及港口设施安全造成严重威胁的水上突发事件； 　　4. 铁路繁忙干线、国家高速公路网遭受破坏，造成行车中断，经抢修48小时内无法恢复通车； 　　5. 重要港口瘫痪或遭受灾难性损失，长江干线或黑龙江界河航道发生断航24小时以上；

43

续表

分类	内容
事故灾难类	6. 造成区域电网减供负荷达到事故前总负荷的30%以上，或造成重要政治、经济中心城市减供负荷达到事故前总负荷的50%以上；或因重要发电厂、变电站、输变电设备遭受毁灭性破坏或打击，造成区域电网大面积停电，减供负荷达到事故前的20%以上，对区域电网、跨区域电网安全稳定运行构成严重威胁； 7. 多省通信故障或大面积骨干网中断、通信枢纽遭到破坏等造成严重影响的事故； 8. 因自然灾害等不可抗拒的原因导致支付、清算系统国家处理中心发生故障或因人为破坏，造成整个支付、清算系统瘫痪的事故； 9. 城市5万户以上居民供气或供水连续停止48小时以上的事故； 10. 造成特别重大影响或损失的特种设备事故； 11. 大型集会和游园等群体性活动中，因拥挤、踩踏等造成30人以上死亡事故。 （二）**环境污染和生态破坏事故** 1. 发生30人以上死亡，或100人以上中毒（重伤），或因环境事件需疏散、转移群众5万人以上，或直接经济损失1000万元以上，或区域生态功能严重丧失，或濒危物种生存环境遭到严重污染，或因环境污染使当地正常的经济、社会秩序受到严重影响，或1类、2类放射源失控造成大范围严重辐射污染后果的； 2. 因环境污染造成重要城市主要水源地取水中断的污染事故； 3. 危险化学品（含剧毒品）生产和贮运中发生泄漏，严重影响人民群众生产、生活的污染事故； 4. 核设施发生需要进入场外应急的严重核事故，或事故辐射后果可能影响邻省和境外的，或按照"国际核事件分级（INES）标准"3级以上的核事件； 5. 高致病病毒、细菌等微生物在实验室研究过程中造成的特大污染事故； 6. 转基因生物对人类、动物、植物、微生物和生态系统构成严重威胁，或造成高度侵袭性、传染性、转移性、致病性和破坏性的灾害； 7. 中国台湾地区和周边国家核设施中发生的按照"国际核事件分级（INES）标准"属于4级以上的核事故； 8. 盗伐、滥伐、聚众哄抢森林、林木数量达5000立方米（幼树25万株）以上事件，毁林开垦、乱占林地、非法改变林地用途属防护林和特种林林地1500亩以上，属其他林地3000亩以上的事件。
公共卫生事件类	（一）**公共卫生事件** 1. 肺鼠疫、肺炭疽在大、中城市发生，疫情有扩散趋势；或肺鼠疫、肺炭疽疫情波及2个以上的省份，并有进一步扩散趋势； 2. 发生传染性非典型肺炎、人感染高致病性禽流感病例，疫情有扩散趋势； 3. 涉及多个省份的群体性不明原因疾病，并有扩散趋势； 4. 发生新传染病，或我国尚未发现的传染病发生或传入，并有扩散趋势；或发现我国已消灭传染病重新流行； 5. 发生烈性病菌株、毒株、致病因子等丢失事件； 6. 对2个以上省（区、市）造成严重威胁，并有进一步扩散趋势的特别重大食品安全事故； 7. 周边以及与我国通航的国家和地区发生特大传染病疫情，并出现输入性病例，严重危及我国公共卫生安全的事件； 8. 发生跨地区（香港、澳门、台湾）、跨国食品安全事故，造成特别严重社会影响的； 9. 其他危害特别严重的突发公共卫生事件。 （二）**动物疫情** 1. 高致病性禽流感在21日内，相邻省份有10个以上县（市）发生疫情；或在1个省（区、市）内有20个以上县（市）发生或10个以上县（市）连片发生疫情；或在数省内呈多发态势； 2. 口蹄疫在14日内，5个以上省份发生严重疫情，且疫区连片； 3. 动物暴发疯牛病等人畜共患病感染到人，并继续大面积扩散蔓延

续表

分类	内容
社会安全事件类	**（一）群体性事件** 1. 一次参与人数5000人以上，严重影响社会稳定的事件； 2. 冲击、围攻县级以上党政军机关和要害部门，打、砸、抢、烧乡镇以上党政军机关的事件； 3. 参与人员对抗性特征突出，已发生大规模的打、砸、抢、烧等违法犯罪行为； 4. 阻断铁路繁忙干线、国道、高速公路和重要交通枢纽、城市交通8小时停运，或阻挠、妨碍国家重点建设工程施工，造成24小时以上停工的事件； 5. 造成10人以上死亡或30人以上受伤，严重危害社会稳定的事件； 6. 高校内聚集事件失控，并未经批准走出校门进行大规模游行、集会、绝食、静坐、请愿等行为，引发不同地区连锁反应，严重影响社会稳定； 7. 参与人数500人以上，或造成重大人员伤亡的群体性械斗、冲突事件； 8. 参与人数在10人以上的暴力越狱事件； 9. 出现全国范围或跨省（区、市），或跨行业的严重影响社会稳定的互动性连锁反应； 10. 其他视情况需要作为特别重大群体性事件对待的事件。 **（二）金融突发事件** 1. 具有全国性影响且涉及本地区银行业金融机构的突发事件； 2. 金融行业已出现或将要出现连锁反应，需要各有关部门协同配合共同处置的金融突发事件； 3. 国际上出现的，已经影响或极有可能影响国内宏观金融稳定的金融突发事件。 **（三）涉外突发事件** 1. 一次造成30人以上死亡或100人以上伤亡的境外涉我及境内涉外事件； 2. 造成我境外国家利益、机构和人员安全及财产重大损失，造成境内外国驻华外交机构、其他机构和人员安全及重大财产损失，并具有重大政治和社会影响的涉外事件； 3. 有关国家、地区发生特别重大突发事件，需要迅速撤离我驻外机构和人员、撤侨的涉外事件。 **（四）影响市场稳定的突发事件** 1. 2个以上省（区、市）出现群众大量集中抢购、粮食脱销断档、价格大幅度上涨等粮食市场急剧波动的状况，以及超出省级人民政府处置能力和国务院认为需要按照国家级粮食应急状态来对待的情况；在直辖市发生重要生活必需品市场异常波动，供应短缺； 2. 在2个以上省会城市或计划单列市发生重要生活必需品市场异常波动，供应短缺； 3. 在相邻省份的相邻区域有2个以上市（地）发生重要生活必需品市场异常波动，供应短缺； 4. 在数个省（区、市）内呈多发态势的重要生活必需品的市场异常波动，供应短缺。 **（五）恐怖袭击事件** 1. 利用生物制剂、化学毒剂进行大规模袭击或攻击生产、贮存、运输生化毒物设施、工具的； 2. 利用核爆炸、核辐射进行袭击或攻击核设施、核材料装运工具的； 3. 利用爆炸手段，袭击党政军首脑机关、警卫现场、城市标志性建筑物、公众聚集场所、国家重要基础设施、主要军事设施、民生设施、航空器的； 4. 劫持航空器、轮船、火车等公共交通工具，造成严重危害后果的； 5. 袭击、劫持警卫对象、国内外重要人士及大规模袭击、劫持平民，造成重大影响和危害的； 6. 袭击外国驻华使领馆、国际组织驻华代表机构及其人员寓所等重要、敏感涉外场所的； 7. 大规模攻击国家机关、军队或民用计算机信息系统，构成重大危害的。

续表

分类	内容
社会安全事件类	（六）刑事案件 　1. 一次造成10人以上死亡的杀人、爆炸、纵火、毒气、投放危险物质和邮寄危险物品等案件，或在公共场所造成6人以上死亡的案件，或采取绑架、劫持人质等手段，造成恶劣社会影响或可能造成严重后果的案件； 　2. 抢劫金融机构或运钞车，盗窃金融机构现金100万元以上的案件； 　3. 在国内发生的劫持民用运输航空器、客轮和货轮等，或国内运输航空器、客轮和货轮等在境外被劫持案件； 　4. 抢劫、走私、盗窃军（警）用枪械10支以上的案件； 　5. 危害性大的放射性材料或数量特大的炸药或雷管被盗、丢失案件； 　6. 走私危害性大的放射性材料，走私固体废物达100吨以上的案件； 　7. 制服毒品（海洛因、冰毒）20公斤以上案件； 　8. 盗窃、出卖、泄露及丢失国家秘密资料等可能造成严重后果的案件； 　9. 攻击和破坏计算机网络、卫星通信、广播电视传输系统等，并对社会稳定造成特大影响的信息安全案件； 　10. 在我国境内发生的涉外、涉港澳台侨重大刑事案件

表2-4　重大突发事件

分类	内容
自然灾害类	（一）水旱灾害 　1. 一个流域或其部分区域发生大洪水； 　2. 大江大河干流一般河段及主要支流堤防发生决口或出现重大险情； 　3. 数省（区、市）多个市（地）发生严重洪涝灾害； 　4. 一般大中型水库发生垮坝或出现对下游安全造成直接影响的重大险情； 　5. 洪水造成铁路干线、国家高速公路网和航道通行中断，24小时无法恢复通行； 　6. 数省（区、市）多个市（地）发生严重干旱，或一省（区、市）发生特大干旱； 　7. 多个大城市发生严重干旱，或大中城市发生极度干旱。 （二）气象灾害 　1. 暴雨、冰雹、龙卷风、大雪、寒潮、沙尘暴、大风和台风等造成10人以上、30人以下死亡，或1000万元以上、5000万元以下经济损失的气象灾害； 　2. 对社会、经济及群众生产生活等造成严重影响的高温、热浪、干热风、干旱、大雾、低温、霜冻、雷电、冰雹、雪崩等气候灾害； 　3. 因各种气象原因，造成机场、港口、国家高速公路网线路连续封闭12小时以上的。 （三）地震灾害 　1. 造成50人以上、300人以下死亡，或造成一定经济损失的地震； 　2. 发生在首都圈、长江和珠江三角洲等人口密集地区4.0级以上地震； 　3. 发生在国内其他地区（含港澳台地区）5.0级以上地震； 　4. 发生在周边国家6.5级以上，其他国家和地区7.0级以上地震（无人地区和海域除外）； 　5. 国内震级未达到上述标准但造成重大经济损失和人员伤亡损失或严重影响的地震。 （四）地质灾害 　1. 因山体崩塌、滑坡、泥石流、地面塌陷、地裂缝等灾害造成10人以上、30人以下死亡，或因灾害造成直接经济损失500万元以上、1000万元以下的地质灾害；

续表

分类	内容
自然灾害类	2. 受地质灾害威胁需转移人数在 500 人以上、1000 人以下，或潜在经济损失 5000 万元以上、1 亿元以下的灾害险情； 3. 造成铁路繁忙干线、国家高速公路网线路、民航和航道中断，或严重威胁群众生命财产安全、有重大社会影响的地质灾害。 （五）海洋灾害 1. 风暴潮、巨浪、海啸、赤潮、海冰等造成 10 人以上、30 人以下死亡，或 1000 万元以上、5000 万元以下经济损失的海洋灾害； 2. 对沿海经济、社会和群众生产、生活等造成严重影响的海洋灾害； 3. 对大型海上工程设施等造成重大损坏，或严重破坏海洋生态环境的海洋灾害。 （六）生物灾害 1. 因蝗虫、稻飞虱、水稻螟虫、小麦条锈病、草地螟、草原毛虫、松毛虫、杨树食叶害虫和蛀干类害虫等大面积成灾并造成严重经济损失的生物灾害； 2. 新传入我国的有害生物发生、流行，对农业和林业生产等造成严重威胁的生物灾害。 （七）森林草原火灾 1. 连续燃烧超过 72 小时没有得到控制的森林火灾，或距我国界 5 公里以内的国外草原燃烧面积蔓延 500 公里以上，或连续燃烧 120 小时没有得到控制的草原火灾； 2. 受害森林面积 300 公顷以上、1000 公顷以下或受害草原面积 2000 公顷以上、8000 公顷以下的火灾； 3. 造成 10 人以上、30 人以下死亡的森林火灾，或者造成 3 人以上、10 人以下死亡的草原火灾； 4. 威胁居民地、重要设施和原始森林，或位于省（区、市）交界地区，危险性较大的森林草原火灾
事故灾难类	（一）**安全事故** 1. 造成 10 人以上、30 人以下死亡（含失踪），或危及 10 人以上、30 人以下生命安全，或直接经济损失 5000 万元以上、1 亿元以下的事故，或 50 人以上、100 人以下中毒（重伤），或需紧急转移安置 5 万人以上、10 万人以下事故； 2. 国内外民用运输航空器在我国境内，或我民用运输航空器在境外发生重大飞行事故； 3. 危及 10 人以上、30 人以下生命安全的水上突发事件或水上保安事件；3000 吨以上、10000 吨以下的非客船、非危险化学品船发生碰撞、触礁、火灾等对船舶及人员生命安全造成威胁的水上突发事件； 4. 铁路繁忙干线、国家高速公路网线路遭受破坏，或因灾严重损毁，造成通行中断，经抢修 24 小时内无法恢复通车； 5. 重要港口遭受严重损坏，长江干线或黑龙江界河等重要航道断航 12 小时以上、24 小时以内； 6. 造成跨区电网或区域电网减供负荷达到事故前总负荷的 10% 以上、30% 以下，或造成重要政治、经济中心城市减供负荷达到事故前总负荷的 20% 以上、50% 以下； 7. 造成重大影响和损失的通信、信息网络、特种设备事故和城市轨道、道路交通、大中城市供水、燃气设施供应中断，或造成 3 万户以上居民停水、停气 24 小时以上的事故； 8. 大型集会和游园等群体性活动中，因拥挤、踩踏等造成 10 人以上、30 人以下死亡的事故； 9. 其他一些无法量化但性质严重，对社会稳定、对经济建设造成重大影响的事故。

续表

分类	内容
事故灾难类	（二）环境污染和生态破坏事故 1. 发生 10 人以上、30 人以下死亡，或 50 人以上、100 人以下中毒，或区域生态功能部分丧失或濒危物种生存环境受到污染；或因环境污染使当地经济、社会活动受到较大影响，疏散转移群众 1 万人以上、5 万人以下的；或 1、2 类放射源丢失、被盗或失控； 2. 因环境污染造成重要河流、湖泊、水库及沿海水域大面积污染，或县级以上城镇水源地取水中断的污染事故； 3. 盗伐、滥伐、聚众哄抢森林、林木数量达 1000～5000 立方米（幼树 5 万～25 万株）的事件，毁林开垦、乱占林地、非法改变林地用途属防护林和特种用途林林地 500～1500 亩，属其他林地 1000～3000 亩的事件； 4. 对国家级自然保护区和风景名胜区造成重大直接经济损失的环境污染事故，或资源开发造成严重环境污染和生态破坏，可能导致主要保护对象或其栖息地遭受毁灭性破坏，或直接威胁当地群众生产、生活和游客安全的事故； 5. 由于自然、生物、人为因素造成国家重点保护野生动（植）物种群大批死亡或可能造成物种灭绝的事件； 6. 核设备和铀矿冶炼设施发生的，达到进入场区应急状态标准； 7. 进口再生原料严重环保超标和进口货物严重核辐射超标或含有爆炸物品的事件； 8. 非法倾倒、埋藏剧毒危险废物事件
公共卫生事件类	（一）公共卫生事件 1. 在 1 个县（市）范围内，1 个平均潜伏期内发生 5 例以上肺鼠疫、肺炭疽病例，或相关联的疫情波及 2 个以上的县（市）； 2. 腺鼠疫发生流行，在 1 个市（地）范围内，1 个平均潜伏期内多点连续发病 20 例以上，或流行范围波及 2 个以上市（地）； 3. 发生传染性非典型肺炎、人感染高致病性禽流感疑似病例； 4. 霍乱在 1 个市（地）范围内流行，1 周内发病 30 例以上；或疫情波及 2 个以上市（地），有扩散趋势； 5. 乙类、丙类传染病疫情波及 2 个以上县（市），1 周内发病水平超过前 5 年同期平均发病水平 2 倍以上； 6. 我国尚未发现的传染病发生或传入，尚未造成扩散； 7. 发生群体性不明原因疾病，扩散到县（市）以外地区； 8. 发生重大医源性感染事件； 9. 预防接种或群体性用药出现人员死亡事件； 10. 对 1 个省（区、市）内 2 个以上市（地）造成危害的重大食品安全事故； 11. 一次食物中毒人数超过 100 人并出现死亡病例，或出现 10 例以上死亡病例； 12. 一次发生急性职业中毒 50 人以上，或死亡 5 人以上； 13. 境内外隐匿运输、邮寄烈性生物病原体、生物毒素造成我境内人员感染或死亡的； 14. 其他危害严重的重大突发公共卫生事件。 （二）动物疫情 1. 高致病性禽流感在 21 日内，1 个省（区、市）内有 2 个以上市（地）发生疫情，或在 1 个省（区、市）内有 20 个以上疫点或 5 个以上、10 个以下县（市）连片发生疫情； 2. 口蹄疫在 14 日内，在 1 个省（区、市）内有 2 个以上相邻市（地）或 5 个以上县（市）发生疫情，或有新的口蹄疫亚型出现并发生疫情； 3. 在 1 个平均潜伏期内，20 个以上县（市）发生猪瘟、新城疫疫情，或疫点数达到 30 个以上； 4. 在我国已消灭的牛瘟、牛肺疫等又有发生，或我国尚未发生的疯牛病、非洲猪瘟、非洲马瘟等疫病传入或发生； 5. 在 1 个平均潜伏期内，布鲁氏菌病、结核病、狂犬病、炭疽等二类动物疫病呈暴发流行，波及 3 个以上地（市），或其中的人畜共患病发生感染人的病例，并有继续扩散趋势

续表

分类	内容
社会安全事件类	**（一）群体性事件** 1. 参与人数在1000人以上，5000人以下，影响较大的非法集会游行示威、上访请愿、聚众闹事、罢工（市、课）等，或人数不多但涉及面广和有可能进京的非法集会和集体上访事件； 2. 造成3人以上、10人以下死亡，或10人以上、30人以下受伤群体性事件； 3. 高校校园网上出现大范围串联、煽动和蛊惑信息，校内聚集规模迅速扩大并出现多校串联聚集趋势，学校正常教育教学秩序受到严重影响甚至瘫痪，或因高校统一招生试题泄密引发的群体性事件； 4. 参与人数200人以上、500人以下，或造成较大人员伤亡的群体性械斗、冲突事件； 5. 涉及境内外宗教组织背景的大型非法宗教活动，或因民族宗教问题引发的严重影响民族团结的群体性事件； 6. 因土地、矿产、水资源、森林、草原、水域等权属争议和环境污染、生态破坏引发的，造成严重后果的群体性事件； 7. 已出现跨省（区、市）或行业影响社会稳定的连锁反应，或造成了较严重的危害和损失，事态仍可能进一步扩大和升级； 8. 其他视情况需要作为重大群体性事件对待的事件。 **（二）金融突发事件** 1. 对金融行业造成影响，但未造成全国性影响的金融突发事件； 2. 所涉及省（区、市）监管部门不能单独应对，需进行跨省（区、市）或跨部门协调的金融突发事件。 **（三）涉外突发事件** 1. 一次事件造成10人以上、30人以下死亡，或50人以上、100人以下伤亡的境外涉我及境内涉外事件； 2. 造成或可能造成我境外国家利益、机构和人员安全及较大财产损失，造成或可能造成外国驻华外交机构、其他机构和人员安全及财产较大损失，并具有较大政治和社会影响的涉外事件； 3. 有关国家、地区发生重大突发事件，需要尽快撤离我驻外部分机构和人员、部分撤侨的涉外事件。 **（四）影响市场稳定的突发事件** 1. 在1个省（区、市）较大范围或省会等大中城市出现粮食市场急剧波动状况； 2. 在1个省会城市或计划单列市发生重要生活必需品市场异常波动，供应缺乏； 3. 在1个省（区、市）内2个以上市（地）发生重要生活必需品市场异常波动，供应短缺。 **（五）刑事案件** 1. 一次造成公共场所3人以上死亡，或学校内发生的造成人员伤亡、危害严重的杀人、爆炸、纵火、毒气、绑架、劫持人质和投入危险物质案件； 2. 劫持现金50万元以上或财物价值200万元以上，盗窃现金100万元以上的或财物价值300万元以上，或抢劫金融机构或运钞车，盗窃金融机构现金30万元以上的案件； 3. 有组织团伙性制售假劣药品、医疗器械和有毒有害食品，对人体健康和生命安全造成威胁的案件； 4. 案值数额在2000万元以上的走私、骗汇、逃汇、洗钱、金融诈骗案、增值税发票及其他票证案，面值在200万元以上的制贩伪币案件； 5. 因假劣种子、化肥、农药等农用生产资料造成大面积绝收、减产的坑农案件； 6. 非法猎捕、采集国家重点保护野生动植物和破坏物种资源致使物种或种群面临灭绝危险的重大案件； 7. 重大制贩毒品（海洛因、冰毒）案件； 8. 涉及50人以上，或者偷渡人员较多，且有人员伤亡，在国际上造成一定影响的偷渡案件

国务院规定，对一些比较敏感或发生在敏感地区、敏感时间，或可能演化为特别重大、重大突发公共事件的分级处理，不受上述标准限制。对于较大和一般等级的突发事件，由县级以上人民政府根据当地情况结合实际制定区分。

三、关于危机管理的理论

危机管理是为了降低危机或突发事件的危害，科学地分析突发事件的原因、发生和发展机制及其所产生的负面影响，有效集成社会各方面的资源，采用现代技术手段和现代管理方法，对危机或突发事件进行有效应对、控制和处理的理论、方法和技术体系的综合[1]。危机管理的目标是降低危害，依托是各种能集成的资源，基础是科学分析，检验标准是应对高效、控制有效、处理妥当、反馈良好。

（一）危机管理的主体和客体

危机管理的客体就是各类危机或突发事件，目前我国将突发事件分为自然灾害、事故灾难、公共卫生事件和社会安全事件四类。而危机管理的主体是应对突发事件的人或组织机构，一般为县级以上的人民政府，更多具体的主体是政府专门机构或企事业单位相关部门的人员。面对形形色色的突发事件，政府无法也不必"大包大揽""单打独斗"。企事业单位、社会组织、公众等既是突发事件的直接受众，也是危机管理的重要主体。按照"自救优于互救、互救优于公救"的原则，应充分依托社会力量，营造"人人关心安全、人人重视安全、人人参与安全"的社会文化，让民众自主自发而不是响应号召式地参与危机管理工作。比如高校发生火灾，危机管理的主体可以是高校安全管理部门的师生，也可以是参与灭火的消防队队员或参与指挥的地方政府负责人。

---

[1] 陈安，李铭禄，陈宁. 现代应急管理的若干理论与实践新思路[J]. 中国科学院院刊，2008 (06)：531-537.

（二）危机管理的策略

针对突发事件的发生、发展，危机管理也有相对应的机理和策略。危机管理总的策略就是阻断转化过程、减缓阻滞蔓延、防止衍化和解除耦合，措施有消源、断路、转移、弃子、解耦等。

研究突发事件的发生规律，首先要应对的就是尽量弄清楚引起突发事件的根源（主要诱因），只有这样才能在应急处理时有的放矢。比如家庭火灾报警，要告知消防队员是因为什么着火（电器、燃气、油品等），以方便消防队员准备沙土、水还是干粉为主的消防器材，如是电器着火，那么电器开关一般在什么位置，是否已采取断电措施等信息也很重要。其次就是掌握应对突发事件的基本规律和必备常识，比如火灾，应对柴草着火和加油站油库着火需要的专业知识不同，灭火设备也有不同的需求，否则就会造成"火上浇油"的后果。再如发生在陆地的火灾与在海上轮船发生的火灾，救援要求也不一样。

针对突发事件的发展规律，危机管理的策略也有所不同，如图2－16所示。

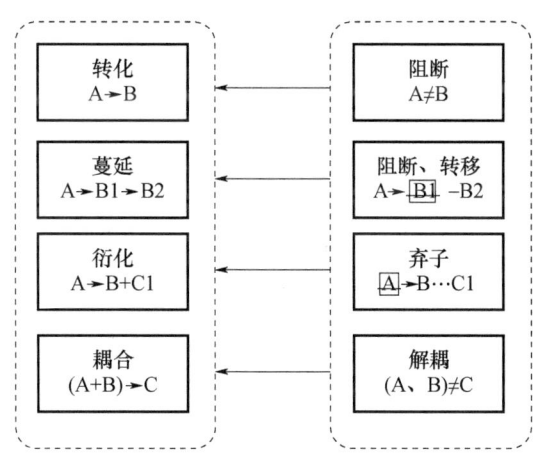

图2－16　危机管理的策略

针对突发事件的转化，可以采取阻断转化路径的策略。比如，前例中学生宿舍因电路明火引发宿舍火灾，逃生过程中有一名学生匆忙跳楼导致伤残。可以教育学生掌握必要的逃生知识和自救常识，学生可以通过床单、衣物打结成绳索或顺下水管溜滑下楼，降低着地前的高度，防止高空跳楼致伤。也可以果断灭火，降低或阻断火灾发生的烈度。

针对突发事件的蔓延，可以采取阻断或转移策略。比如家庭因煤气罐漏气着火引发火灾，首先在条件允许的条件下，关闭煤气阀门，阻断火源，利于后期灭火；在无法控制煤气罐的情况下，可以尽快转移室内人员和重要财产，让易燃物远离煤气罐火源，防止更大的火灾。

针对突发事件的衍化，必要时可以采取"弃子"的战略。在对第一个突发事件无能为力应对或应急处理价值不大的情况下，可以"听之任之"，重点阻断可能发生的后续事件，类比棋类竞赛中的"弃子"和"丢卒保帅"。如前例中南部多省大雪影响到北京站发出的多次火车，北京站可以停发南京以远的车次，但可以正点发出开往济南、泰安、徐州等站的车次。而天津、济南、徐州等站可以全部正点发出北上的所有车次。

针对突发事件的耦合，主要策略就是解耦。比如前例中的煤气管线破裂，燃气泄漏（A），导致管道井内气体浓度加大（B），抢修的工人作业施工不当（C），电焊火花引起管道井内的燃气爆炸（D），就应该在进行维修前检测管道井内的气体浓度，实施通风；焊接施工前要保证施工场所的安全，防止焊花溅落到易燃物上，工人应穿戴必要的防护装备等。

（三）危机管理的内容

危机管理中物质基础层面的内容有机构、队伍、人员、资金、资源等，上层建筑层面的内容有理论、规律、舆情、机制、体制、制度等。上层建筑层面的内容对危机管理有指导作用，有助于提高危机管理的效率。

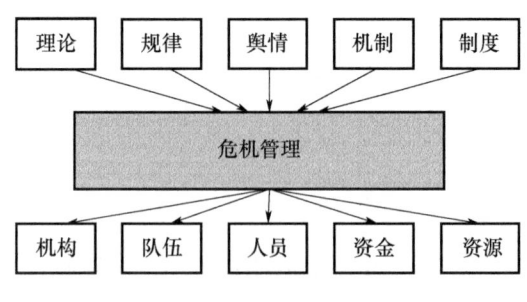

图2-17 危机管理的内容

（1）理论和规律。危机管理的理论和规律，来自对危机管理实践的总结，掌握这些理论和规律，是正确高效应对突发事件的前提和基础。现代危机管理应当是建立在认识灾难事件的发生、发展、演化机理，并清楚危机管理的机理、机制的基础上进行的。危机管理是为了降低突发灾难性事件的危害，基于对突发事件发生、发展、演化机理以及所产生负面影响的科学分析，综合集成社会各方面的资源，对突发事件进行有效应对、控制和处理的一整套理论和方法体系。其中，"降低危害"是危机管理的目标，"分析机理和影响"是危机管理实施的基础，"集成资源"是危机管理的依托，"应对、控制和处理突发事件"则是应急实施过程的综合管理。

（2）舆情。随着信息技术的发展，互联网和手机日益普及，有关突发事件的舆情管理上升为危机管理中不可缺少的重要内容。舆情是指在一定的社会空间内，围绕中介性事件的发生、发展和变化，民众对社会管理者、企业、个人及其他组织及其政治、社会、道德等方面的取向产生和持有的社会态度。网络舆情是社会舆情在互联网空间的映射，是社会舆情的直接反映，包括网络、事件、网民、情感、传播互动、影响力等要素。因为互联网是开放的，每个人都有机会成为网络信息的发布者，每个人都有选择网络信息的自由，因此网络舆情具有自由性。互联网便于网民参与，网民之间经常相互探讨、争论、交汇、碰撞，甚至争吵，因此网络舆情是交互的。从舆情主体的范围来看，网民分布于社会各个阶层和领域，话题涉及政治、经济、文化、军事、外交以及社会生活的各个方面，因此网络舆情具有多元性。由于网民发表言论的目的不同、方式不同，一些网络言论缺乏理性，甚至有人把互联网作为发泄情绪的场所，这些非理性言论很可能在众人的响应下持续发酵，引发更大的恐慌。当前网络热点层出不穷，如果某一事件发生，可能立即会引起千万网民的围观和关注，个体大V的意见可以迅速形成并引领公共意见。

现代危机管理的发展，引起了学者和管理层对舆情的重视，催生了一项新的制度：新闻发言人。现代新闻发言人制度最早出现在20世纪初的美国，是为解决突发事件、危机而建立的，经过长时间的发展与完善，新闻发言人制度在西方已经成熟。中国从1983年外交部首设新闻发言人制度算起，至今也就40年的时间。自2003年"SARS"之后，上海市政府率先建立新闻发言人制度，随后，国务院各部门和各省市纷纷建立新闻发言人制度，进行定期或不定期的新闻发布。到 2004 年底，我国政府建立起由国务院新闻办公室、中央各部委、省级人民政府组成的三级新闻发言人制度，不断加强信息公开、政府工作透明的力度。"5·12"汶川地震后这一制度逐步成熟，在面对信息公开、政府工作透明化等问题上，政府的执政理念由原来的"官本位"向"民本位"转变；在操作方式上，由原先的"随意化"逐步向"制度化"转变；同时在处理与媒体的关系上，也从原来的"瞒""捂""堵""压"逐渐向"合作"靠拢。因此，我国的新闻发言人制度虽然还存在许多问题，但正在不断进步并走向成熟。

（3）机制。原指有机体的构造、功能及其相互关系。危机管理机制就是危机管理的各要素之间如何配合、联动及相互作用的有机关系。闪淳昌教授认为应急机制是突发事件应对全过程中的各种系统化、制度化、程序化、规范化和理论化的方法和措施[①]，包括预防与应急准备、监测和预警、应急处置与救援、恢复与重建等多个环节，他根据事前、事发、事中、事后四个环节分别设计为四段机制。事前机制包括社会管理机制、风险防范机制、应急准备机制、宣传教育培训机制、社会动员机制；事发阶段包括事件监测机制、研判机制、信息报告机制、预警机制、国际合作机制；事中阶段包括先期处置机制、快速评估机制、决策指挥机制、协调联动机制、信息发布机制；事后阶段包括恢复重建机制、救助补偿机制、心理救援机制、调查评估机制、责任追究机制。

（4）制度。危机管理的制度主要是指国务院、各级人民政府和部门颁布的法律法规。到 2017 年底，我国已颁布了 103 部危机管理法律法规，包括自然灾害类 17 部、事故灾难类 39 部、公共卫生事件类 11 部和社会安全类 36 部。随着危机管理水平的提高，我国将不断加强应急法制建设，国务院办公厅在《国家突发事件应急体系建设"十三五"规划》（国办发〔2017〕2 号）中提到要"完善危机管理法律法规和标准体系，研究制定《中华人民共和国突发事件应对法》相关配套法规制度和规范性文件，健全自然灾害、事故灾难、公共卫生事件和社会安全事件应急相关法律法规

---

① 闪淳昌，周玲，钟开斌. 对我国应急管理机制建设的总体思考 [J]. 国家行政学院学报，2011（01）：8-12+21.

体系，完善地方性危机管理法规，加大执法力度，实现依法应急"。重点是提到构建危机管理标准体系。着力加强应急标志标识、风险隐患识别评估、预警信息发布、应急队伍及装备配置、公共场所应急设施设备配置、应急避难场所建设、物资储备、应急通信、应急平台、应急演练等相关标准研制，积极参与国际危机管理标准制定，推动危机管理标准实施应用，促进危机管理工作规范化和应急技术装备标准化①。

（5）机构。危机管理的最高机构是国务院，国务院在总理领导下研究、决定和部署特别重大突发事件的应对工作；国务院曾设立危机管理办公室（国务院总值班室），负责突发事件应对工作；县级以上地方各级人民政府设立由本级人民政府主要负责人、相关部门负责人、驻当地中国人民解放军和中国人民武装警察部队有关负责人组成的突发事件应急指挥机构，统一领导、协调本级人民政府各有关部门和下级人民政府开展突发事件应对工作；根据实际需要，各企事业单位可设立相关类别突发事件应急指挥机构，组织、协调、指挥突发事件应对工作。根据"十三五"规划，我国将依托现有机构确定一批食品安全应急检验检测中心（实验室）和核生化物质监测中心，建立由行业协会、安全评估机构、技术咨询机构、保险机构等共同参与的社会中介服务体系，支持其开展风险评估、隐患监测治理、管理咨询、应急检测检验、教育培训等活动，支持创办专业化危机管理服务企业，建立第三方专业评估机构。依托现有优质医疗卫生资源和通航企业等，在全国分区域建设一批国家航空医学救援基地，依托国家行政学院危机管理培训中心建立中欧危机管理学院，形成具有国际影响的危机管理教育、高端智库和国际合作交流平台。

2018年3月，根据第十三届全国人民代表大会第一次会议批准的国务院机构改革方案，我国设立应急管理部。2020年10月9日，中共中央办公厅、国务院办公厅发布关于调整应急管理部职责机构编制的通知，应急管理部设办公厅、应急指挥中心、人事司、教育训练司、风险监测和综合减灾司、救援协调和预案管理局、火灾防治管理司、防汛抗旱司、地震和地质灾害救援司、危险化学品安全监督管理一司、危险化学品安全监督管理

---

① 国务院印发应急体系建设"十三五"规划[J].移动通信，2017，41（14）：35.

二司、安全生产执法局、安全生产综合协调司、救灾和物资保障司、政策法规司、国际合作和救援司、规划财务司、调查评估和统计司、新闻宣传司、科技和信息化司。应急管理部的主要职责为：组织编制国家应急总体预案和规划，指导各地区各部门应对突发事件工作，推动应急预案体系建设和预案演练；建立灾情报告系统并统一发布灾情，统筹应急力量建设和物资储备并在救灾时统一调度，组织灾害救助体系建设，指导安全生产类、自然灾害类应急救援，承担国家应对特别重大灾害指挥部工作；指导火灾、水旱灾害、地质灾害等防治；负责安全生产综合监督管理和工矿商贸行业安全生产监督管理等。公安消防部队、武警森林部队转制后，与安全生产等应急救援队伍一并作为综合性常备应急骨干力量，由应急管理部管理，实行专门管理和政策保障，采取符合其自身特点的职务职级序列和管理办法，提高职业荣誉感，保持有生力量和战斗力。应急管理部要处理好防灾和救灾的关系，明确与相关部门和地方各自职责分工，建立协调配合机制。

（6）队伍和人员。危机管理中人永远是第一位。目前，我国已基本形成了以公安、武警、军队为骨干和突击力量，以防汛抗旱、抗震救灾、森林消防、海上搜救、铁路事故救援、矿山救护、核应急、医疗救护、动物疫情处置、心理救援等专业队伍为基本力量，以企事业单位专兼职队伍、应急志愿者为辅助力量的应急队伍体系[①]，但专业人才、高水平人才匮乏。

应急队伍和人员从地域上分，可分为国家、地域城市和基层三级；按照从事职业相关性区分，又可分为专职人员和兼职人员；根据从事职业行业来分，可以是公务员、专家学者、军人、社会工作者、志愿者以及其他人员等。基于现代危机管理的特点，决定了政府部门的公务员是危机管理人才队伍的重要组成部分；经验丰富的该领域专家学者是队伍的中坚力量；军队是现阶段我国应急救援队伍的主要组成部分；社会工作者和志愿者作为主要辅助力量，在化解社会矛盾、促进社会和谐、参与救灾、心理救援和恢复重建等方面起到了重要作用。另外，国际的应急合作也是重要的队伍来源之一。

针对应急专业高端人才缺乏的现状，国家要通过教育、培训、使用、

---

① 唐华茂. 应急管理人才队伍建设研究 [J]. 中国行政管理, 2010 (12): 14–17.

培养等手段，努力弥补短板。要专兼职相结合，重点选拔高层次危机管理人才，参照战时紧急状态时，国防动员环节中招募退伍军人的举措，做好非全职危机管理人员的储备。要重视人员培训，开展应急知识普及和应急演练、媒体定期进行应急知识公益宣传、学校增加应急知识教育。建立人才交流机制，提高人才利用效率，激励危机管理人才安心工作。

（7）资金。危机管理中的资金包括财政、金融、保险与捐赠四方面。突发事件发生后，应急系统内是否可以支配一定数量的财政资金，这些资金来源如何保证，主管的民政部门按照什么标准拨付专项资金等问题都需要事前有设计。突发事件后，金融机构如何启动紧急放贷程序，除了帮助受灾地区的企业和灾民外，还能按照商业逻辑获得一定的收益，也是一个重要问题。比如地震灾区，电力网络中断，金融产品如何使用、支付，我国在舟曲泥石流救灾中就很好地解决了这个问题。

保险是现代危机管理的重要资金来源，对于应急和事后恢复重建发挥着重要作用。国家鼓励保险公司开发适合中国国情的应急保险产品，支持保险公司正当得利，鼓励公民树立保险意识，加入适当的寿险和财产保险。捐赠是比较灵活机动的应急资金来源，根据2016年颁布的《慈善组织公开募捐管理办法》（民政部令59号）和《中华人民共和国慈善法》（主席令第43号），个人不能公开募捐，但不禁止个人求助，除民政部门外，一些非政府组织或公益组织都可以组织募捐，捐赠使用应当根据应急情况有所区别。

（8）资源。资源是危机管理的基础性保障，包括人力、物资和设备等。资源的布局、选址、配置与调度是个科学问题，一旦事件突发，应急主体应清楚资源的重要程度，这就要求事前预案设计时对资源调配有充分的考虑，必要时要经过演习演练。应急过程中，建立必要的物资和资金补偿机制也同样重要。

（四）现代危机管理的体系

现代危机管理体系的核心是"一案三制"，即应急预案、应急体制、机制和法制。

1. 应急预案

应急预案指各级人民政府及其部门、基层组织、企事业单位、社会团体等为依法、迅速、科学、有序应对突发事件,最大限度减少突发事件及其造成的损害而预先制定的工作方案[①]。应急预案的内容一般包括目标、依据、适用范围、组织与工作原则、适用条件、运行与监督机制等部分,应明确回答在突发事件发生之前、发生过程中以及刚刚结束之后,谁负责做,做什么,何时做,怎么做,有多少资源可以调用,采取怎样的应对策略等问题。按制定主体划分,可分为政府及其部门应急预案、单位和基层组织应急预案两大类。

2005年1月26日,国务院第79次常务会议通过了《国家突发公共事件总体应急预案》,于2006年1月8日发布并实施。主要规定突发事件应对的基本原则、组织体系、运行机制,以及应急保障的总体安排等,明确相关各方的职责和任务。

单位和基层组织应急预案由机关、企业、事业单位、社会团体和居委会、村委会等法人和基层组织制定,侧重明确应急响应责任人、风险隐患监测、信息报告、预警响应、应急处置、人员疏散撤离组织和路线、可调用或可请求援助的应急资源情况及如何实施等,体现自救互救、信息报告和先期处置特点。

预案编制单位应当组织开展人员广泛参与、处置联动性强、形式多样、节约高效的应急演练,其中专项应急预案、部门应急预案至少每3年进行一次。建立定期评估制度,分析评价预案内容的针对性、实用性和可操作性,可适时修改;预案编制单位应当通过多种方式对密切相关的管理人员和专业救援人员开展培训,媒体要广泛宣传非涉密的应急预案。

2. 应急体制

应急体制是指国家机关、企事业单位、社会团体、公众等各利益相关方在处置突发事件时在机构设置、领导隶属关系和管理权限划分等方面的体现、制度、方法、形式等的总称[②]。我国应急体制的核心内容是统一领导、综合协调、分类管理、分级负责、属地管理为主[③]。

---

① 国务院办公厅. 突发事件应急预案管理办法. 国办发〔2013〕101号.
② 闪淳昌,周玲,钟开斌. 对我国应急管理机制建设的总体思考[J]. 国家行政学院学报,2011(01):8-12+21.
③ 胡象明,黄敏. 我国应急管理体制的特色与改革模式的选择[J]. 中国机构改革与管理,2011(03):34-39+13.

（1）统一领导是指国务院对全国危机管理工作行使统一领导权，负责全国重大危机管理工作的决策和处置；在地方，则由地方政府成立由本级政府相关部门参加的应急指挥部，地方驻军通过参与指挥部，在地方危机管理和突发事件处置中发挥重要作用。

（2）综合协调是指在突发事件发生后成立的指挥部，具有一定的职权，发挥好协调功能。自2003年"SARS"之后，根据国家突发事件应对法，从中央到县级地方政府先后设立了危机管理办公室，作为政府常设机构，行使常态的、更大范围的综合协调职能。

（3）分类管理是指将突发事件分类（自然灾害、事故灾难、公共卫生事件和社会安全事件），每一类突发事件分别由相关部门为主进行管理，如突发公共卫生事件由卫生部门牵头，危机管理机构（指挥部）统一协调，要求其他相关部门予以支持和协助。把"分类管理"与"综合协调"结合起来，使之成为一个有机的整体。

（4）分级负责是我国多年多次危机管理中总结出来的经验，与我国国体、政体相适应，因为我国行政运行的基本模式就是"统一领导、分级负责"。突发事件发生后，由上级主管部门统一指挥，本级政府各部门分工合作已被证明是行之有效的。

（5）属地管理为主是指在"统一领导、分级负责"的前提下，属地发生的突发事件属于当地政府工作管辖范围，属地政府是危机管理的主体，对应急工作进行组织、协调、领导和控制，管理具体的人、事、物，有清晰的标准和要求。如两县交界区域发生突发事件，则由市级政府牵头；跨省的突发事件（如大面积流感），由国务院牵头，分省负责本省的应急工作。

当前的这一危机管理体制具有巨大的优势。行政体制中要求下级服从上级、地方政府服从中央政府，令中央政府能够对全国各级地方政府进行有效的指挥和协调，可举全国各地之力来应对重大突发事件，做到"一方有难，八方支援"，充分发挥了社会主义集中力量办大事的优越性。实践证明，在这个体制框架下，以政府为主体、军队积极支持、全社会广泛参与的应急动员、参与和响应机制，是健全的、高效率的，在近年来多次应对突发事件的处置中得到了检验，特别是2010年青海玉树地震、2016年南方抗洪的高效、快速反应,得到了国内外多方面的认可。

3. 应急机制

应急机制可以理解为应付突发事件而采取的一些应急措施安排和制度,通俗理解就是"怎样实施"。我国建立危机管理机制的基本要求是统一指挥、反应灵敏、协调有序、运转高效。

陈安教授的危机管理团队认为,危机管理的机制可分为监控与启动机制、处置与协调机制、运行与评价机制、终止与补偿机制、监督与问责机制五大部分,如图 2-18 所示。

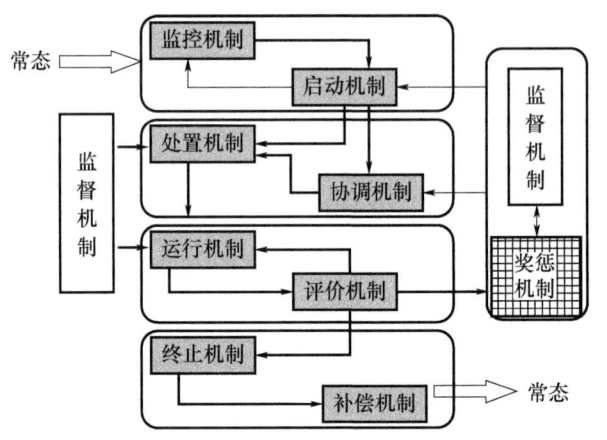

图 2-18 危机管理机制内容

第一阶段的监控机制主要进行风险评估和事件监测。评估以风险分析和系统应急的脆弱性评价为主要内容,即对本地突发事件应对所需的管理制度、组织能力、关键基础设施、群体抗灾能力、抗灾资源可得性与可及性等维度进行分析评估,以便清晰把握本地灾害危机应对能力[①]。启动机制是综合评估信息并对得到的信息进行综合加工,将这些信息与突发事件的自身参数、影响范围与程度对比,分析是否超出事先设定的阈值,如果超限即可启动应急程序。如传染病灾害的设定阈值有受影响人口、受影响区域面积和传播速度三项,在启动传染病应急机制时,只有当三者全部超过阈值时,应急机制才会启动;而有的突发事件触发应急机制的阈值也有

---

① 童星,陶鹏. 论我国应急管理机制的创新——基于源头治理、动态管理、应急处置相结合的理念[J]. 江海学刊, 2013 (02): 111-117.

多个，但这些阈值是串联关系，只要有一个满足条件，即可启动应急机制，如我们可以用经济损失、受影响面积、死亡人口总数、受影响人口和主要河道水位线这五项指标来对洪水进行度量，其中任何一个指标都能启动应急阈值。

第二阶段的处置机制和协调机制是密不可分的，因为多数突发事件会涉及多个主体和部门，处置机制的启动必然要求有相应的协调机制。处置过程中，普遍遵循的原则有"以人为本、人命关天"，就是遇事先救人；"预案优先"原则要求有预案的突发事件必须先遵循预案，再临机处置；"分类分级处置"原则可提高应急效率，避免资源浪费和恐慌面扩大；"资源优化"原则要求应急中要统筹考虑应急资源，合理调配使用。协调机制主要是由应急处置的第一责任主体协调参与应急的各方力量，明确参与人员的任务职责、调配物资、协调相关外联单位、应对媒体、发布应急信息等。比如居民楼发生火灾，有人员被困，报警后就应该启动火灾应急机制，除消防队出动消防车、消防人员携带必要装备外，还需要指挥者及时安排120等医疗急救系统，110人员来现场进行事故原因调查、告知媒体新闻发布的时间地点等。当然，根据灾情变化，应急过程中可能会变更应急指挥权，将其移交给更高级别的指挥人员。

第三阶段的运行机制就是要使应急工作"有条不紊、忙而不乱"，需要参与的人员遵守"统一指挥、分工协作"的原则。另外，还应该针对资源的可获得性情况进行必要的协调。我国在经历了2008年汶川大地震和2010年舟曲泥石流灾害之后，到2013年4月四川省雅安市芦山县发生7.0级地震时，在中共中央、国务院、中央军委领导下，广大军民团结奋战，大家看到我们的救灾程序更合理、资源调配更顺畅、军队奔赴灾区更迅速、国民动员更广泛、新闻媒体更聚焦、各部门更协调、因次生灾害伤亡人数更少，夺取了抗震救灾的胜利。同年7月，国务院出台《芦山地震灾后恢复重建总体规划》和《关于支持芦山地震灾后恢复重建政策措施的意见》，至2016年6月底灾后重建目标基本如期完成。评价机制就是对整个突发事件的发生、发展、演化情况进行评价，还需要对危机管理的效率、效果、效益进行评价，不仅要对灾难后果进行评价，还应对灾难中的人的"可挽救性"、环境的"可恢复性"和灾害的"可减缓性"开展评价。

第四阶段的终止机制是指突发事件结束后，应急机构对应急措施的终止。应急的终止应该适时，因为一是提前终止或延误终止都会带来事件的反复或资源浪费，有可能还会引发新的突发事件。比如地震灾害的主震发生后，救援看似结束了，如果不考虑到地震带分布和余震规律做出了终止救援的指令，当余震再发生时，可能会造成更大的灾害。如果突发事件发生后迟迟不能终止，就可能造成人员、资源上的浪费。为了应急，往往会征用许多资源，不终止应急就不能释放这些资源，其他地区就不能使用这些资源。二是大量应急资源集中在事件发生地，也会持续地消耗资源。终止的标准和依据一般是灾害等级低于指标、灾情不再扩展或波及范围逐渐缩小、人员已得到妥善救助和安置、资源已到位、公众恐慌度低于规定值等。

补偿机制是指在政府部门为应对突发事件征用了单位和个人的财产，应急工作结束后应当及时返还，对征用财产或征用后毁损、灭失的，应当给予补偿。韩自强认为，政府除了要加强应急准备（物资、人员等）外，一是要重视灾前规划和开展公私合作，遵循自愿原则与相关企事业单位以契约模式加强合作，以备应急时有物可用。二是遵循减灾原则，事前投入必要的成本，防止易发灾区受灾。比如政府出资，鼓励山区居民自愿搬迁出高风险地区，这样的投入成本应该远远低于救灾成本。三是借鉴国外经验，制定我国的应急征用补偿标准与指南，使应急补偿机制有章可循[①]。

第五部分的奖惩机制属于事后恢复重建的组成部分。事后恢复重建主要包括工程性（建筑物、基础设施等）重建和制度性（绩效、追责、预案修订、机构调整等）恢复重建，还包括引导舆情、消灭谣言、平复公众恐慌、开展心理救援等，目的是奖先罚劣、惩恶扬善。

监督机制处于外围，伴随危机管理的全过程。监督内容包括启动的时机是否恰当，启动的类别和级别是否恰当，处置原则是否符合危机管理的基本原则，过程是否恰当，协调机制发挥作用如何，应急运行机制是否可行，所需资源是否可获取，评价方法和指标是否合适，结果是否有利于事件的最终解决，终止的时机是否适时，补偿是否到位，恢复重建计划是否

---

① 韩自强，辛瑞萍，巴战龙. 美国应急征用和补偿机制及对我国的启示[J]. 中国应急管理，2013（06）：45-49.

客观，有无官员、人员在应急过程中贪污腐败，均可归结为舆情监督、法律法规监督、资源监督、资金监督、技术监督、协调管理监督等。

4. 应急法制

应急法制属于国家、社会层面的工作，主要包括国家发布施行的与危机管理有关的法律法规、各地政府和部门颁布的有关法规条例等，规定了危机管理中的法律遵循、违法处罚依据等，通俗理解就是"危机管理中的遵法、执法、违法问题"。

当前，我国危机管理法制建设存在的主要问题：一是有些领域的应急法律法规还不健全；二是某些突发事件应急处理法的可操作性不强；三是应急法制的内容不够健全；四是一些应急法律规范执行不到位；五是应急法制的协调性有待加强、实施环境有待进一步改善。

下一步要完善我国危机管理法制建设。一是健全应急法制体系。将应急法制纳入宪法的调整范围，明确其在我国法律体制中的地位；尽快制定统一的紧急状态法，填补我国突发事件应急法制体系的缺陷；修订《中华人民共和国突发事件应对法》，出台相应的实施细则；加强重要领域单行法的立法，完善应急法制单行法体系；对现存的应急法律规范进行全面、系统的清理。二是提高应急法制的执行力。应做好应对突发事件的战略规划和预算安排；加强应急预案建设并进行相应的预案演练；加强应急主体和应急队伍建设。三是加强应急法制中的具体制度建设。建立健全危机管理信息公开制度、行政征用制度、行政隔离制度、行政指导制度，行政紧急程序、法律救济和对应急法制执行情况的监督等制度，以及将"公平补偿"作为目标的行政补偿制度，包括行政主导型的或积极采用市场机制的各种救济制度等。通过完善这些主体制度，以使应急法制的内容逐步完善和规范，以增强其对应急机制的保障力。

第三部分
高校学生危机事件的应对策略

一、高校学生危机事件管理的现状与问题

近年来，随着互联网、信息技术的迅猛发展，社会转型期出现了各种不同的新情况、新变化、新矛盾，作为教育主阵地的高校面临更多诱发危机的不确定因素，各种学生危机事件时有发生，加之高校学生人生观和价值观日趋多元化，使高校学生危机事件的发生成为一种必然。

（一）高校学生危机事件管理的现状

危机管理学者罗森塔尔（Roseenthal）曾对危机做出定义，认为危机是对一个社会系统的基本价值和行为准则架构产生严重威胁，且在时间压力和不确定性很强的情况下必须对其作出关键性决策的事件[①]。高校学生危机事件管理是指高校管理者在危机意识或危机观念指导下，对学生可能发生或已经发生的危机事件进行信息搜索、分析、决策、计划、控制、协调、经验总结的系统过程。

在国外，对高校危机事件管理理论方面的研究，最早可以追溯到20世纪50年代，1952年卡特里普、艾伦·森特、格伦·布鲁姆等学者通过对美国高校现状的研究，针对美国高校普遍存在的一些"问题"（如管理成本上升、公众要求增长、学生人数和政府支持下降、媒介报道少而肤浅、

---

① 黄金和. 高校危机事件应对理论与实践［M］. 广东：广东高等教育出版社，2020.

公众批评、财政危机等）从公共关系学角度提出了应对措施。1968年，美国学者库姆斯出版了《世界教育危机——系统分析》，1985年，他又从宏观角度分析了世界教育危机的产生与发展，出版了《世界教育危机——80年代的观点》，该著作详细论述了全世界高校教育普遍存在的危机问题，正式提出了高等教育存在无限危机的观点。

自"9·11"事件后，各国政府出台了一系列的措施来加强对学生危机事件方面的管理。在美国，几乎每个州都设立了专门的学校危机管理机构，主要从事危机事件研究，开展危机管理教育、培训，制定并散发危机事件管理的手册，为本州的所有学校提供危机事件管理报告。2003年，美国学者勒纳等针对美国校园中出现的诸如校园暴力、滥用药物、试婚受孕、意外伤害、性骚扰等事件，展开对策研究，编著了《校园危机反应实战指南》，被誉为"一套校园危机的综合反应计划"。

如今，在美国的各级学区或教育机构都广泛重视校园危机，有41.4%的学校对可能出现的自然灾害以及其他紧急状况的预防、准备、应对以及恢复等制定了应对措施；41.2%的学校则是以学区的危机应对预案为蓝本进行修订，14.5%的学校直接参照学区的危机应对预案，只有2.9%的学校还没有预案[1]。而且，美国学校在进行危机管理时，会整合一切可用的资源，特别是社区中的城镇议会、警察部门、消防部门、健康卫生部门、青年服务处、保安服务公司、青少年服务机构、法律服务处、娱乐场所管理处、青少年运动队教练、童子军领导者、男孩女孩俱乐部、学生常去的场所的经理、家长组织、志愿服务团体、学校附近的居民以及新闻媒体等，学校在制定危机管理预案时也必须考虑在内[2]。

在日本，政府十分重视对全民的危机教育。9月1日是日本的"防灾日"，这天，全国各地的各类企事业单位、社区等都要组织开展防灾训练演习，对全民进行避险、自救、互救技能的培训。同时，日本的学校建立起了健全的危机管理法制体系和危机管理组织机构。较为典型的是，日本千叶理科大学早在2003年就成立了危机管理学系，设置了"危机管理专业"

---

[1] 王茜.高校突发事件应急管理现状与对策研究［J］.吉林广播电视大学学报，2017（12）：87-88.

[2] 周丽衡.我国高校学生危机事件管理中的问题和对策［D］.宁波：宁波大学，2013.

"防灾专业""环境专业"等专业①。因此，从近些年国内外媒体对日本地震的诸多报道可以看出，在日本，无论是学生还是广大民众，无论是刚懂事的孩子还是年迈的老人，他们在遇到危机时都十分沉着冷静，基本都是按照事先确定的方式听从指挥、从容应对。

国外学者对危机管理的研究比较系统，建立了多种以数学计量为基础的危机事件处理模型和仿真系统，并应用到高校学生管理当中，在实践中不断完善和丰富，在高校的实际管理中发挥了积极的作用。最具代表性的有芬克的四阶段生命周期模型（1986）、米特罗夫的五阶段模型（1994）和最基本的三阶段模型。同时，社会学中的社会冲突、社会安全阀和社会燃烧理论，心理学中的认知失调理论，经济学中的发展经济学、制度经济学等也不断地被引入高校学生危机事件管理之中。可以说，国外学者对高校学生危机事件管理的研究已经由定性化研究进入了定量化研究的阶段，机构设立、信息通畅、体系完整、法制健全等各个层面各司其职、互相协调、互相配合，形成了一套完整的高校学生危机事件管理模式。

与美日等发达国家相比，我国在高校危机管理特别是高校学生危机事件管理方面的研究，起步晚，研究力量薄弱，还未形成完整的理论分析和系统支持，也没有一部可操作性很强的高校学生危机事件管理应用指南。在我国，公关专家和高校的学生管理工作者在具体工作中意识到了危机事件的存在及其危害性，率先开始了对学校"问题"的研究，但是没有开展对高校危机方面的研究，也没有对高校危机的相关概念作出界定②。国外高校危机事件管理遵循全面管理和全程管理的理念，涉及各地各级政府、学校、安保部门、社区，贯穿危机发展的各个环节，着重强调高校危机事件的预警管理，防患于未然，且逐渐开展了高校危机事件管理的规范化、系统化、制度化和法治化建设。而我国的高校危机事件管理进程略为迟缓，尚未形成教育行政部门、学校、安全保卫部门、社区一体化的危机事件联合管理机制，尚未认识到危机事件管理是一个学校内外多元主体共同治理的互动管理平台；同时也没有很好地树立全程管理、多元管理的理念③。

---

① 王建兴. 高校突发事件与应急管理［M］. 北京：中国商业出版社，2018.
② 周丽衡. 我国高校学生危机事件管理中的问题和对策［D］. 宁波：宁波大学，2013.
③ 王佩瑶. 常州G高职院学生危机事件管理研究［D］. 徐州：中国矿业大学，2020.

仅把学生危机事件管理当作学校日常管理的偶发内容，忽视学生危机事件的风险评估管理和预警管理，将学生危机事件的事中反应管理及事后恢复管理当作学生危机事件管理的全部内容，对学生危机事件管理主体认识不全，学生危机事件管理理念严重缺失，危机事件管理体系不健全。

（二）高校学生危机事件管理存在的问题

1. 危机管理的意识淡薄

部分高校的管理者认为，高校的学校环境相对封闭，活动空间单一，受到外部因素的影响较小，发生校园危机事件仅仅属于个别的现象。导致不少高校对正常情况下的运行管理非常重视，但是对于紧急情况下的危机事件的管理重视不够，危机意识不强。有些高校虽然建立了危机的应急预案，但是明显操作性不强且很少对预案进行演练和完善。高校管理者缺乏危机管理意识，直接导致了学校面对危机事件时，缺乏预警能力和应对能力。

2. 危机管理组织体系不健全

很多高校都没有成立专门的危机事件的管理部门，往往是针对突发的危机事件临时"组队"，而其中除了部分职能部门的负责人以外，多为学生工作管理者和辅导员。目前，学生工作管理者和辅导员作为高校学生工作管理的主体，虽然他们有着丰富的学生工作的管理经验。但是缺乏专业、系统的危机管理相关理论和实践的培训，加之日常事务性工作过于繁杂，导致他们在处理学生危机事件时程序上往往不能够把握危机事件处理的关键点，影响了危机事件的解决。

3. 缺乏危机事件管理的预警机制和事后处理模式

根据现代危机管理理论，在危机发生时，对危机的预警信息的沟通是影响甚至是决定整个危机管理活动效果的关键。但现实的情况是，部分高校现有的危机预案很难覆盖现有的危机类型，且很多预案过于完美和理想，缺乏可操作性。即使是已经制定的危机事件的相关规章制度，也多是针对学校已经发生的危机事件的管理措施，缺乏危机事件的预警相关的规章和制度，当危机事件发生时，往往无章可循，面临巨大的操作难题。通过梳理近几年来高校危机事件的案例发现，学校往往在危机事件发生时开展大量工作，而对于危机事件发生后，如何从危机事件中汲取教训、如何平复危机事件中师生的心理创伤、如何通过媒体方式重塑高校形象，鲜有高校能够建立起较为完善的危机善后处理模式。

4. 缺乏专业的危机管理队伍

一支专业的、训练有素的危机事件管理队伍对于高校危机事件的解决至关重要。在处理危机事件过程中，专业人员不仅能够准确识别事件的危机程度，而且能够针对不同等级的危机事件，提出有针对性的应对方案，能够全程参与危机事件的处理，并能将危机事件对学校造成的损失降到最低。而一项针对高校危机事件的调查显示，大多数高校的危机事件处理队伍多为临时组队的相关部门的行政人员和学生工作人员。而仅以其中的学生工作人员为例，尽管学生工作管理的经验丰富，但很少能够接受过系统的、专业危机管理专业培训。而当危机事件发生时，应急意识不强、工作效率低下，直接影响了危机事件的妥善处理。

5. 缺乏相关法律与制度保障

在危机管理法制方面，我国高校的法制相对缺失。危机管理法制主要包括国家发布施行的与危机管理有关的法律法规；各地政府和教育主管部门颁布的有关法规条例，高校制定的有关规章制度等。危机管理法制是开展各项应急活动的保障，是危机管理体系建设的基石。到目前为止，我国还没有出台《校园安全法》，校园危机管理的国家法律法规一直处于空白状态。因此，当危机事件一旦发生，高校往往无法可依，一般采取"非常规"手段，极易造成损失，处理效果欠佳。

6. 心理危机预防干预措施缺失

在高校管理中，针对危机事件开展的必要的心理健康教育和疏导工作较为欠缺[①]。从心理危机发生的层面来讲，最好的心理危机干预，就是事前预防。健全的人格、平和的心态都是度过心理危机的制胜法宝。而同样在危机事件反应阶段，对危机事件的当事人进行心理危机干预；在危机事件的善后阶段，平复师生的心理创伤，将心理危机预防干预常态化、制度化，都将有利于高校危机事件的解决。

7. 危机事件责任追究不明晰

目前，在我国现有的规章制度和法律条文里，没有涉及各个类型的高

---

① 王钦.高校学生危机事件应对策略研究［J］.成都工业学院学报，2021（9）：94.

校学生危机事件的责任划分,发生不同类型、不同等级的危机事件时,学校、学生及相关的责任人应该承担怎样的责任,学校和老师应该承担哪些行政责任,都没有明确的定论①。以至于高校一旦发生危机事件时,社会一般都会采取同情弱者的方式,将事件的责任归咎于学校。尤其是在危机事件中的家长,更容易受到感情的冲击,失去理性,引发当事人家长与学校的冲突。而在追究责任的方式上,上级主管部门多采取免职的方式对相关责任人进行处理,这是在危机事件发生后经常能看到的一幕。尽管在高校危机事件的处理过程中,学校负有不可推卸的责任,但使用免职的方式追究责任是否合适值得思考。

二、高校学生危机事件的应对原则

2005年,教育部按照《国务院有关部门和单位制定和修改突发公共事件应急预案框架指南》要求,在总结教育系统多年来应对各类突发事件经验的基础上,广泛调研,制订了《教育系统突发公共事件应急预案》,于2005年1月26日经国务院常务会议审议通过,2005年10月15日,正式报国务院备案,并向各地教育行政部门和高校印发实施。《教育系统突发公共事件应急预案》除了包括国务院统一要求的自然灾害、事故灾难、突发公共卫生事件、突发社会安全事件的应急预案框架外,还根据教育系统的特点,补充了网络与信息安全和考试安全应急预案,形成了六大类突发公共事件的应急处置工作预案体系。

2009年8月,教育部发布了《教育系统自然灾害类突发公共事件应急预案》《教育系统事故灾难类突发公共事件应急预案》《教育系统公共卫生类突发事件应急预案》。在《教育系统自然灾害类突发公共事件应急预案》中,教育部规定了"以人为本、生命至上""统一领导、分级负责、属地管理""积极预防、预防与应急相结合"三条原则;在《教育系统事故灾难类突发公共事件应急预案》中,教育部规定了"统一领导、快速反应"

---

① 周丽衡. 我国高校学生危机事件管理中的问题和对策[D]. 宁波大学,2013:18.

"预防为本、及时控制""分级负责、系统联动""临危不乱、安全有序""以人为本、生命至上""加强保障、重在建设"六条原则；在《教育系统公共卫生类突发事件应急预案》中，教育部规定了"统一领导、快速反应""分级负责、属地管理""预防为主、及时控制""系统联动，群防群控""以人为本、生命至上"五条原则。高校学生危机事件的应对原则应遵循教育系统应急管理的规律，更应该考虑每个高校的实际情况，普遍公认的原则应包括以下几条。

(一) 以人为本、生命至上

哲学家康德有一个重要的命题，即"人就是目的"。在高校学生危机事件处理中，坚持"以人为本、生命至上"的原则符合康德的伦理命题①。高校学生危机事件最大的伤害就是对学生安全和身心健康的影响和危害。所以，处理高校学生危机事件的首要原则就是"以人为本"。如何在高校学生危机事件应对中体现"以人为本"？首先，要承认学生独立人格和个性，尊重在危机事件中学生的合法权利和正当选择。对学生的诉求作出积极的回应，不论这个诉求是否合理。要时刻以学生的立场和视角，选择事件处理的方式和方法，慎重解决高校管理者与学生的角色冲突问题，避免矛盾的激化和危机处理的进一步恶化。其次，要把保护学生的生命安全和身心健康当作高校学生危机事件管理的首要任务。高校要通过课程教育、日常教育、个体咨询、团体辅导、专家讲座等多种形式，加强对高校学生的心理健康教育，倡导"尊重生命，珍爱生命"的教育理念。利用"世界精神卫生日"、"5·25"心理健康节等重要时间节点开展系统化、广覆盖的生命教育。将"以人为本，学生第一"的管理方式上升为高校学生危机管理的核心价值观。最后，要将高校学生纳入高校学生危机事件管理的主体范围。学生本就是高校的主体，若能够让学生参与校园危机管理的整个过程，必将有效地预防、减少和控制高校学生危机事件的发生。

---

① 简敏. 校园危机管理策略创新：当代高校稳定的现实选择 [M]. 北京：中国检察出版社，2007：208.

（二）确保有预案，平时多演练

2013年10月25日，国务院办公厅印发的《突发事件应急预案管理办法》中，对应急预案的概念、分类、内容、编制、审批、备案、公布、演练等，作了详尽的界定。应急预案实际就是为了依法、迅速、有效应对突发事件，最大限度减少突发事件及其造成的损害而预先制定的工作方案。针对高校危机事件的处理，同样也需要有详细的管理办法和处置流程，时刻将保护师生的生命财产安全，以帮助师生尽快从情感创伤中恢复为原则，结合学校实际，制定恰当的应急方案和措施。

高校是各类危机事件的易发地，高校一定要在各级政府领导下，及早部署危机预案编制工作。坚持预防和应急相结合，常态与非常态相结合，平战结合，专兼结合，平时就切实做好应对各项危机事件的准备。立足于防范，抓早、抓小，高校要认真排查各类安全隐患，强化信息的广泛收集，对各类可能引发突发事件的情况及时进行分析、预警，落实各项防范措施，做好人员、技术、物资和设备的应急储备工作，做到早预防、早发现、早报告、早控制、早处理。要加强对师生安全教育和技能培训，除了训练好一支专职应急队伍外，还要发挥预备队伍的作用，定期多频次地组织针对应急预案的演练。

高校要厘清本地区、本校常见危机事件的发生规律。对常见且已经多次发生的危机事件总结经验，形成预案。目前情况下，高校容易产生危机事件的原因一般包括校外因素和校内因素两方面。校外因素主要包括世界形势变化、各种思潮影响、当地治安状况、经济形势、学生家庭环境影响等。其中家庭环境包括家庭结构、家庭关系、家庭氛围、家长的行为、家庭教育以及家庭周边环境等，家庭不和睦和家庭教育不到位，易导致学生的性格扭曲。经济形势决定着市场对劳动力的需求，现在就业压力大是大学生和学生家庭普遍感受到的存在，在就业压力面前，大学生容易产生一系列心理问题。校内因素：一是考虑因学校管理上的不足和缺失所带来的问题。高校招生规模的扩大，导致在校生增多，有的高校一校多区办学，增加了管理上的难度；还有部分高校推行后勤社会化改革，学生公寓依托社会管理，学校管理跟不上，造成很多被动；还有招生与就业环节、校园安全漏洞排查等方面。二是考虑教育培训方面的不足。高校是否对在校生开展了危机教育、防范意识教育、灾难教育、应急技巧等，是否定期组织学生开展了应急演练、消防演习、逃生演练等。三是重点考虑大学生自身因素的影响。大学生正处在学习、思考、探索、选择的成长过程中，世界观、人生观、价值观尚未完全确立，易受外界影响。他们在乎是否能得到他人认同，在乎别人的评价，容易受人蛊惑，情绪容易偏激，行为容易冲动，承受挫折能力不强。当面临生活环境改变问题、学习适应问题、新集体中的自我认知和评价问题、人际关系问题、异性交往问题、就业求职与考研等问题时，许多大学生因为心智不成熟，阅历不丰富，能力有局限时，极易造成行为上的失控，引发各类事件。加上大学生普遍存在从众心理，在特定氛围下，众多大学生容易形成互动，互动中的敏感性越来越高，产生"情绪共振"，从而导致短暂性狂热甚至破坏行为。如观看足球比赛因看到失球而怪叫，埋怨裁判，批评球员，甚至发生球迷间的斗殴。

现实反复证明，只有经过检验的预案才能知道是否科学和具有可操作性，通过演练检验预案，发现不足以进一步修改完善。通过实施应急演练还可更好地调整各应急部门、机构、人员间的分工，参练人员可更加明确各自的岗位与职责，增强应急系统的协调性、可操作性。

同时，要开展常规化、多样化的高校危机事件应急模拟演练。高校危机事件应急模拟演练是检验高校危机事件管理的重要手段。在应急演练中，不仅可以在演练中切实提高危机事件管理人员的应变能力、自救能力，还能在演练过程中发现应急预案中存在的安全防范漏洞和管理层面不足，从而摸索出应对危机事件的最佳处置流程和手段，最大限度提升危机事件的处置水平[1]，降低危机事件的不良影响和损失。需要特别指出的是，演练结束后，应开展对高校危机事件的应急模拟演练评估。评估的主要内容包括：演练的执行情况，预案的合理性与可操作性，指挥协调和应急联动情况，应急人员的处置情况，演练所用设备装备的适用性，对完善预案、应急准备、应急机制、应急措施等方面的意见和建议等[2]。

---

[1] 王佩瑶. 常州G高职院学生危机事件管理研究[D]. 徐州：中国矿业大学，2020.
[2] 国务院办公厅关于印发突发事件应急预案管理办法的通知. 2013年10月25日国办发〔2013〕101号.

（三）科学规范，依法处置

高校危机事件的防范和应急处置，都必须依法依规，科学合理。要求高校的领导者不仅要懂教育教学，还要懂管理、懂法律、懂应急管理和具有较高的政策决策水平，面对突如其来的情况，能做到临变不惊、胸有成竹、有条不紊。科学规范的应急，要坚持统一领导和分级负责。因为高校发生的危机事件大都涉及周边社区，根据属地管理的原则，需要当地政府统一领导和指挥，按职能职责分工分级负责；凡只涉及学校内部的事件，则要在学校党委的统一领导和指挥下，由各相关部门和单位按职能职责分工负责，坚持部门联动，快速反应，使处置的各个环节、各个方面、各个层级都有部门负责、有人员负责。同时，这种负责不是被动应付，而是积极主动的，能做出快速反应。比如，学生在校内猝死事件发生后，一般应在学校主要负责人的领导下，由分管学生工作的校领导直接负责，学生工作处、保卫处、学生所在院（系）的负责同志参与，负责对事件的处理。

对于高校容易发生的网络与信息安全事件，高校的应急做法一般有：

（1）当网络和信息系统运行安全因病毒攻击、非法入侵、系统崩溃等原因出现异常或瘫痪时，立即组织相关单位或人员采取技术措施，尽快恢复网络和信息系统的正常运行，必要时报请电信管理部门组织协调相关运营商给予支援，防止事件蔓延至其他网络系统，同时将突发事件有关情况向当地公安机关报告。这些都要求平时对重要基础数据有多备份设置和保密要求。

（2）当校园网络信息内容出现危害国家安全、社会稳定及学校正常教学秩序的有害信息或其他不良信息时，应立即采取必要的管控措施，有效地阻止网上有害或不良信息由校内向校外的传播，同时根据不同性质和情况，有针对性地开展教育引导工作。

（3）全面了解网络和信息系统所受波及与影响，检查影响范围，跟踪事态发展，及时将处置进展情况上报。

（4）应急处置过程中要及时调查取证，尽可能保留相关证据。对于人为破坏活动，应及时报请当地公安机关开展侦查和调查工作，并视情况依法依规处置。

（5）法律、行政法规和规章规定的其他必要措施。

高校常见的教育考试类突发事件可分两类：一是指因不可抗力因素（自然灾害、突发疾病等）而影响正常考试秩序的事件；二是指参加各级各类教育考试的考生、考试工作人员以及其他相关人员因违反考试管理规定和考场纪律而破坏正常考试秩序，影响考试公平甚至危害社会稳定的事件。在高校组织的各类课程考试过程中发生重大事件，考点或各系应立即向应急处置工作组和学校应急领导小组报告，学校应立即向上级教育行政部门报告，必要时还应向当地公安机关报告，同时，做好重大事件情况记录，采取必要措施，将不利因素负面影响降至最低，确保学校应急领导小组、应急处置工作组和相关考务人员第一时间亲临现场进行指挥和处置。

对第一类考试安全事件，常见以下情形：

（1）考试过程中有考生突然生病或晕倒，无法坚持考试时，考试工作人员立即派人将考生送往校医院或拨打120急救电话，由医护人员视具体情况对考生进行处理。同时，应确保考生考试信息的安全。

（2）考试过程中突然断电影响考生考试时，应立即启用备用电源；如果属于区域大面积停电，应立即与供电部门进行协调，确认恢复供电时间。根据领导小组及上级的指示，做出考试延时或停考等其他处理决定。如果考试用电脑出现死机、掉电、病毒或软件故障时，监考教师应立即安排考生在备份机上进行考试，并补足考生因此而耽误的考试时间，同时做好情况记录。如果局域网出现中断、病毒或软件故障等情况，应尽力排除故障，在请示上级主管部门后，决定考试延时或改时考试。

（3）如遇地震、火灾等其他不可预见的自然灾害时，高校首先应妥善疏散、安置考生，帮助考生解决食宿、交通问题，将自然灾害的损失降到最低。同时，应确保考生考试信息的安全。如遇突发性恐怖事件或大面积暴发传染病时，学校应立即汇报，配合地方政府和卫生防疫部门实行考点隔离、人员隔离或采取地方政府、卫生防疫部门要求的其他措施，防止疫情扩散。

（4）由于自然灾害、交通事故或故障、考试组织和管理或其他原因，导致试卷不能按时运抵考点或者大量考生无法按时到达考点时，应急处置工作组应采取措施安抚考生情绪，将负面影响降至最低，请示学校后，根据实际情况做出考试延时的决定，保留该批学生该次考试资格；顺延至下次考试时，免费参加该科目考试，启用同等难度的备用卷。

对第二类考试安全事件，常见以下情形：

（1）命题过程中发生试题泄密，学校应急领导小组应根据实际情况重新组织命题；如果在试卷印制、运输或考前保管期间发生试卷被盗、丢失、被私自提前拆启或其他原因造成试题泄密，工作人员应立即采取措施，保护现场，向领导小组报告，并协助调查。领导小组请示上级主管部门后，可立即终止考试，或者启用备用试卷。

（2）试卷启封后，发现试卷科目与本场考试科目不符，或者试卷数量与考场编排不符，或者试卷有缺页、漏印、重影、损坏等情况。考场工作人员将情况报领导小组，由领导小组联系各级各类考试的上级主管部门，请求根据实际情况启用、复印备用试卷，并根据实际补足考生因此而耽误的考试时间，同时做好考生安抚工作。

（3）考试过程中，发现试卷题目出现明显错误，考场工作人员要及时通知相关考生；如果有考生在试卷更正前交卷，应在其试卷上需更正的题目旁边注明"更正前交卷"字样，做好情况记录，并采取必要措施（如取消错误题目的计分等），将不利因素的负面影响降至最低。

（4）考试结束后发现试卷已经泄密，可立即着手调查，对作弊人员予以严惩，取消其成绩；如果考场内所有考生均已事前知晓试卷内容，领导小组可在汇报上级部门后，对已考科目宣布成绩无效。

（5）如果在考试过程中发生集体作弊、考场秩序失控、集体罢考的情况，首先应对考生进行劝解和教育，如果考生不服从劝解，应终止该场考试，并按照有关考试规定进行详细记录。如果在考试过程中发生集体事件，围攻、冲击考点，殴打考点工作人员，损毁公共财产等情况，应对考生进行劝解和教育，不服从劝解的，应终止该场考试，不准涉案人员离开考场，立即向公安机关报警，并按照有关考试规定进行详细记录。

高校常见大学生非正常死亡事件的应急管理。正常死亡是指生命个体的人由内在的健康原因导致的死亡，例如病死或老死。非正常死亡则是指在法医学上由外部作用导致的死亡，包括火灾、溺水等自然灾难，或工伤、医疗事故、交通事故、自杀、他杀、受伤害等人为事故致死。高校发生的非正常死亡主要是自杀、他杀和意外死亡三种情况。大学生非正常死亡，受到伤害最大的是学生的家庭，处理大学生的非正常死亡事件不当，容易引发群体性事件和家长的过激行为。高校应形成一套处理学生非正常死亡事件的应急预案，常规流程如下。

（1）救人。生命至上，发现大学生有生命危险，应第一时间实施救人；即使发现时已无生命体征，也要由医护专业人员实施必要的救护和判断，死亡意见一定要由公安机关或医护人员做出。

（2）报警。由公安机关对死者做出是否为非正常死亡的判断，并对周边环境和事件展开初步侦查。

（3）保护现场。一是公安机关侦破案件的需要，二是提取证据（包括物体、痕迹等），三是有利于防止泄露犯罪现场和勘查工作的秘密，四是决定遗体的转运和保存方案。

（4）启动应急预案，向上级主管部门报告。高校一定要建立应对学生非正常死亡的应急处置小组，由相关领导和部门负责人组成。初次报告要快，尽量说明事件情况。

（5）通知死者亲属。可通过学生档案查询亲属的联系方式，必要时安排接送亲属来校的交通工具。可根据实际情况决定是由谁来告知亲属、是否告知亲属真实结果，也可以用其他理由约请亲属来校。

（6）由公安机关向死者亲属通报案情。一定不能由学校告知亲属死因，因为家长得到的第一死因往往会被固化为真正死因。另外公安机关根据侦破案情情况出具的死因结论具有法律效力，牵扯到后续责任问题。如常理中的"跳楼自杀"，在公安机关通报时，一般会作出"高楼坠落死亡，排除他杀可能"的结论，这样的结论更严谨，更容易被家长接受。

（7）与死者亲属协商处理事宜（包括遗体安葬的时间、地点、方式，责任追究、补偿事宜等）。如果协商能达成一致，事件很快就能处理完毕；如果协商不成，就要进行进一步谈判、处置。

（8）调解。在协商不能达成一致的情况下，首先请学校所在地的司法机关进行调解，如果调解不成，可请死者家庭所在地的司法机关及相关部门参与调解，仍不成，可通过法律诉讼程序。

（9）法律诉讼。调解不能达成一致，一是亲属可以诉讼学校，二是学校也可以诉讼亲属的不合理要求或侵权，当然一般是亲属状告学校，高校一般不主动起诉死者家属。

（10）签订协议、善后。根据调解协议或诉讼结论，确定高校在学生非正常死亡事件中的责任（无责、部分责任或全责），然后双方或三方签订事件处理协议，协议必须是死者的直系亲属签字。签署协议后，安排遗体火化或安葬，并请死者亲属将死者（骨灰或遗体）带回。

高校在处理大学生非正常死亡事件时注意的问题：

（1）以人为本，照顾好死者亲属。通知亲属来校时，不要派人到死者家里去，可通过当地政府通知亲属。高校在通知死者的直系亲属时，一般可先不告诉其已经死亡的消息，可以病情非常严重为由，待其来校后逐步接受事实，防止体弱多病的亲属听到噩耗后发生不测。要理解亲属失去亲人后的极度悲痛心情，要安排好亲属的吃和住；亲属可以到死者的宿舍看一看，但不能安排亲属睡到死者的宿舍里，并安排与学校有一定距离的宾馆休息。

（2）死亡结论一定由公安机关告知亲属。亲属对学生自杀或意外死亡结论存在疑虑的，可由直系亲属提出尸体解剖的请求，公安机关安排法医进行尸体解剖并出具勘验结论。

（3）高校在死者亲属到学校后的头两天不要急于谈后事处理，待死者亲属的情绪平静后再谈。学校只指定一位领导和死者亲属协商有关事宜，主要领导要看望死者亲属，并对参与处理问题的领导授权，但不要直接参与协商和调解，以便留有余地。对死者亲属提出的要求，如果合理合法都应该满足；对不合理也不合法的，要有根有据地讲清道理，不要轻易扣"无理纠缠""胡搅蛮缠"的帽子。学校工作人员与死者亲属协商或者调解时，一定要有公安人员、学校的保卫人员和医护人员在场，做好安全保卫和医学抢救工作，防止死者一方因情绪激动有过激行为，造成人员伤害。可在取得家属同意的前提下，对协商调解过程进行录音录像或文字记录，形成记录材料。

学生的辅导员、班主任或导师一般不直接与亲属谈判接触，非不得已面对亲属时，只回答了解的学生生前表现，不能涉及死因判断、学校责任、赔偿条件等，做到"不该说的坚决不说，可说可不说的由学校负责领导说"。

协商和调解地点不能在学校的办公室，应在死者亲属住宿的宾馆为宜。

（4）除暴力犯罪的罪犯外，高校应该承担死亡学生的丧葬费用。对家属提出的补偿金额要根据有关规定和相关案例确定，一旦确定，就要坚持，不要无原则，家长哭闹一点，就像挤牙膏一样又增加一点，但必须给进行调解的一方留有适当余地，以便调解成功。高校可根据法律和之前经验，制订符合本校实际的学生死亡补偿标准。

（5）遗体安葬一定要照顾到民族特点和当地丧葬习俗，骨灰（尸体火化）或遗体（部分少数民族不实行火化丧葬）由死者亲属带回，学校可以出车费，但不要派人同去。

（四）重视网络舆情、维护高校形象

在现代社会条件下，任何一起突发事件都会引起社会和媒体的高度关注，甚至成为舆论的焦点，媒体既可助高校树立良好形象，预防和处理突发事件，同时也可成为突发事件的制造者或助推者，损害学校形象声誉。作为高校的领导者、管理者，应当掌握舆论引导的主动权，增强工作的预见性和主动性，加强与新闻媒体的联系和沟通，明确学校信息发布的基准、要求，确定新闻发言人，根据职责权限及时、准确、客观发布突发事件事态发展及处置情况等权威信息，正确引导社会舆论，让媒体发挥正能量，为学校营造有利的社会舆论氛围。若高校平时无准备，一旦发生突发事件，总怕新闻舆论曝光，造成工作被动，因而既不愿接受媒体采访，也不主动发布相关信息，从而造成小道消息传播，甚至谣言四起。

谣言的产生和事件的重要性与模糊性成正比关系，事件越重要而且越模糊，谣言产生的效应也就越大。突发事件发生后谣言传播的原因，有人总结为"围观的先说，发布的迟说；网上的乱说，拍板的不说；境外的瞎说，国内的抢着说"。要想终止谣言的传播，就应及时准确地披露事件的真相。

真相从某种程度上说就是事实加角度。事实很客观，但从不同角度看问题，答案是不一样的。对于高校舆情处置，只做不说，等于没做；多说善做，说也是做。涉密的只做不说，突发的边做边说；敏感的谨行慎说，有利的常做常说。高校突发事件处置的双线策略就是事件处置和舆情处置，两方面都要重视。新闻处置原则是"快报事实、慎报原因"。新闻宣传"无功就是过"，而舆情处置"无过就是功"。

尉慧靓在2012年的学位论文中指出，高校在维护自身形象时，要从高校自身、网络媒介和社会公众三个层面共同努力[①]。

---

① 尉慧靓. 网络传播对高校形象塑造的影响研究 [D]. 西安：电子科技大学，2012.

首先，高校要重视大学形象，要对大学在公众中的形象有个准确的定位，如综合性国际知名大学、一流大学、区域一流财经类大学等。在定位发展过程中要重视形成特色，国内两千多所高校，具体到某一校的特色是各不相同，如中国海洋大学，就定位为"特色显著的世界一流大学"。自21世纪以来，许多高校只注重名字越来越大，忽略了历史积淀的特色，泯然于众。当然学校形象的塑造，关键是内在实力，有了一定的名师、名课、名校友及著名科研成果，自然就提高了学校的知名度。如果只重面子（大楼、大树、招生数量），必将导致名不符实，自损形象。

其次，高校要加强高校内部管理，防止工作疏漏导致负面舆情。近几年高校中的负面舆情一般集中在高校领导腐化落马、教师科研学术造假、学生考试诚信及办学资格受限导致学历文凭不能兑现等。高校要有制度保证少出现这类问题，同时要加强校务公开，以校园网站、官方微信公众号等为平台，加强校园新闻、校园论坛、QQ群、微博等传播媒介的建设，积极推行校务公开，及时公布办学、招生、就业情况和重大教学科研成果等，满足受众知情权，让它们成为学校与社会公众沟通的桥梁和主渠道，也主动接受社会公众的监督。

最后，要提高引导舆情的能力。面对突发舆情，高校要重视"封、堵"，更应重视"疏"与"导"，这就要求高校能准确把握网民关注的重点话题，及时给予相应的关注和报道。朱安宏根据罗伯特·希斯（美）提出的危机管理4R理论，建议高校分阶段实施舆情管理[1]。高校要未雨绸缪，防患于未然，建立网络舆情监测预警制度，分析已发生过的高校事件类型，制定详尽的预警方案，将危机消灭在萌芽状态。在监测阶段，要确保建立健全的舆情管理机构（一般由宣传部或校办牵头），在大型门户网站建设高校自己的官方微博，利用人工和技术手段进行网络舆情监测，例如设置敏感关键字过滤，搜索与学校、学院相关的网页、微博、微信群，对重点网站、论坛、微博、微信等平台进行检查监控等。如果监测手段完善，就能很好地为舆情做出预警，将发现的与高校有关的敏感、负面信息，及时汇总汇报，由高校专人在官方媒体平台做出回应。

---

[1] 朱安宏. 危机管理理论在高校网络舆情危机管理中的应用 [J]. 太原城市职业技术学院学报，2017（05）：84-85.

高校应建立完善的信息沟通机制、搭建畅通的信息交流的平台。

第一要搭建学生利益表达和矛盾纠纷化解平台。充分利用学生会等学生组织，及时了解学生在日常生活中的生活需求、学业发展、心理成长等方面的诉求，建立及时的回应和反馈制度。尊重的学生的知情权，对学生的合理诉求予以回应，对学生不合理的诉求也要做好耐心、细致的解释。尤其是在危机事件发生后，保证学生能够通过正规的渠道了解到事情的进展情况，避免因不良舆论的传播对高校形象的影响。

第二是搭建与学生家长的信息沟通平台。学校应在新生入学后，通过微信、QQ等方式建立与学生家长的定期交流机制，及时与家长共享学生在校的学习状况和生活状态。同时，也可以侧面了解学生的家庭状况、兴趣、爱好等，从而能够更精准地把握学生的思想状况、心理发展状态。即使发生了学生危机事件，基于之前良好的沟通基础，也能快速地建立家长的信任，得到充分理解，从而为危机事件的化解争取充足的时间。

第三是搭建与属地社会机构、单位的沟通交流平台。学校应注重加强与属地相关社会机构、单位的沟通交流，以便在危机事件发生后，能够获得必要的支持和指导。比如上级教育主管部门、新闻单位、公安部门、消防部门、医疗部门等，发挥多部门的综合协调管理能力，共同预防和解决危机事件。尤其是与新闻媒体单位的沟通交流，能够有助于公众尽快建立危机事件的信息对称，通过媒体形成正能量、真声音，引导舆论向良性发展。

最重要的是要搭建高校专业化的信息发布平台。在高校危机事件处理过程中，应充分发挥自媒体的积极作用，积极整合学校官网、官微、抖音等自媒体平台的作用，建立专业的信息发布渠道和平台，第一时间发布事情的进展，掌握信息发布的主动权，避免不实消息和负面新闻的传播，从而有效地化解学生危机事件带来的不良影响。

高校务必要设立新闻发言人制度，抢占先机，主动发布准确、权威和透明的高校信息，实事求是地将真相和事实告诉公众，使谣言无处生起，利于还原事件真相。对高校新闻发言人的基本要求，首先要正确定位、摆正关系，慎用"个人认为"，要定位为单位的形象代言人。其次要善待媒体，要善于利用媒体，把采访视为发声的机会，但对待媒体要适度保持距离，绝非与媒体零距离接触，要保护合法媒体机构的采访权利，防止对非法媒体乱说，严格遵守《中华人民共和国外国常驻新闻机构和外国记者采访条例》（国务院第537号令）之规定。最后要控制自己的情绪，冷静面对，避免冲突，与媒体记者斗智斗勇不斗气，及时回应媒体关切，要注重礼仪和文明用语。

针对预警阶段未及时处理或处理不当导致的网络舆情危机，要通过权威媒体告知大众学校的处理意见，平息社会舆论，弄清楚前因后果和对方诉求，了解本单位涉事当事人的态度，面对媒体时，要真诚面对，告知事情进展，如果没有出现舆情中反映的问题，就利用这个机会做好正面的宣传，同时通过党委、院系、班级、社团等组织，尽快告知师生突发事件的来龙去脉，取得师生的理解。

中国高校新闻发言人制度[①]

1983年4月23日，中国记者协会首次向中外媒体介绍国务院各部委和人民团体的新闻发言人，正式宣布我国建立新闻发言人制度。国内高校最早尝试新闻发言人制度的是武汉大学，从2000年3月14日开始，每隔一周就会在固定的时间、固定的地点进行新闻发布，当时负责组织实施的是该校的新闻中心。2003年6月3日，上海市的高校启动了新闻发言人制度，成为我国第一个实施高校新闻发言人制度的地方。2006年10月25日，教育部新闻发言人表示，全国各级各类学校将要建立新闻发言人制度，设立新闻发言人，同时推出新闻发布制度是校务公开的发展方向。之后，部分省份的高校新闻发言人制度推行工作开始迈出实质步伐，如江苏省的大部分高校都已设立新闻发言人并配备了新闻助理。一些高校开始自发或跟风地纷纷推出"高校新闻发言人"，成为社会特别是传媒关注的热点问题。

2010年7月29日，国家颁布实施《国家中长期教育改革和发展规划纲要（2010—2020年）》，教育部开始明确要求建立健全高校新闻发言人制度。2010年12月21日，来自湖北省武汉市的10所高校新闻发言人集体亮相新闻发布会现场，他们当中有1位党委副书记，3位校办公室主任，6位校宣传部部长或副部长。与此同时，河南大学2011年自主计划招收30名学生开设"新闻发言人班"。

近年来，高校新闻发言人制度加快步伐，如江苏省的大部分高校都已设立新闻发言人并配备了新闻助理。2015年8月2日，教育部发布的《关于进一步加强教育新闻发布工作的实施意见》（教党〔2015〕24号，以下简称《意见》）要求，各地各高校设立新闻发言人，发言人根据授权发布信息、阐述立场，发言人名单及工作机构联系方式要定期向社会公布。要明确专职人员负责新闻发布、舆情监测、新媒体运行等工作。推动培训常态化，提高教育领导干部媒介素养；研究制定重要政策文件、规划方案时，要同步部署发布和解读工作；涉及师生切身利益的重大政策出台前要广泛征求意见，出台后要深入解读相关背景、主要内容、落实举措；要积极回应热点、难点，有针对性地发布信息、澄清事实、解疑释惑、凝聚共识；要及时应对突发事件，第一时间对外发布，说明情况，表明态度，并采取多种形式持续发布后续进展和调查处理结果。同时，《意见》规定各地各高校主要负责人是新闻发布工作第一责任人，要加快建立健全舆情搜集、报告、研判和应对机制，发生舆情的地方和高校是舆情处置的第一责任主体。

《意见》是我国高校新闻发言人制度的发展指南，需要各高校认真研究内容，贯彻《意见》精神，将《意见》要求细化到本校新闻发言人制度中，落实到新闻发言人的实践操作中。通过设立新闻发言人，让高校新闻发布真正制度化、专业化、规范化。

[①] 周洁. 我国高校新闻发言人制度建设研究［D］. 长沙：湖南大学，2015.

另外，高校平时要发掘和培养自己的网络舆论领袖，可从在学生群体中威望高、具有模范作用的师生中发掘人才，培养其成为舆论领袖，通过他们在校园论坛、社区网络、个人微博、微信上的观点来引导舆论，使得受众能理性看待高校危机，越到危机时刻，越能体现舆论领袖强大的号召力和感染力。

在形象恢复阶段，高校要摆出真诚的姿态，不刻意隐瞒和回避，积极主动向公众说明事件进展，总结整个事件过程中的经验和不足，对前面几个环节进行反馈，对网络舆情危机的管理机制进行进一步完善。

第四要提高校内人员的媒体素养。高校突发事件往往与舆情相伴。校内师生员工面对突发事件并发的舆情，一是不造谣、不信谣、不传谣；二是自觉维护高校形象，不做给母校抹黑的事，不发表有伤母校形象的言论；三是与谣言、中伤舆情作斗争，该维护的维护，该辩驳的辩驳，要用事实和高校内部人员的身份澄清事实，及时将舆情汇报给学校宣传部门或部门领导，由学校出面官方做出声明，阻止谣言和中伤的蔓延。因此高校日常不仅要教育师生一般知识，还要培养他们健全的心理、优秀的人格和良好的媒体素养，努力创造健康文明、积极向上的校园网络文化，增强师生甄别舆情的能力，能够自我把关，引导师生树立正确的人生观、价值观和世界观。

第五是探索大数据时代危机管理新模式。传统的高校学生危机事件的管理模式，往往在更大程度上依赖于学生管理者的工作经验和对危机因素的敏感性，强调个人感知和经验的原则。如学校—学院—班级—宿舍的心理危机四级预警和防控管理模式，对心理健康教育队伍的专业性和危机问题的识别有着比较高的要求。而他们对危机因素的识别也所属来源于日常表现、学习生活状态、人际交往等心理行为表现，这些因素在获取具有不确定性，缺乏准确性[①]。而在大数据时代，如果能将校内学生的学籍信息、上课考勤、校园卡消费、归寝打卡等不同数据整合成具有科研和教育管理的数据，加以分析，并应用于高校学生危机事件的监测和预警，将会极大地提高高校学生危机事件的管理效率。目前，我国高校在这方面的探索还比较欠缺。

---

① 邹玉香. 大数据时代高校学生危机事件管理体系的构建[J]. 江苏高职教育, 2020, 20(01): 92-104.

三、高校常见危机事件的应对策略

（一）自然灾害

自然灾害是指由于自然异常变化造成的人员伤亡、财产损失、社会失稳、资源破坏等现象或一系列事件。我国常见的自然灾害种类繁多，主要包括干旱、高温、低温、寒潮、洪涝、山洪、台风、龙卷风、冰雹、霜冻、暴雨、暴雪、冻雨、大雾、大风、结冰、霾、雾霾、地震、海啸、滑坡、泥石流、浮尘、扬沙、沙尘暴、雷电、雷暴、球状闪电、火山喷发等。高校常见的自然灾害如台风、暴雨、高温、大风、雷电、雾霾、地震等，一般都会危害高校人员及财产安全，影响正常的教学、科研秩序。

1. 自然灾害类危机应对的组织机构及职责

（1）组织机构

高校的自然灾害应急指挥部应由校应急管理办公室承办，一般应包括现场指挥组、突发事件处置组、安全（保卫）疏散组、宣传联络组、后勤保障组、医疗急救组、善后处理组等。

（2）人员分工

总指挥：学校主要领导或分管校领导。

副总指挥：分管校领导或牵头部门负责人。

成员：党办、宣传部、安全管理处、学生工作处、研究生院、国资产管理处、基建处、校医院、国际交流合作处、国际教育学院、后勤管理处、网络信息中心等主要负责人组成，以及其他相关部门（单位）主要负责人。

（3）组织机构职责

指挥部实施应急工作的指挥任务，执行上级部门有关指示要求，组织自然灾害应急预案的实施。协调各应急小组及配合当地政府有关部门应急救援组织的抢险、救灾、医疗、救护、消防、安全保卫、物资供应等工作。

应急处置领导小组办公室（校办）的主要职责：履行值守应急、信息汇总、综合协调职能，发挥为领导决策的参谋助手作用和事件处置机构快速运转及指挥枢纽作用。及时收集和分析相应的数据和工作情况，提出处理各类突发性公共事件的指导意见和具体措施，报院应急处置领导小组选择和决定；督导、检查各个院系、部及职能部门的突发性事件应急管理工作，及时总结和推广经验；督促各部门根据突发性公共事件的性质对有关责任人进行责任追究。

宣传部负责各种相关信息的收集、整理、上报、传递、利用、反馈等信息工作。信息包括事件发生的基本情况，含时间、地点、规模、涉及人员、破坏程度以及人员伤亡情况；事件发生起因分析、性质判断和影响程度评估；事发所在单位部门已采取的措施；事态发展状态、处置过程和结果；协调全校突发性公共事件处置中与所在地区县、市政府的有关部门的联系及对外宣传、接待新闻媒体工作；设立新闻发言人等；完成应急处置领导小组交办的其他工作。

后勤部门（包括后勤、校舍、食堂、医务室、供电供水等）负责协调处理物资保障、车辆运输等后勤工作。

各院系、部门根据上述工作职责，在分管校领导的统一指挥下，协调处理或牵头协调处理相关的突发自然灾害。

2. 自然灾害类危机应对的基本原则

（1）加强科学预警，做好应急准备

各类自然灾害具有不同的预警时间，必须在政府及有关部门指导下，根据预警等级，坚持预防与应急相结合，常态与非常态相结合，做好灾害发生之前的疏散、转移、避险等预防及各项准备工作。校指挥中心及其下设的工作组、各校区分指挥中心、院级单位应急处置工作小组应建立预测、分析、报告机制，密切关注自然灾害有关信息，分析、预测、报告、预警可能发生的风险，并根据预警发布、处置职责的规定分级进行预警发布。预警信息包括自然灾害类别、预警级别、起始时间、可能影响范围、警示事项、应采取的措施和类别发布单位等。不涉及国家秘密、安全和敏感问题的预警信息，一般在校园网上发布。

（2）加强统一指挥，强化协同应对

一旦发生自然灾害，当事人、目击者及领导要在第一时间内向学校领导和上级部门报告,果断处置,确保发现、报告、指挥、处置等环节的紧密衔接;学校各部门与政府相关职能部门协同应对,系统联动,形成统一指挥、协调有序的应急管理机制。

(3) 开展主动抢险,提升处理效率

突发自然灾害事件出现后,立即最大可能开展救援工作。要把救助人员生命作为首要任务,最大限度实施救助,及时疏散处于危险之中的人员。要积极抢救财产,尽一切可能确保重要物品及设施的安全,把事故损失减少到最低程度。

(4) 积极依靠政府,开展社会互助[①]

坚持政府主导、社会互助、灾民自救,充分发挥学校组织和公益性社会组织的作用。充分发挥政府主导作用,强化部门联动和全民参与,打破单个部门封闭的管理模式,实现部门间的灾害应急响应联动、信息通报共享联动、灾害预报会商联动。高度重视社会力量在防灾减灾工作中的地位和作用,积极支持和推动社会力量参与防灾减灾事业。在自然灾害预防阶段,政府要宣传动员组织公众参与到自然灾害防治工作中来,各级人民政府应当加强防灾减灾救灾知识的宣传,提高公民的防灾避险意识和自救互救能力。学校应当加强对学生应急救助知识的宣传教育,定期开展应急演练,有效地提高师生的灾害意识和防灾避灾的知识能力,从而改变新一代人应对自然灾害的观念和行为方式。校内广播、电视、报刊、互联网等新闻媒体应当无偿开展防灾减灾救灾知识的公益宣传。

在自然灾害应急救助阶段,各级政府要迅速启动应急响应机制,立即向社会发布政府应对措施和公众防范措施。政府鼓励单位和个人参与自然灾害救助捐赠和志愿服务,开展灾害防范、灾害救助。公民、法人或者其他组织应当发扬团结互助的救灾精神,自觉履行法定义务和公民责任,积极参与、主动配合政府做好自然灾害救助工作;对获悉的自然灾害信息,应当立即向当地人民政府、有关主管部门或者自然灾害信息员报告。

在自然灾害发生之后,强调了公民有组织地参与紧急救助。红十字会、慈善会和其他公募基金会等社会组织应当向遇难人员亲属、因灾重伤重残

[①] 赵丽江. 建立政府主导、公众广泛参与的自然灾害救助体系 [N]. 湖北日报,2016年02月03日.

人员及其他急需帮助的人员，提供人道救援、心理辅导等救助。自然灾害救助是一项专业的工作，需要专业人士、专门人才运用专业知识进行工作。

在灾后救助阶段，政府要组织居民修复公共设施，恢复生产、生活和工作秩序，做好安置点的消防、卫生防疫和受灾人员的抚慰、疏导等工作。高校应当协助当地政府开展灾后救助，组织本辖区、本单位受灾人员开展生产自救、互帮互助、重建家园。

（5）加强科学保障，有效控制损失

高校要加强灾前、灾中、灾后的保障工作，在组织队伍、经费、物资、信息等救灾措施方面提供全面有力的保障。坚持多渠道筹资的原则，加大自然灾害防治投入力度。2015年8月31日，民政部等九部门在《关于加强自然灾害救助物资储备体系建设的指导意见》（民发〔2015〕164号）中指出：我国救助物资储备体系建设的目标是形成分级管理、反应迅速、布局合理、规模适度、种类齐全、功能完备、保障有力、符合我国国情的"中央—省—市—县—乡"五级救灾物资储备体系；救灾物资储备网络化、信息化、智能化管理水平显著提高，救灾物资调运更加高效快捷有序；确保自然灾害发生12小时之内，第一批救灾物资运抵灾区，受灾群众基本生活得到初步救助。虽然应对自然灾害以政府为主，但高校也要有自己的必要的救灾物资储备。

高校要完善救灾物资管理体制机制及政策制度。建立救灾物资储备资金长效保障机制，健全完善救灾物资管理相关法规政策，建立救灾物资库存更新、应急补充、分配发放和报废工作制度，进一步规范各环节工作流程。高校要遵循就近存储、调运迅速、保障有力的原则，科学评估，统一规划，采取新建、改扩建和代储等方式，因地制宜，统筹推进各级救灾物资储备库（点）建设。多灾易灾的高校要视情设置救灾物资储存室（间），确保第一时间处置和应对各类突发灾情，妥善安置受灾群众。

高校要积极拓展救灾物资储备方式。将高校救灾物资储备机制作为政府储备的有益补充，逐步构建多元、完整的救灾物资储备体系。大力倡导家庭层面的应急物资储备，确保应急期间储备物资能够调得出、用得上、不误事。要进一步提升救灾物资紧急调运时效，提升救灾物资全过程和信息化管理水平。强化救灾物资出入库管理，细化工作流程，明确工作责任，实行专账管理，确保账物相符，并将物资发放情况定期向社会公示，接受群众监督。

高校要规范救灾物资供货渠道，确保质量安全。要严格遵守救灾物资招投标采购制度，规范采购流程，强化质量监督，根据质量监督部门提供的有资质检验机构名单，委托检验机构做好救灾物资质量检验工作，建立库存救灾物资定期轮换机制，确保救灾物资质量合格、安全、可靠。要特别重视救灾应急期间食品、饮用水的质量安全，充分考虑天气、运输等因素，尽量提供保质期相对较长的方便食品、饮用水。严格落实救灾物资储备库安全管理责任。高校要强化岗位职责，确保责任落实到人。强化防火、防雷、防潮、防水、防鼠、防盗等安全措施，加强库管人员消防知识等培训，做好日常防范工作，提高应急处置能力。健全完善安全检查长效管理机制，突出做好灾害隐患的"再排查、勤巡查、常检查"，确保救灾物资储备库及存储物资绝对安全。

3. 常见自然灾害的预防与预警（见表3-1~表3-8）

表3-1 台风（四级预警）

预警级别	采取的预防措施
蓝色：24小时内可能受热带低压影响，平均风力可达6级以上，或阵风7级以上；或者已受热带低压影响，平均风力为6~7级，或阵风7~8级并可能持续	1. 做好防风准备并注意有关报道和通知； 2. 把门窗、围板等易被风吹动的搭建物固紧，妥善安置室外物品
黄色：24小时内可能受热带风暴影响，平均风力可达8级以上，或阵风9级以上；或者已经受热带风暴影响，平均风力为8~9级，或阵风9~10级并可能持续	1. 建议幼儿园停课； 2. 处于危险地带和简易房中的人员应到避风场所避风，户外作业人员停止； 3. 切断霓虹灯招牌及危险的室外电源； 4. 停止露天集体活动；其他同上
橙色：12小时内可能受强热带风暴影响，平均风力可达10级以上，或阵风11级以上；或者已经受强热带风暴影响，平均风力为10~11级，或阵风11~12级并可能持续	1. 切勿随意外出，确保老人小孩留在家中最安全的地方； 2. 相关应急处置部门和抢险单位密切监视灾情，落实应对措施； 3. 停止室内大型集会，疏散人员； 4. 加固易受破坏的房屋和设施；其他同上
红色：6小时内可能或者已经受台风影响，平均风力可达12级，或者阵风已达12级以上并可能持续	1. 特别紧急防风状态，建议停业、停课（除特殊行业）； 2. 人员应尽可能待在防风安全的地方，相关应急处置部门和抢险单位随时准备启动抢险应急方案； 3. 当台风中心经过时风力会减小或静止一段时间，应继续留在安全处避风；其他同上

表 3-2　暴雨（三级预警）

预警级别	采取的预防措施
黄色：6 小时降雨量将达 50 毫米以上，或者已达 50 毫米以上且降雨可能持续	1. 家长、学生、学校要特别关注天气变化，采取防御措施； 2. 收盖露天晾晒物品，相关单位做好低洼、易受淹地区的排水防涝工作； 3. 驾驶人员应注意道路积水和交通阻塞，确保安全； 4. 检查排水系统，降低易淹校园湖泊水塘的水位
橙色：3 小时降雨量将达 50 毫米以上，或者已达 50 毫米以上且降雨可能持续	1. 暂停在空旷地方的户外作业，尽可能停留在室内或者安全场所避雨； 2. 相关应急处置部门和抢险单位密切监视灾情，切断低洼地带有危险的室外电源； 3. 交通管理部门应对积水地区实行交通引导或管制； 4. 转移危险地带师生到安全场所避雨；其他同上
红色：3 小时降雨量将达 100 毫米以上，或者已达 100 毫米以上且降雨可能持续	1. 户外人员应立即到安全的地方暂避； 2. 相关应急处置部门和抢险单位随时准备启动抢险应急方案； 3. 已有上学学生和上班人员的学校、幼儿园以及其他有关单位应采取专门的保护措施； 4. 处于危险地带的单位应停课、停业，立即转移到安全的地方暂避；其他同上

表 3-3　高温（二级预警）

预警级别	采取的预防措施
橙色：24 小时内最高气温将要升到 37℃ 以上	1. 尽量避免午后高温时段的户外活动，对老、弱、病、幼人群提供防暑降温指导，并采取必要的防护措施； 2. 注意防范因用电量过高，电线、变压器等电力设备负载大而引发火灾； 3. 户外或者高温条件下的作业人员应当采取必要的防护措施； 4. 注意作息时间，保证睡眠，必要时准备一些常用的防暑降温药品； 5. 媒体应加强防暑降温保健知识的宣传，各相关部门、单位落实防暑降温保障措施
红色：24 小时内最高气温将要升到 40℃ 以上	1. 注意防暑降温，白天尽量减少户外活动； 2. 有关部门要特别注意防火； 3. 建议停止户外露天作业；其他同上

表 3-4 大风（除台风、雷雨大风外）（四级预警）

预警级别	采取的预防措施
蓝色：24 小时内可能受大风影响，平均风力可达 6 级，或阵风 7 级以上；或者已经受大风影响，平均风力为 6~7 级，或阵风 7~8 级并可能持续	1. 做好防风准备； 2. 注意有关媒体报道的大风最新消息和有关防风通知； 3. 把门窗、围板、棚架、临时搭建物等易被风吹动的搭建物固紧，妥善安置易受大风影响的室外物品
黄色：12 小时内可能受大风影响，平均风力可达 8 级，或阵风 9 级以上；或者已经受大风影响，平均风力为 8~9 级，或阵风 9~10 级并可能持续	1. 进入防风状态，建议幼儿园停课； 2. 关紧门窗，危险地带和简易房中的人员应到避风场所避风，通知高空、水上等户外作业人员停止作业； 3. 切断霓虹灯招牌及危险的室外电源； 4. 停止露天集体活动，立即疏散人员；其他同上
橙色：6 小时内可能受大风影响，平均风力可达 10 级以上，或阵风 11 级；或者已经受大风影响，平均风力为 10~11 级，或阵风 11~12 级并可能持续	1. 进入紧急防风状态，建议中小学停课； 2. 居民切勿随意外出，确保老人小孩留在家中最安全的地方； 3. 相关应急处置部门和抢险单位加强值班，密切监视灾情，落实应对措施； 4. 加固易受破坏的房屋和设施；其他同上
红色：6 小时内可能出现平均风力达 12 级的大风，或者已经出现平均风力达 12 级的大风并可能持续	1. 进入特别紧急防风状态，建议停业、停课（除特殊行业）； 2. 人员应尽可能待在防风安全的地方，相关应急处置部门和抢险单位随时准备启动抢险应急方案；其他同上

表 3-5 雷电（三级预警）

预警级别	采取的预防措施
黄色：6 小时内可能发生雷电活动，可能会造成雷电灾害事故	1. 政府及相关部门按照职责做好防雷工作； 2. 密切关注天气，尽量避免户外活动
橙色：2 小时内发生雷电活动的可能性很大，或者已经受雷电活动影响，且可能持续，出现雷电灾害事故的可能性比较大	1. 政府及相关部门按照职责落实防雷应急措施； 2. 人员应当留在室内，并关好门窗； 3. 户外人员应当躲入有防雷设施的建筑物或者汽车内； 4. 切断危险电源，不要在树下、电杆下、塔吊下避雨； 5. 在空旷场地不要打伞，不要把农具、羽毛球拍、高尔夫球杆等扛在肩上
红色：2 小时内发生雷电活动的可能性非常大，或者已经有强烈的雷电活动发生，且可能持续，出现雷电灾害事故的可能性非常大	1. 政府及相关部门按照职责做好防雷应急抢险工作； 2. 人员应当尽量躲入有防雷设施的建筑或者汽车内，并关好门窗； 3. 切勿接触天线、水管、铁丝网、金属门窗、建筑物外墙，远离电线等带电设备和其他类似金属装置； 4. 尽量不要使用无防雷装置或者防雷装置不完备的电视、电话等电器； 5. 密切注意雷电预警信息的发布

表 3-6　大雾（三级预警）

预警级别	采取的预防措施
黄色：12 小时内可能出现能见度小于 500 米的雾，或者已经出现能见度小于 500 米、大于等于 200 米的雾并将持续	1. 有关部门和单位按照职责做好防雾准备工作； 2. 加强校园交通管理，保障安全； 3. 驾驶人员注意雾的变化，小心驾驶； 4. 户外活动注意安全
橙色：6 小时内可能出现能见度小于 200 米的雾，或者已经出现能见度小于 200 米、大于等于 50 米的雾并将持续	1. 有关部门和单位按照职责做好防雾工作； 2. 学校加强交通调度指挥； 3. 驾驶人员必须严格控制车、船的行进速度； 4. 减少户外活动
红色：2 小时内可能出现能见度小于 50 米的雾，或者已经出现能见度小于 50 米的雾并将持续	1. 有关部门和单位按照职责做好防雾应急工作； 2. 学校按照行业规定适时采取交通安全管制措施； 3. 驾驶人员根据雾天行驶规定，采取雾天预防措施，根据环境条件采取合理行驶方式，并尽快寻找安全停放区域停靠； 4. 不要进行户外活动

表 3-7　霾（二级预警）

预警级别	采取的预防措施
黄色：12 小时内可能出现能见度小于 3000 米的霾，或者已经出现能见度小于 3000 米的霾且可能持续	1. 驾驶人员小心驾驶； 2. 因空气质量明显降低，人员需适当防护； 3. 呼吸道疾病患者尽量减少外出，外出时戴上口罩
橙色：6 小时内可能出现能见度小于 2000 米的霾，或者已经出现能见度小于 2000 米的霾且可能持续	1. 驾驶人员谨慎驾驶； 2. 空气质量差，人员需适当防护； 3. 人员减少户外活动，呼吸道疾病患者尽量减少外出，外出时戴上口罩

表 3-8　地质灾害（三级预警）

预警级别	采取的预防措施
三级预警（可能性较大）：排查阶段	1. 迅速开展地质灾害隐患排查，重点针对可能发生地质灾害的宿舍、教室、食堂、办公楼等人员聚集区； 2. 在专业技术队伍的指导帮助下，依靠基层政府组织，发动广大师生，认真开展地质灾害隐患排查，确保不留死角； 3. 通知监测人员注重点区域； 4. 全面普及预防、避险、自救等地质灾害防御知识，提高师生的临灾避险和自救互救能力
二级预警（可能性大）：预报阶段	1. 各有关部门要紧急行动，对发现的地质灾害隐患点要逐一登记造册，纳入群防群测体系，加强监测预警，落实防范和治理措施； 2. 公开防灾责任人和监测责任人，切实落实工作责任； 3. 要强化临灾避险和应急处置工作，制订落实人员撤离转移预案，做好监测责任人、撤离信号、撤离路线、安置地点四落实

续表

预警级别	采取的预防措施
一级预警（可能性很大）：警报阶段	1. 无条件紧急疏散、转移学生和教职工； 2. 对危险区域设置警戒线，防止群众再次进入，坚决避免群死群伤事故发生； 3. 密切观测，做好灾害到来之前最后一分钟的准备工作

4. 自然灾害的应急管理

高校发生自然灾害后，要立即启动信息报告程序，并迅速启动应急管理机制。一般的流程如图 3-1 所示。

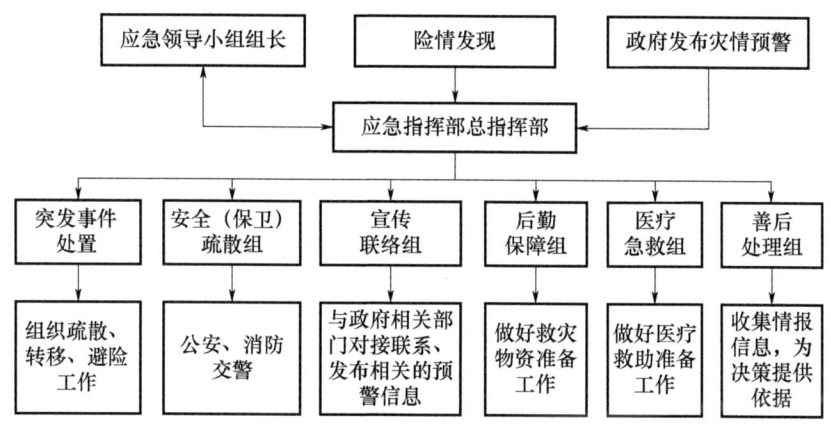

图 3-1　信息报告与应急启动程序

（1）自然灾害分级

依据灾害程度、波及范围、影响力大小、人员及财产损失情况，由高到低划分为：特别重大事件（Ⅰ级）、重大事件（Ⅱ级）、较大事件（Ⅲ级）、一般事件（Ⅳ级）四个级别。

特别重大自然灾害类突发事件（Ⅰ级）：学校所在区域内人员和财产遭受重大损害，对学校教学秩序产生重大影响的自然灾害。

重大自然灾害类突发事件（Ⅱ级）：对学校的人员和财产造成较大损害，对学校教学秩序产生严重影响的自然灾害。

较大自然灾害类突发事件（Ⅲ级）：对个体造成损害，对学校的教学秩序产生一定影响的自然灾害。

一般自然灾害类突发事件（Ⅳ级）：未造成人员损害，但影响学校教学活动正常进行的自然灾害。

（2）应急响应

Ⅰ级应急响应：特别重大事件（Ⅰ级）和重大事件（Ⅱ级）应急响应

特别重大事件（Ⅰ级）和重大事件（Ⅱ级）发生后，学校应急领导小组应立即启动相应预案，相关处置工作组应立即调动各方面资源和力量进行应急处置工作。学校主要领导应担任现场应急处置工作的总指挥，应急领导小组成员和相关处置工作组成员应在突发事件现场组织开展工作并直至应急响应结束。应急处置情况应随时向上级主管部门报告。

Ⅱ级应急响应：较大事件（Ⅲ级）应急响应

较大事件（Ⅲ级）发生后，学校应急领导小组应立即启动相应预案，相关处置工作组应立即调动各方面资源和力量进行应急处置工作。学校分管领导应担任现场应急处置工作的总指挥，相关处置工作组成员应在突发事件现场组织开展工作并直至应急响应结束。应急处置情况应随时向学校主要领导和上级主管部门报告。若突发事件情况发生变化，应视事件性质和发展趋势，及时调整事件应急响应级别。

Ⅲ级应急响应：一般事件（Ⅳ级）应急响应

一般事件（Ⅳ级）发生后，学校应急领导小组应立即启动相应预案。相关处置工作组应立即调动各方面资源和力量进行应急处置工作。相关处置工作组成员应在突发事件现场组织开展工作直至应急响应结束。应急处置情况应随时向学校领导和上级主管部门报告。若突发事件情况发生变化，应视事件性质和发展趋势，及时调整事件应急响应级别。

表3-9 应急响应分级

应急响应级别	响应条件	影响范围
Ⅰ级应急响应	灾害造成人员重伤或死亡、造成群体性事件、重大事故，或者直接经济损失100万元以上的灾害	全校范围
Ⅱ级应急响应	灾害造成人员重伤、造成人员聚集、一般事故，或者直接经济损失10万元以上，100万元以下的突发事件	学校内大范围
Ⅲ级应急响应	灾害造成人员轻微伤、小范围影响、轻微事故，或者直接经济损失10万元以下的突发事件	学校局部区域

（3）应急措施

① 学校应急指挥部副总指挥负责通知各有关组成单位负责人，立即成立应急救援处置机构。

② 学校应急指挥部所有人员应按照职责规定立即就位，组织实施抗灾救灾工作。

③ 在地方政府自然灾害应急指挥部的统一指挥协调下，组织师生员工紧急疏散、转移、避险，组织抢救伤员和被困人员。

④ 调查人员伤亡、失踪以及财产损失情况，上报学校上级机关和地方政府。

⑤ 根据政府发布的灾害信息，采取相应措施，有效防止次生、衍生灾害发生。应急响应流程见图3-2。

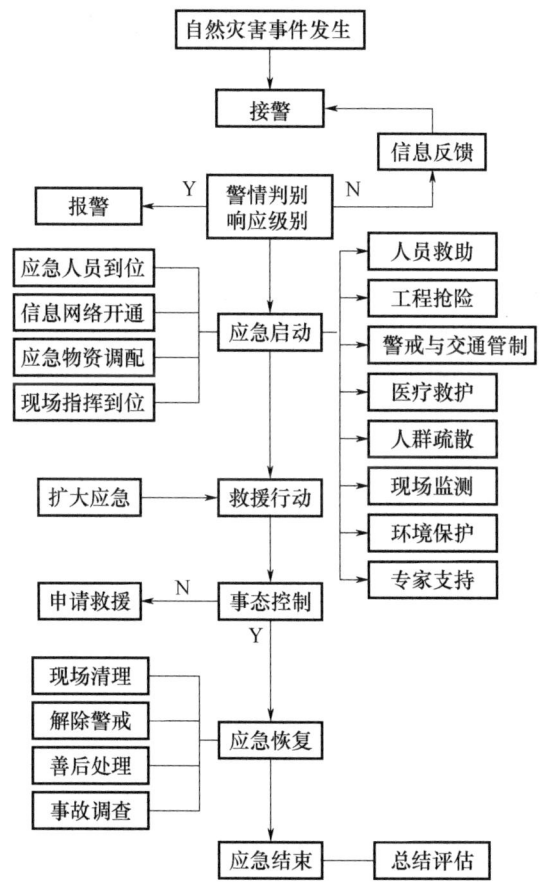

图3-2 应急响应流程

（4）响应终止

灾情稳定后，次生、衍生灾害隐患消除，救灾应急工作结束，由学校自然灾害应急指挥部根据地方政府的意见向学校应急领导小组提出建议，灾害应急领导小组组长决定是否终止应急响应。

5. 信息发布

自然灾害发生后，高校要建立新闻发言人制度和信息定期发布制度。信息发布的原则一是要授权发布，及时准确。学校应急领导小组授权自然灾害应急指挥部，及时向上级主管部门和辖区政府汇报灾害的时间、地点、级别、范围、损失、救灾、保障等情况。灾害应急指挥部授权通信联络组，定时向新闻媒体通报灾情及救灾的基本情况。二是要宣传归口，强调纪律。对新闻媒体的信息发布必须进行归口管理，由学校宣传部门统一发布，其他部门无权发布消息或接受采访。三是及时汇报，由学校党政办负责人向上级主管部门和辖区政府汇报情况。

6. 后期处置

（1）抢救伤员。在政府相关部门的支持和指导下，组织人力，解救被困人员，抢救受伤人员。组织专业人员对受灾学生进行集体或个别的心理辅导。

（2）环境治理。在政府卫生部门和环保部门的支持和指导下，依照有关法律法规，做好受灾现场的卫生防疫、环境清理工作，防止污染源引发次生、衍生灾害。

（3）调查统计。对灾害造成的人员及财产损失进行详细的统计，为后续的救助安抚以及校园恢复重建工作提供准确数据。

（4）恢复秩序。全力以赴抢修受到灾害破坏的电力、给水、道路、房屋等基础设施，确保学校尽快恢复正常的生活、教学、科研秩序。

（5）评估总结。对预警、应急、救灾、信息管理、后期处理等工作进行全面的评估，总结成功的经验，发现问题和不足，为以后的防灾、救灾工作提供经验和教训。

（6）奖惩总结。对在应急、救灾工作中表现突出或有立功表现的应急人员以及师生员工予以表彰和奖励；对在应急、救灾工作中严重失职，造成人员、财产损失的，视情节和后果予以行政处罚，构成违法犯罪的，移交司法部门处理。

（7）修订预案。根据灾害评估总结报告，修订灾害应急预案，使预案更加合理有效。

【案例1】浙江海洋大学加紧部署全力应对台风"烟花"影响

（来源：浙江海洋大学新闻网，2021-07-23）

2021年7月23日上午10时，第6号台风"烟花"（强台风级）中心在距离舟山南到东南方向大约690公里的洋面上，近中心最大风力14级，预计未来将继续朝西北方向移动，强度继续加强，最强可达超强台风级，最大可能于25日在浙江中北部一带沿海登陆，或穿过舟山群岛北上（也不排除紧擦沿海北上）。

为应对台风影响，学校紧急开展了一系列工作部署，做好防御工作。学校党委书记严小军、校长陈建孟分别带队于22日下午、23日上午两次赴现场检查抗台准备工作，其他学校领导也分别检查了相关准备工作。

严小军在检查中多次强调，要将师生的安全放在第一位，加强教育和管理，做好服务和保障，确保平安度过此次台风天气。他强调，要加强各类防御准备工作，及时转移低洼区域财产物资，停好系牢车辆船舶，排干山塘水库，备好抗灾物资。他还对定海校区抗台工作做了特别部署。

根据台风变化情况，目前，学校已两次发布台风防御工作通知，逐步加强防御工作，并启动了防台值班制度。学校基建后勤等部门全面检查了假期校园维修项目、加固了防护设施，排干了校内水系、检查了排涝设施，拆除了校内临时广告牌，储备了临时应急物资。学生管理部门开展了防台安全教育，加强了学生信息沟通，明确了台风影响期间的学生纪律。保卫部门严格了出入校园管理。

目前正值短学期，2020级学生军训和学生社会实践正如火如荼开展中，2500余名军训学生在校训练，1000余名学生在各地社会实践。为此，学校紧急召开相关工作会议，研究台风影响，调整了军训科目和社会实践内容，加强了防台安全教育。校工会还就暑期教职工疗休养工作做了相应调整。

在台风"烟花"即将汹涌而来的时刻，学校组织部发布通知，号召各级党组织和广大党员深入贯彻落实习近平总书记关于防汛救灾工作的重要指示精神和中央、省委、市委决策部署，在抗台防汛救灾中发挥各级党组织战斗堡垒作用和广大党员先锋模范作用，坚决扛起责任，守土尽责。

【案例2】"山竹"拦路　助力回"家"
华南理工大学因台风滞留师生安全返校

（来源：华南理工大学新闻网，2018-09-27）

受台风"山竹"影响，15日晚10点左右，刚刚结束在湖北十堰为期两周生产实习的208名华南理工大学机械与汽车工程学院师生在搭乘火车返校途中，接近武昌时被告知广州段铁路停运，火车要原路返回。学院党委快速反应，决定让学生在武昌停留，等待警报解除再返校。截至18日，全部师生安全返校。三天三夜，无数次的电话、信息沟通，学院领导在微信群坐镇指挥，相关老师全程倾力跟进，最大限度为滞留师生提供经济和精神支持，数十名学生干部齐心协力，学生党员发挥先锋模范作用，带领广大同学成功化解了此次滞留危机。

归心似箭，不料半路滞留

15日晚，台风"山竹"来临的前夕，各种渠道都传播着超强台风即将到来的提醒消息。远在湖北，刚刚结束生产实习的200余名师生正在赶回广州的火车上，他们归心似箭，只想尽快回到学校，看到新闻上实时更新的台风路径，又对到广州后的境况充满担忧。果真由于广东省内铁路开始实行交通管制，列车行至武昌站便无法继续前行，返回十堰还是就地住宿等待通车，学生们意见不一。事出紧急，情绪出现了波动。带队老师沈晓勤马上把情况上报学院，同时紧急召集学生干部开会讨论。

上下一心，守护只为平安

学院党委紧急沟通，为了学生安全，并且不让学生旅途过于劳累，马上决定让学生在武昌下车，就地住宿等待返程，并为学生报销住宿费。随即学院负责人布置组建"实习老师、组长"微信群,亲自指挥,跟进师生状态、传达学院指令、随时解答疑问,对滞留学生提出了安全第一、集体住宿、集体行动的要求。带队老师以及班主任、辅导员等也都紧急行动起来,不断确认学生住宿安排、人员去向情况等。各班级干部和部分学生党员明确分工、积极协调,将本班同学分成小组,组与组之间密切联系,有组织地分头行动,带动全体学生配合学院的要求和指示,耐心等待返程,积极应对困难。

台风警报解除后,学院领导又提出了"安全、尽快和合理"三原则,要求学生尽快返校,并承诺为按要求返校学生在原有实习补贴的基础上补贴200元交通费用差价,打消了部分学生的顾虑。有些学生由于买不到票心中着急,部分班干部由于压力情绪波动,学院领导均及时决策、安抚,并及时重申纪律,使学生们能够冷静下来,有序行动。其间,有几十位同学夜间到穗,学院派了大巴去把同学们接回学校,确保每一名同学的绝对安全。

危机转化,用心赢得认可

整个事件过程中,无论遇到任何突发状况,学院始终把学生的安全放在首位,尽最大努力为学生提供支持,及时承诺报销住宿、交通等费用来减轻学生经济负担,打消学生顾虑;严格队伍纪律,确保全体师生的安全稳定。从得知208名师生即将滞留武汉的消息到全体师生安全返校,学院党委一直密切关注动向,及时对老师和学生给予指导。截至18日,3个专业、5个班级、208名师生的实习队伍,全部安全返校。

在此次事件的处理中,学院坚持"以生为本",把学生的安全和困难放在第一位,处处为学生着想。而同学们也团结一致,积极配合学院指挥。学生纷纷说:"学院的处理很及时也很用心,让大家感受到了学院领导和老师对学生的关心。"

【案例3】九寨沟地震发生后,西安各大学的不同反应

2018年8月8日21时19分46秒,四川省阿坝州九寨沟县(北纬33.20度,东经103.82度)发生7级地震,震源深度约20千米。

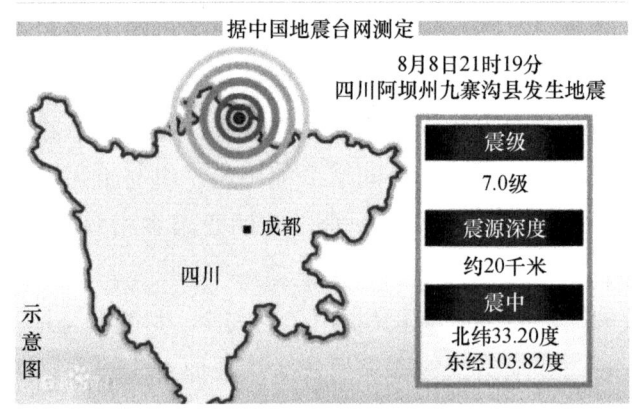

图3-3 九寨沟地震示意图

陕西省作为离震中较近的省份,多个市区有震感,民众也都离家外出查看情况。

正值暑期,西安各大学的大学生住校未归家都是数以千计,发生地震且有震感,学生自然也和市民一样,下楼查看情况避险,毕竟都还不知道地震的具体情况,信息不对称可能会引发一定的危险。

面对这样的情况,西安各省属高校应急情况会怎么样呢?以陕西省教育厅官网的前6位高校为例,从其官方微信公众号可以看出端倪。

西北大学[西安市]
地址:西安市长安区郭杜教育科技产业开发区学府大道1号[710127]
电话:029-88302211
网址:http://www.nwu.edu.cn

西安理工大学[西安市]
地址:西安市金花南路5号[710048]
电话:029-82312541
网址:http://www.xaut.edu.cn

西安建筑科技大学[西安市]
地址:西安市雁塔路13号[710055]
电话:029-82202121
网址:http://www.xauat.edu.cn

陕西科技大学[西安市]
地址:西安市未央大学园区[710021]
电话:029-86168012
网址:http://www.sust.edu.cn

西安科技大学[西安市]
地址:陕西西安市雁塔中路58号[710054]
电话:029-85583032
网址:http://www.xust.edu.cn

西安石油大学[西安市]
地址:西安市电子二路东段18号[710065]
电话:029-88382252,029-88382268
网址:http://www

图3-4 陕西部分高校

1. 西北大学

西北大学在8月8日当晚23:35分发布了《西安震感明显,西大专家:不要恐慌!》。

西安震感明显，西大专家：不要恐慌！

(原创) 2017-08-08 西大宣传部 西北大学

图 3-5 西北大学网站截图 1

文章里有对地震情况的通报、西安当前情况、避险方式、让学生报平安等内容，更重要的是给出了该校地质专家的分析，告诉学生们，地震不影响西安人的学习生活。

据陕西省地震局消息：地震震中距我省较远，请市民不要恐慌。
据西北大学地质学系董云鹏、王震亮等教授分析，震中在九寨沟，与汶川地震一样，属于同一个南北向断裂带，其能量已被东西向的秦岭断裂带分解。后续余震也不会有较强震感。因此不要恐慌。

请同学们安心学习生活，如有问题，及时与老师联系。
请家在四川或在川旅游的同学，在合适的情况下，给老师同学报个平安！

图 3-6 西北大学网站截图 2

2. 西安理工大学

该校于 8 月 8 日当晚 22:37 发布了《四川九寨沟县发生 7.0 级地震，西安有震感!》。

图 3-7　西安理工大学网站图

文章很简单，说明了地震的简单情况，随后放了几张地震处和西安的照片，最后写道：截至目前，还没有灾情和人员伤亡的报告。给出了自救顺口溜。

3. 西安建筑科技大学

没有搜到官方微信公众平台，只有一些部门的平台，基本都是8月9日发布了消息。

图 3-8　搜索引擎：西安科技大学微信公众号

4. 陕西科技大学

该校于 8 月 8 日当晚 23:59 发布了《四川九寨沟县发生 7.0 级地震，陕科大第一时间召开地震应急工作会议》。

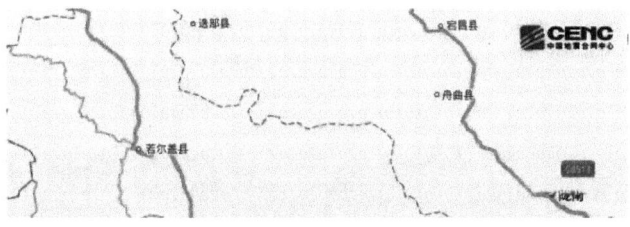

图 3-9　陕西科技大学网站图 1

文章内容比较丰富，包括地震简单情况、地震地照片、详细的地震注意事项、避震技能、不影响本校师生学习生活等，最重要且不同于其他几所大学的是，该校 3 名校领导于 8 月 8 日当晚 22:10（距地震发生仅 51 分钟）召开地震应急工作会议，布置了师生的舆论引导、留校学生安抚、对校园设施和在建工程等开展安全隐患排查、加强校园的门禁安保以及后勤保障等工作。

图 3-10　陕西科技大学网站图 2

5. 西安科技大学

该校于地震第二天即 8 月 9 日中午 13:33 发布了《震中附近的西科人，请向母校报个平安!》。

图 3-11　西安科技大学网站图

文章发布了九寨沟和新疆地震的简单情况，以及图形化的地震避险知识。发布时间上已经比较滞后了。

6. 西安石油大学

图 3-12　西安石油大学网站图

总体上,从及时性来看,西北大学、西安理工大学、陕西科技大学都是于当晚发布的,其中西北大学的专家言论、陕西科技大学的校领导开会部署,都说明了是以学生为本的,体现了一定的管理水平、危机意识,真的值得点赞。

(二) 事故灾难

事故灾难主要指学校发生的火灾、房屋倒塌等各类重大安全事故,校园重大交通安全事故,造成重大影响和损失的后勤供水、供电、供气、供热、供油等事故,核辐射事故、化学危险品等重大环境污染和生态破坏事故,学校所属企事业单位发生的各类重大生产安全事故等。

1. 事故灾难的等级

根据《国家安全生产事故灾难应急预案》和高校实际情况,将事故灾难按严重程度,从高至低分为Ⅰ~Ⅳ级。

(1) 特别重大事件(Ⅰ级):学校所在区域内的人员和财产遭受特别重大损害,对学校的教学秩序产生特别重大影响的事故灾害。

(2) 重大事件(Ⅱ级):学校所在区域内的人员和财产遭受重大损害,对学校的教学秩序产生重大影响的事故灾害。

(3) 较大事件(Ⅲ级):对学校的人员和财产造成损害,对学校的教学秩序产生较大影响的事故灾害。

(4) 一般事件(Ⅳ级):对师生员工个体造成了损害,对学校教学秩序产生一定影响的事故灾害。

2. 高校常见事故灾难的应急处置

(1) 火灾

学校突发火灾事故,保卫处接到报警后,应迅速报告指挥部,指挥部成员应立即赶赴现场指挥救援工作,全力组织人员疏散和自救工作,同时,要在第一时间内向消防119指挥中心报警;拨打119报警时,要讲清位置、着火现场情况、现场有易燃、易爆、剧毒、放射性等危险品时,要着重说明。报警后要派人引导消防、公安人员进入现场;指挥部和有关部门负责人在消防队员到现场后,主动提供有关信息,配合消防队员组织救人和灭火抢险工作。

学校立即组织义务消防队员和相关技术人员赶赴现场，扑灭早期起火；采取诸如切断电源、气源，抢救危险品等紧急安全措施，避免继发性危害。

校医院立即到现场抢救伤病员并妥善安置，必要时拨打120请求社会医疗机构援助；治安保卫组立即封锁现场各通道，加强警卫和巡逻，维护秩序，指挥引导人员疏散；转移重要财物，确保人员、财产的安全；后勤保障组确保供电、供水需要，做好后勤保障工作，事故单位负责清点人员，事故中受伤人员要及时抢救；解决好受灾人员的安居问题。

疏散出来的物资应派人看护，凡是易燃、易爆、剧毒、放射性物品，均应谨慎处置，切实保证安全。信息联络与宣传组应立即通过各种方式发布公告，提醒师生员工不要接近事故现场；同时控制好校内舆论，并做好舆论引导。

火灾事故处理后，指挥部应成立调查组，调查事件发生的原因，检查工作中存在的漏洞，并追究有关人员的责任。必要时可请公安部门介入。

【案例4】 上海某学院火灾事件

图3-13　上海某学院火灾现场

2008年11月14日，上海某学院女生宿舍楼602室发生火灾，起火宿舍楼1层为食堂，2~3层住男生，4~6层住女生，7层为简易工房。此次火灾导致4名女生跳楼身亡。

11月13日晚，602室的6名大三女生用"热得快"烧水，该校宿舍楼按规定于当晚23:00断电，该宿舍6人均忘记拔掉"热得快"插头。14日早晨6:00，宿舍楼恢复供电，睡梦中的6人均未察觉，10分钟后，"热得快"因加热时间过久引发高温，导致电器故障，迸发出的火星溅落到衣物上，引发起火。6名女生惊醒后，4人留在房中灭火，2名距门较近的女生则拿着脸盆到门外公共水房取水。留在宿舍的4人因灭火措施不力，致使火势越来越大，寝室木制门被室内火场的气流牢牢吸住，并导致变形，2名取水女生回来后，打不开寝室门。此时室内的4名女生，因火势和浓烟被逼到阳台上，她们因慌乱只穿着睡衣。宿舍楼下，大批被紧急疏散的学生纷纷鼓励4人冷静，等待消防队员前来救援。1名女生躲在阳台，但窜出的火苗烧着了她的睡衣，她惊慌失措，大叫着从6楼阳台跳下，摔在底层的水泥地上。看到同伴跳下，另2名女生也顾不得楼下男生们的提醒，也相继盲从地跳楼。第4名女生一边大声呼救，一边决定翻出阳台跳到5楼逃生，可她终因双臂支撑不住，没找准位置而摔下楼去。

大火还致使隔壁的601寝室也涌进大量浓烟，困住3名女生，所幸消防救援人员及时赶到，强行踹开宿舍门，将3名女生救了出来。

【事件分析】

当时学校有全日制在校生一万多名。火灾发生后，消防救援人员赶到得非常及时，校方采取的应对措施也还算得力，然而4个年轻的生命却永久地凋谢了，她们面对突如其来的火灾，没能选择正确的逃生方式，慌不择路坠楼身亡，实在令人痛惜。

第一，事件发生前：学院有明文规定，禁止学生在宿舍内使用电器设备，一经查出，学生将受到记过、取消评优、评奖学金资格等处分。每年的新生入学时，学校都会开展安全教育、组织消防演练。发生火灾的7层宿舍楼为钢混结构，男女生分层混住。校方多次检查宿舍违章用电情况，但私用电器的行为依然存在。602宿舍6名女生的空间约为20平方米，因生活物品多而堆积得较为拥挤。学校称宿舍楼配备有灭火器，但火灾时，一个灭火器都没有使用。该宿舍楼也未安装用电智能控制系统，一个楼层只配备一个公共水房。

第二，事件应急管理：火灾发生后，602宿舍的6名学生没人拨打火警电话寻求救援，而是试图自行灭火，并且还准备用水灭火，导致4人被困室内。该楼的宿舍管理人员、邻宿舍学生也未及时施救，错过了灭火最佳时机。4名女生被困阳台时，现场一片混乱，没人在楼下实施防护措施。她们选择跳楼或坠楼后，均当场死亡。消防人员赶到后，及时救助了其余被困学生，及时灭火并封锁了现场，避免了灾难的蔓延。

第三，事后管理：警方及时介入，火灾扑灭后，上海市公安局在校方的积极协助下，及时查清了火灾起因，14日当晚，邀请两名幸存女生在新闻媒体上澄清了火灾经过，及时辟谣。校方则于当日及时通知了4名遇难学生的家长，并积极妥善处理善后事宜；组织心理专家对两名幸存者进行心理疏导，对死者同班、同楼学生开展心理干预；组织全校师生对遇难的4名同学表示哀悼。由于学校事先为学生购买了学生意外伤害保险，因此除学校补偿死者抚恤外，每位遇难学生获得意外伤害保险费两万元。上海市教委在事后召开紧急会议，通报火灾事件。要求各高校、各区县教育局立即展开安全检查，重点要对各学校的消防设施、逃生通道、宿舍违规用电情况等进行检查。此次危机中，可以称道的是该学院善后工作和人员抚恤比较到位；通过公安局信息平台，不遮丑、不护短，及时公布事件信息，快速恢复了教学秩序。

有消防专家总结应对火灾的正确逃生措施如下：

> 灾难来临莫惊慌，立即报警别迟疑。
> 小火使用灭火器，大火难灭快逃离。
> 匍匐蒙鼻来探路，简易防护冲出去。
> 安全通道是首选，千万不要进电梯。
> 烟大火猛难逃逸，自创避所可逃避。
> 一切行动听指挥，不贪钱财入险地。
> 救生绳、缓降器，跳楼有术求生机。

（2）交通事故

校园内发生交通事故的主要原因是师生当事人思想麻痹和安全意识淡

薄。许多大学生刚刚离开父母和家庭，缺乏社会生活经验，头脑里交通安全意识比较淡薄。有的同学在思想上还存在校园内骑车和行走肯定比公路上安全的错误认识，一旦遇到意外，发生交通事故就在所难免。校园内发生交通事故的主要形式有以下几种。

（1）酒驾、醉驾。喝酒不开车，开车不喝酒。这句话已经耳熟能详了，但真正去做到它又是一件困难的事。无论如何，不要胆子大就抱有侥幸心理，不要等到发生严重事件才知道后悔，车祸毁掉的不仅仅是一个人的人生。2017年12月24日凌晨，珠海某高校大三学生郑某在华发世纪城酒吧街与朋友狂欢。凌晨4点许，郑某从酒吧出来驾驶一辆白色宝马车载着两男两女前往拱北吃夜宵。郑某在导航上规划好路线后，把手机放在右侧大腿上，边开车边看导航。在白石桥上，郑某在听导航的过程中，低头看了一眼手机，却没有发现前方的三轮车！郑某抬起头时，已经来不及采取措施，宝马车直接把三轮车撞飞。交警接到报警后立即赶到现场，一辆几乎散架的三轮车横倒在宝马车后，几乎成了废铁；两名男子躺在大片血泊中，呼吸微弱。经救护人员抢救，其中一名男子当场死亡，另一名男子身受重伤。随后，交警带郑某到医院抽血检验，血液中酒精含量是133.2mg/100ml，已属于醉驾！经调查，肇事的大学生郑某不但没有驾驶证，而且宝马轿车是朋友何某的。由于郑某驾驶宝马车导致一死一伤已经构成交通肇事罪。郑某醉酒后无证驾驶已经构成危险驾驶罪，何某放任郑某的行为已经构成了危险驾驶罪的共犯，因此车主何某也应该承担责任。

（2）注意力不集中。表现为行人在走路时边走路边看书边听音乐，或者左顾右盼、心不在焉。某高校学生李某，虽然是个近视眼，可他却最喜欢戴着耳机边听音乐边走路边看书，有时候车到了他跟前才发觉。同学提醒他要注意，他却当作耳边风。2010年11月的一天下午，他跟往常一样一边听着音乐，一边看着书回宿舍，经过一个十字路口时，一辆大众轿车从他左侧开过来，汽车鸣笛，他丝毫没有避让的意思，结果汽车刹车不及将他撞倒，幸好车速不是太快，万幸保全了性命。

（3）在路上进行球类活动。大学生精力旺盛、活泼好动，即使在路上行走也是蹦蹦跳跳、嬉戏打闹，甚至有时还在路上进行球类活动，更是增加了发生事故的危险。2010年5月，某高校两位男同学在操场踢完足球后，在回寝室的路上还余兴未尽，在路上边跑边相互传球，此时身后正好驶来一辆两轮摩托车，驾驶员躲闪不及撞上了其中的一位，那位学生被撞成右小腿骨折。

（4）骑"飞车"。一般高校校园面积都比较大，所以许多大学生购买了自行车，课间或下课时骑自行车在人海中穿行是大学的一道风景线。但部分学生骑车爱逞能，居然能把自行车骑得与汽车比快慢，殊不知就此埋下了祸根。2009年，某高校学生张某，头天晚上在网吧里上网到第二天凌晨四点多才回寝室休息。一觉醒来已快到上课时间了，他起床后顾不得梳洗匆匆下楼，骑上自行车飞快地朝教室奔去。当他骑到一个下坡向右转弯的路段时，本来车速已很快的他又猛踩了几下，就在这时迎面来了一辆小轿车，因车速太快避让不及，他连人带车掉进了路旁的水沟里，致使右胳膊骨折，自行车摔坏。

（5）搭乘不安全、无牌无证车辆。2008年，一大学女生，毕业前夕，出校门搭乘一两轮摩托，结果摔倒在马路边，该女生头部受重伤，致脑神经瘫痪。因为该摩托车系"野的"，无牌无证，医疗费得不到保险赔付。该女生本人命运和家庭经济处境都陷入极大的悲哀之中。

高校交通事故应急措施通常应做好以下工作：

（1）若校园发生恶性交通事故，遇有人员伤亡情况，立即报告120急救中心和校医院救治小组，同时向地方交警部门和校保卫处报告，校突发事件应急处置工作领导小组和有关部门的负责人要在第一时间赶到现场，组织开展人员抢救和应急处置工作。

（2）保护好事故现场，有效控制肇事者，寻找证人。

（3）保卫处要协助交警部门及时查明事故情况；涉及外籍师生的，要尽快按规定报告上级外事部门。

（4）迅速疏散聚集人群，稳定师生情绪。

（5）高校交通事故中如有死伤，最难应对的是不同家庭与学校的利益诉求。高校要坚持以人为本，以法律为依据、本着人道主义的考量，尽量安抚受害亲属的工作，配合交警部门的责任认定，实施救助补助。

(3) 危险品、放射源污染

指挥部办公室应根据各类危险品的特性制定相应的应急预案；各单位要坚持以预防为主、常备不懈的方针，建立和加强相应的监测、应急制度，做到及时发现、及时报告，快速反应、及时控制。各院系、单位有具体领导人负责本单位放射工作的防护与安全管理，并指定专人具体负责放射源管理工作。

因意外因素引起危险物品泄漏，或因违反有关规定排放污染物造成环境污染事故灾难的，所在院系、部门应及时向指挥部或校突发公共事件处置工作领导小组办公室报告，同时设置污染区，醒目警示；发现人应立即汇报学校实验室管理与装备处、校保卫处或指挥部，并保护好现场，不得瞒报、拖延不报或谎报。有关单位应迅速确定放射源的种类、活度和出厂日期。学校在事故发生后1小时内向环保部门报告；出现放射源丢失、被盗事故同时报告公安部门。出现放射源泄漏等可能造成人员受超剂量照射的情况，同时报告卫生部门并将受照人员送医院进行检查和治疗。事故发生单位在12小时内填写《放射源事故报告表》。

指挥部接报后，应立即组织有关专家、技术人员携带必要的采样分析仪器赴事故现场进行调查检验，迅速查明危险品类型，确定主要污染物质以及产生的危害程度或可能造成的危害；难以辨别或情况严重时，要立即向政府有关部门请求援助。

初步查明情况后，要迅速制定消除或减轻危害的方案，并立即组织人员实施。对有明确污染源的应立即控制污染物排放；对于化学危险品污染事故，程度轻微的，启动相关应急预案处理，情况严重的，要立即向政府有关部门报告，由政府启动相应应急预案进行处置。

对发生有毒物质污染可能危及师生生命财产安全的，指挥部应立即采取相应有效措施，控制污染事故蔓延，必要时应疏散或组织师生撤离，并及时报告政府有关部门。

危险或危害排除后，指挥部应做好善后工作，妥善处理环境污染事故，并应在1小时内向政府环保部门报告。放射源事故发生后，放射源使用、管理人员和单位要及时总结事故发生原因，其他单位要引以为戒。

3. 事故善后与恢复

一旦直接的应急任务和生命救护活动结束,应立即设立恢复中心,工作重点也应马上从应急转向善后与恢复行动,及时开展补救工作,积极做好善后工作,争取在最短时间内恢复学校正常秩序。

(1) 做好事故中受伤人员的医疗、救助工作,对在事故中死亡人员进行人道主义抚恤和补偿或赔偿,校领导或有关部门领导对受害者家属进行慰问,对有各种保险的伤亡人员要帮助联系保险公司赔付。

(2) 及时查明事故原因,严格信息发布制度,确保信息及时、准确、客观、全面,稳定校园秩序,疏导师生情绪,避免不必要的恐慌和动荡。

(3) 全面检查设备、设施安全性能,检查安全管理漏洞,对安全隐患及时补救、防范,避免事故再次发生。

(4) 总结经验教训。要引以为鉴,总结经验,吸取教训。对因玩忽职守、渎职等原因而导致事故发生,要追究有关责任人的责任。

(5) 配合公安消防等部门,做好事故案件侦破调查工作。

(6) 事件结束后,应加强有关预防措施。指挥部办公室要加强校内安全保卫和各项设施的安全检查,杜绝安全隐患;对学校危房及其改造措施落实情况进行检查和监控;关注校园周边安全状况,及时向政府反映存在的隐患,提出整改的意见和建议,并协助政府有关部门对安全隐患进行整治;加强学生日常防灾、避灾知识教育,增强学生自我保护能力。

(三) 公共卫生事件

高校人员聚居,人流稠密,是突发公共卫生事件的易感染、易传播区域。应对突发公共卫生事件的方针和原则是以人为本、生命至上;预防为主、群防群控;统一领导、分级负责;属地管理、分类指导;加强合作、防止复发。

1. 明确病原、准确分类、分级处置

高校应有专门应急管理机构。该机构在全校应急管理办公室或(领导小组)领导下工作,是校级应急办公室的一个分支,一般由校内相关职能部门的人员兼职组成,如分管卫生工作的副校长为组长,校办公室、校医

院（附属医院）、后勤处、学生处、法律事务室、宣传部负责人或相关人员组成办事机构，分工合作，各司其职。若没有这个机构，就是体制上不健全。

高校应有畅通的信息渠道。这个渠道负责监控校内突发公共卫生事件的发生与发展状况，及时向校应急管理办公室汇报汇总反馈信息，确保校应急办掌握第一手事件进展资料，这些资料信息包括病原、病因、受感人数、现状等。

校应急办公室要组织专家力量对公共卫生事件进行会商和研判，明确事件分类，确定事件分级，研究需要采取的措施，及时将事件信息向上级教育主管部门（教育部、教育厅局）汇报，这次报告的原则是快报事件结果、慎报事件原因，内容包括事件名称、发生时间、发生地点、涉及人群或潜在威胁和影响、报告单位、报告人、报告时间、联系人及通信方式。还尽可能报告事件性质的初判结论、等级建议、可能原因、已采取的措施、病例发生和死亡分布及可能发展趋势等。确定事件等级的标准，按照国务院办公厅的指导意见规定的特别重大（特大）和重大两级，各地方政府和高校，应有自己区域地方的较大（级）和一般（级）四级标准。如某高校确定的较大等级突发公共卫生事件如表3-10所列。

表3-10 较大等级突发公共卫生事件

（1）学校发生集体性食物中毒，一次中毒人数超过100人，或出现死亡病例；
（2）学校发生肺鼠疫、肺炭疽、霍乱等传染病病例，发病人数以及疫情波及范围达到地市级以上卫生行政部门确定的较大突发公共卫生事件标准；
（3）乙类、丙类传染病在短期内暴发流行，疫情局限在学校区域内的，发病人数达到地市级以上卫生行政部门确定的较大突发公共卫生事件标准；
（4）在一个校区发现群体性不明原因疾病；
（5）发生在学校的因预防接种或预防性服药造成的群体性心因性反应或不良反应；
（6）因学校实验室有毒物（药）品泄漏，造成人员急性中毒，一次中毒人数在10~49人，或死亡4人以下；
（7）发生在学校的放射事故，一次放射事故超剂量照射人数51~99人，或轻度放射损伤人数11~20人；
（8）因学校周边环境污染造成的急性中毒事件，一次中毒师生人数在10~49人，或死亡4人以下；
（9）发生在学校的，经地市级以上卫生行政部门认定的其他较大突发公共卫生事件

一般等级突发公共卫生事件如表3-11所列。

表3-11　一般等级突发公共卫生事件

（1）学校集体性食物中毒，一次中毒人数30~99人，无死亡病例；
（2）学校发生肺鼠疫、霍乱病例，发病人数以及疫情波及范围达到地市级及以上卫生行政部门确定的一般突发公共卫生事件标准；
（3）因学校实验室有毒物（药）品泄漏，造成人员急性中毒，一次中毒人数在9人以下，无死亡病例；
（4）因学校周边环境污染造成的急性中毒事件，一次中毒师生人数9人以下，无死亡病例；
（5）发生在学校的放射事故，一次放射事故超剂量照射人数10~50人，或轻度放射损伤人数3~10人；
（6）发生在学校的，经地市级及以上卫生行政部门认定的其他一般突发公共卫生事件；
（7）其他虽未达到上述标准的公共卫生事件，均按照一般突发公共卫生事件进行应急反应

应急办公室应及时启动应急预案，按照"统一领导、分级负责，属地管理、分类指导"的原则开展应急管理工作。常见措施有选定医疗救治主场所（驻地医院、校内医院或者附属医院）和附属、备用场所，通知驻地政府和医疗机构，组建医疗救助队伍，组织治疗所需药品器材的供给，划拨或使用专项应急资金，用于增添相关设备，配备所需药品，改善学校卫生基础设施和条件，为全校师生员工提供安全卫生的饮食、用水和洗漱设施，确保学校公共卫生防控措施的落实。

学校发生突发公共卫生事件时，应及时向当地政府和上级教育主管部门（教育厅）报告，接受当地政府应急办公室的统一部署调度，按照分级响应的原则，分别做出应急处理。学校要采取边调查、边处理、边抢救、边核实的方式，有效控制事态发展。当学校不能独立应对突发事件时，可向当地政府请求必要的支持和帮助；学校所在地校外发生突发公共卫生事件时，学校应根据当地政府的应急要求，做好人员进出限制措施，防止校外事件在校内发生。

2. 做好伤者病患的医疗救治

根据病患病理分析，确定事件类别，结合医学常识，确定治疗方案，贯彻"以人为本、生命至上"的原则尽快采取救治措施。与驻地医疗卫生部门加强合作，主动融入驻地医疗卫生体系，发挥校地双方优势，互补互助。

根据公共事件的分类、是否易感、传播速度及死亡威胁等级，确定是

否告知病患家属，若适合陪护和探视的一般性疾病，可告知家属来校；死亡威胁等级高的疫情病种，务必告知家属。向家属通报情况要做好思想工作，稳定其情绪。

应急救治过程中注意做好医护人员的自我防护。

3. 切断传播途径

突发公共卫生事件往往容易传播和感染，根据突发事件的阻断、解耦、转移等原则，要及时隔离病原、防止携带者传播、注意外入感染、限制密切接触者活动范围等。

对中毒类卫生事件，要安排专人负责及时控制毒源，防止外泄。追回已出售（发出）的可疑中毒食品或物品，通知有关人员停止食用或使用可疑中毒食品，停止出售和封存剩余可疑的中毒物品；积极配合公安、卫生检疫部门封锁和保护事发现场，对物品取样，对涉事场所、人员进行致病因素的排查，对中毒现场、可疑污染区进行消毒和处理，对于可疑刑事案件开展侦查侦破工作。

对与肺鼠疫、肺炭疽、霍乱、SARS等病人有密切接触者实施相应的隔离措施，划定隔离区域。按照当地政府和卫生部门要求，认真落实其他紧急措施。

向学校师生通报突发公共卫生事件的基本情况以及采取的措施，寻求师生对应急措施的理解支持，可适当调整教学科研安排（如调停课、放假等），提高师生预防和自我保护意识。

4. 防止次生疫情

按照"预防为主、群防群控"的原则，划定网格，指定责任人，做好防疫消毒等工作，防止发生次生灾害。开展群众教育，群防群治。注射疫苗，发放抗感染药物；做好水源管理，保障师生饮用水安全；更加细致地做好食堂餐厅应急处置事件期间的饮食供应，确保此时坚决不能"病从口入"。班主任或辅导员要做好学生考勤，学校实行院系、班级"零报告"制度和"日报告"制度（一日一报），对重点监测人员实施建档和销号管理。

5. 做好舆情引导和信息报告

及时启动新闻发言人制度，指定专人负责应急期间的舆情（一般由宣传部门负责人出任）。通过网络、纸质媒体等定期召开新闻发布，其他部门和个人未经批准，不得自行向外发布突发公共卫生事件的任何信息。设立发言人制度如下：一是满足公众知情权，实现公众的民主权利，在公众中塑造良好形象，获取公众的参与和支持；二是通过定期发布一些权威的、经过审定的信息来引导公众关注哪些事情，忽略哪些事情，从而引导舆论，防止公众恐慌，回击不正确舆情言论，协调学校与社会公众沟通之间的矛盾；三是可以提高学校在公众中的美誉度和公信力，体现了学校的开放形象和自信。

加强对突发事件的舆情监管。学校网络中心要及时屏蔽或删除一些对学校的不实或失实报道，防止多种声音，在网络上及时回应公众关切，代表学校发出正确的声音。

突发公共卫生事件处置过程也要向上级教育主管部门或当地政府报送进程报告，首次报告讲求"快"，进程报告则要"新"。要报告事件的发展与变化、处置进程、事件的原因或可能因素、已经或准备采取的整改措施、面临的困难和需要支持的领域等。

6. 做好事后恢复和总结

公共卫生事件应急处置完成后，要根据事件进展，科学地、适时地做出终止指令。工作重点转向善后与恢复阶段，首先恢复学校正常教学和生活秩序；积极协调有关部门做好受害人员的善后工作；对因防治传染病停课的教室、阅览室、食堂、厕所等场所进行彻底清扫消毒；因传染病暂时停学的学生，必须经卫生部门确认恢复健康后方可复学、复课；因水源污染造成传染病流行，须经卫生检疫部门检测合格后，方可重新启用。根据调查结果，对导致事件发生的有关责任人和责任单位，依法追究责任。对在预防、报告、调查、控制和处理过程中，有玩忽职守、失职渎职等行为的，依据有关法律法规追究有关责任人的责任。

事件结束后，校应急办公室应向主管部门或驻地政府提交结案报告，结案报告要"全"，一般在事件结束后7～10个工作日内上报。包括事件的基本情况、产生的明确原因、应急处置的过程，各阶段采取的主要措施及其功效、处置过程中存在的问题、困难及整改情况、责任追究情况、偏差失误和错误，并提出今后对类似事件的防范和处置建议等。

【案例 5】2003 年苏州大学抗击"非典"过程与分析[①]

图 3-14　苏州大学（来源于苏州大学网站）

"非典"，传染性非典型肺炎的简称，世界卫生组织（WHO）将其定义严重急性呼吸综合征（Severe Acute Respiratory Syndromes，SARS），是 21 世纪人类所经历的具有全球性危害的第一个传染病。作为典型的突发公共卫生事件，在人类历史上烙下了沉重的伤痕。

2003 年 3 月 15 日，WHO 正式提出 SARS 的概念，4 月 12 日，WHO 将北京列入疫区。随后，北京市启动一级疫情控制措施。4 月 20 日，SARS 被列入我国法定传染病。次日，卫生部由原来 5 天公布一次疫情改为每天公布一次；国务院宣布取消"五一"长假。

4 月 23 日，我国成立国务院防治非典指挥部，吴仪任总指挥，中央财政设立非典防治基金，基金总额 20 亿元；北京市中小学暂时放假两周。其后，北京由于病人增加负担沉重；我国政府关闭娱乐场所，延迟结婚登记，尽最大努力防止人群聚集。

[①]　徐小乐. 高校突发公共卫生事件危机管理 [D]. 苏州：苏州大学，2005.

5月9日，北京新增病例数首次跌破50例；北京市防治非典联合工作小组根据胡锦涛总书记的批示，决定打好五月攻坚战。三天后，《突发公共卫生事件应急条例》出台。

5月21日，WHO对中国的北京、香港特区、广东、河北、内蒙古、山西、台湾、天津几个地区发布旅行警告。5月底，190多个国家在日内瓦世界卫生大会上形成应对SARS决议，视SARS为"21世纪出现的第一个严重的传染病"。

进入6月，中国各省的暴发得到控制，WHO对此表示谨慎的乐观。首都高校出现首批返校的应届毕业生，北京大学人民医院重新向社会开放。6月中旬，WHO对中国的河北、内蒙古、山西、天津四个地区解除旅行警告。6月24日，WHO宣布解除对北京的旅行警告，将中国从疫区除名。7月13日，全球不再增加新增病例和疑似病例，疫情基本结束。

2003年之前，人们谁也没想到中国会出现一种叫作SARS的传染病，更没有想到这种看上去仅仅像是咳嗽、发热的疾病会将一个生气勃勃的中国乃至亚洲搞得人心惶惶，甚至迅速成为全球性公共卫生危机。同时，人们也从来没有像现在这样广泛地谈到许多诸如"公共卫生""突发公共卫生事件""危机管理"一类的问题。

在这场历时两个多月的抗击"非典"的特殊战斗中，高校作为一个典型的公共领域，也同样经历了"非典"的袭击与洗礼。苏州大学坐落于素有"人间天堂"之称的古城苏州，是国家"211工程"重点建设高校和江苏省省属重点综合性大学。其前身为创建于1900年的东吴大学，2003年，学校共有院系25个，拥有各类在校生54000人左右（其中研究生6300多人、本科生26000多人，成人学历教育20000多人，外国留学生900多人），教职工4000余人；时有6个校区，占地面积约127万平方米。

表3-12 2003年苏州大学各校区分布情况

校区	分布位置	院系/在校生数
本部	苏州市十梓街1号	7个院系
东校区	苏州市东环路50号	8个院系
北校区	苏州市干将东路178号	4个院系

续表

校区	分布位置	院系/在校生数
南校区	苏州市人民路 48 号 苏州市竹辉路 62 号	4 个院系
文正学院校区	苏州市吴中区越湖路 188 号	27 个本科专业，6000 多人
职业技术学院校区	苏州市昆山周庄大学路 1 号	19 个本科专业，3500 多人

2003 年春夏之交，突如其来的"非典"灾难不仅严重影响了学校的正常教学秩序，也给学校的管理工作提出了巨大挑战，一度威胁全校师生身体健康和生命安全。苏州大学对这一突发公共卫生事件的应急是可圈可点的。

1. 事件突发初期

事件源起：4 月 30 日，江苏省发现了首例非典病例，患者从北京回江苏南通，属外源性突发公共卫生事件。无疫苗、没有可靠的特异性诊断和治疗方法，甚至对其病原体和传播途径也知之甚少。

对学校的威胁：学校师生员工总数达 54000 余人，六个校区分布在苏州的城区及城乡部；另外，学校有附属医院 5 个（其中 2 个在无锡和常州），见习、实习基地总数达 100 个之多，仅医学类教学实习基地就有 63 个（分布于江苏、浙江、上海、北京等地）。学生分布既有高度聚集性又呈点状散在。人群高度密集，有些学生自我保护意识淡薄，不少学生饮食具有较大随意性，属于传染病高危人群，其造成的社会影响也将比其他社会系统要大；而因实习、旅游等外出的学生由于缺乏更全面的信息，变数更大，威胁更大。

学校初期准备不足：一是时间仓促。从 4 月 14 日北京市启动一级疫情控制措施开始，政府的反应是连续、快速和高速的。这就要求学校能在政府防治"非典"的统一指挥棒下，根据自身实际情况，必须迅速制定、启动应急方案。二是信息少。学校得到的信息不可靠、不完整、不及时：全国此时对非典都知之甚少，学校初期得到的信息更少，而及时、客观、全面、准确地了解公共卫生事件发展的有关信息是学校管理层正确决策的前提。三是经验不足。之前未知病原，事件突发，在制度上没有一套事先拟定的处理方案，没有建立相应的预警系统，也没有可借鉴的案例可循，事先无预案，应对危机所需的人力、物资不知如何调配，学校缺少危机管理的专门人才,也没有在日常管理中实施针对性的应急演练和人员培训,相应的资源不足,无经验。

部分师生行为失范,出现公众恐慌。有些大学生不顾老师劝阻,仓皇返乡;有的无视学校规定,私自归校或离校;有的信谣、传谣,在学生群体中为"非典"推波助澜。校园失去宁静,文化交流受到冲击,正常秩序受到破坏;公众担心 SARS 能否被治疗?倘若有了疑似病例或确诊病例又该如何应对?临近毕业的学生如何处理?见习与实习学生的管理如何加强?学校下一步的教学与科研工作如何安排?这场疫情究竟还要持续多久等。

2. 事件应急管理

面对非典疫情,要求学校必须马上做出决策,针对学校的人员、校区、宿舍、资源分布特点,召开对策会议,做出阶段决策,明确机构设置,人员配置和工作方案,在学校内部迅速组织实施。在抗击"非典"的全过程中,学校共发布相关文件 23 条(见表 3-13);另外,从 4 月 18 日到 6 月 5 日,共发布《苏州大学"非典"防治工作简报》64 期。

表 3-13 苏州大学抗击"非典"期间发文情况一览表

序号	文件名称	文件编号	发文单位	发文时间
1	关于成立苏州大学传染性非典型肺炎防治工作领导小组通知	苏大委〔2003〕31 号	校党委	2003.4.16
2	关于调整和充实苏州大学传染性非典型肺炎防治工作领导小组成员的通知	苏大委〔2003〕35 号	校党委	2003.4.21
3	关于苏州大学非典型肺炎防治工作领导小组下增设有关工作组的通知	苏大委〔2003〕36 号	校党委	2003.4.24
4	关于表彰抗击"非典"工作优秀共产党员的决定	苏大委〔2003〕39 号	校党委	2003.5.21
5	关于表彰抗击"非典"工作先进集体的决定	苏大委〔2003〕40 号	校党委	2003.5.20
6	关于在防治传染性非典型肺炎工作中充分发挥共产党员先锋模范作用的通知	苏大委组〔2003〕20 号	校党委组织部	2003.5.1
7	苏州大学关于印发预防非典型肺炎工作方案的通知	苏大〔2003〕19 号	校传染性非典型肺炎防治工作领导小组	2003.4.22

续表

序号	文件名称	文件编号	发文单位	发文时间
8	苏州大学关于进一步做好预防非典型肺炎工作的紧急通知	苏大〔2003〕21号	校非防工作领导小组	2003.4.23
9	预防"非典"第一号紧急通告	苏大〔2003〕23号	苏州大学	2003.4.24
10	预防"非典"第二号紧急通告	苏大〔2003〕24	苏州大学	2003.4.25
11	预防"非典"第三号紧急通告	苏大〔2003〕25号	苏州大学	2003.4.26
12	预防"非典"第四号紧急通告	苏大〔2003〕31号	苏州大学	2003.5.5
13	预防"非典"第五号紧急通告	苏大〔2003〕32号	苏州大学	2003.5.6
14	关于进一步做好"非典"防治工作的通知	苏大〔2003〕42号	苏州大学	2003.5.27
15	苏州大学关于对"防非"措施作适当调整的通知	苏大〔2003〕46号	苏州大学	2003.6.25
16	关于做好暑期非典和其他传染性疾病防控工作的通知	苏大〔2003〕52号	校非防工作领导小组	2003.6.24
17	关于组织滞留在外本专科学生返校的通知	苏大办〔2003〕14号	校长办公室	2003.5.22
18	关于组织滞留在外研究生返校的通知	苏大办〔2003〕16号	校长办公室	2003.5.29
19	关于放暑假的通知	苏大办〔2003〕21号	校长办公室	2003.6.19
20	关于转发《人事部、监察部关于严肃纪律确保非典型肺炎防治工作顺利进行的通知》的通知	苏大人〔2003〕95号	校人事处	2003.4.24
21	关于印发《苏州大学限制校外人员和车辆进入校园的暂行规定》的通知	苏大保〔2003〕5号	校保卫处	2003.4.24
22	关于印发《苏州大学出入证、胸卡使用暂行规定》的通知	苏大保〔2003〕7号	校保卫处	2003.5.14
23	关于回收毕业生出入证的通知	苏大保〔2003〕9号	校保卫处	2003.6.17

学校的应急处理可分为三个阶段。

第一阶段（4月16日—23日）：方案制定阶段。

（1）学校应急管理指挥中心的设置。4月16日成立"苏州大学传染性非典型肺炎防治工作领导小组"，由校党委书记担任组长；21日实行调整，决定由学校党政一把手共同负责，校党委副书记担任组长，增设相关部门负责人为小组成员。同日，防非工作领导小组召开第一次会议，研究并部署学校预防"非典"的十一条具体措施（简报第二期）；24日，防非工作领导小组再次增设宣传教育组、教学协调组和综合保障组，办公室仍设在党办、校办。

（2）应急预案的制定。4月22日，印发"苏州大学预防'非典'工作方案"，要点如下：

① 成立两级非典型肺炎预防工作领导小组，制定两级工作预案；

② 严格信息报告制度；

③ 加强预防知识宣传和培训，增强防范意识；

④ 加强思想政治工作，维护校园稳定；

⑤ 采取相关措施，有效防范非典型肺炎在学校内的传播；

⑥ 严格落实监控措施；

⑦ 加强对特殊单位（校医院、幼儿园、宾馆、招待所）特殊人群（留学生和外国专家）的预防工作；

⑧ 集中人力、物力，确保预防经费，保证预防工作顺利开展。

（3）信息监测与媒体沟通。4月23日，发布《苏州大学关于进一步做好预防非典型肺炎工作的紧急通知》，就校医院职责、监测点及医学观察室设立、宾馆接待、校园安全、对外交流等明确要求；同时，成立"苏州大学关于防治非典型肺炎工作督察组"、简报刊发学校预防"非典"工作宣传提纲。

第二阶段（4月24日—5月26日）：方案实施和全校警戒防范阶段。

（1）启动预案。用紧急通告（见表3-14）的形式，具体组织并补充实施苏州大学预防"非典"工作方案。

表3-14 苏州大学预防"非典"紧急通告内容要点

紧急通告	内容要点
第一号	开辟医学观察区，做好沟通工作
第二号	学校进入相对封闭管理状态，限制外来人员、车辆入校及师生离校
第三号	调整"五一"假期安排，进一步严格监控措施
第四号	贯彻执行防非的各项政策，设立单位、领导和个人的责任追究制
第五号	外地归来师生的隔离施行，学校实行半封闭管理

（2）分级管理。各院系及有关单位在学校统一部署下，成立本单位防治"非典"领导小组，制定针对本部门的防"非典"工作计划，建立24小时值班制度，严密监控。

（3）分类管理。教务处、研究生处、学生处、继续教育处、资产与后勤管理处等重点职能部门根据防治"非典"要求，服从全校抗击"非典"大局，对本部门工作计划进行调整并组织针对性实施。

（4）信息报告。印发《苏州大学防治"非典"宣传教育工作方案》，明确宣传教育的重要性及主要方式和途径，建立信息员制度。

（5）检查督察。学生工作处颁布《苏州大学防治"非典"时期学生行为规范暂行条例及违反处分办法》，违反条例的受处分学生不得参加当年的评奖评优。

（6）积极沟通。放射医学与公共卫生学院推出国内高校最早设立的抗击"非典"专题网站；教育学院组织了全国第一次"非典"心理恐慌调查，编写了测试软件，积极投入使用。

（7）生命科学学院生物技术研究所集中力量进行"非典"抗体研究。

第三阶段（5月27日至6月底）：调整及恢复阶段。

（1）应急管理阶段调整。5月27日，学校发布《关于进一步做好"非典"防治工作的通知》，要点为：

① 确立长时期抗击"非典"的思想，坚持不懈地抓好防控工作；

② 根据疫情发展状况，逐步放宽对校园的封堵管制措施；

③ 适时调整工作机制和方法，夺取防治"非典"和教育发展的双胜利。同时，学校已发布的预防"非典"第一到第五号紧急通告从即日起停止执行。意味着学校的防治工作进入调整期。

（2）确定恢复对象和步骤。全面部署组织滞留在外本专科生、研究生返校工作，各院系、各部门工作调整、恢复。

（3）恢复管理。6月25日发布《苏州大学关于对"防非"措施作适当调整的通知》，进行调整恢复。6月底校党委表彰抗击"非典"工作先进集体。

3. 事后总结

（1）学校应急管理需要一个指挥系统。苏州大学防控"非典"的反应是迅速的，从防非工作领导小组的设置、调整和运转，其间的过程是短暂的。从组织分工、命令传达、布置实施到督察检查，作为学校的指挥中枢，防非工作领导小组树立了权威，他们的积极应对是学校取胜的关键。防非工作领导小组担当了应急管理小组、应急指挥中心和事件恢复管理小组的多重角色，建议高校要成立应急管理办公室，作为学校的常设机构，人员可专兼职组合。

（2）建立突发事件应急信息网络。严格信息报告制度，学校建立了24小时值班制度，坚持疫情"日报告"和"零报告"制度；各院系、各部门、各直属单位预防非典型肺炎工作领导小组将疫情信息和工作动态以书面形式每天下午固定时间内向学校预防工作领导小组办公室汇报，保证了学校整体信息的准确性和时效性。信息是决策的前提，对危机信息的研究、识别及整合在任何情况下都是计划、方案出台的先导。高校的宣传部门、网络中心等部门在平时要有专门人员通过一定方式负责信息采集与处理加工，为校领导的管理决策提供准确的信息平台。

（3）积极沟通。苏州大学印发了《防治"非典"宣传教育工作方案》，建立了信息员制度，校内沟通以会议通报、文件、防治工作简报等形式，使学校防治工作的动态能广为所知；学生层面上通过"院系党委副书记—辅导员（班主任）—学生骨干—学生"的模式形成链式信息传递；校外沟通方面注重与学生家长联系，与各见习、实习点也做到保持每日一报，也没有发生媒体不实报道。充分发挥了计算机网络的沟通作用。

（4）注重细节，张弛有序。应急工作千头万绪，学校充分发挥各学院、职能部门的积极性，鼓励各单位、部门工作创新，注重抓细抓小。如后勤处对隔离观察的师生提供宾馆房间，送去报纸、学校工作简报，并有院系领导、学生干部及时探望；保卫部门对不同校区的学生胸卡采用不同颜色；校医院工作区域对发热师生配发口罩等。在应急初期和方案实施期间，"非典"防治工作领导小组呈高速运转状态，会议、文件发布、简报的密度都很高；要求各院系、各部门、各直属单位每天上报疫情信息和工作动态，领导小组当日会商、当日通报。在调整恢复阶段，一方面对"非典"的防治进行适当调整，但并不全然放松戒备；另一方面对返校学生的安排显得从容有序，各项恢复工作按部就班。

（5）建立突发事件应急预案。苏州大学预防"非典"工作方案体现了危机预案管理的部分要求，如对危机管理进行了机构分级，有针对"非典"的相关预防和监控措施，重视应急知识的宣传，确定了防治对象的重要性排序，构建好后勤服务系统等，同时要求各院系、部门结合本单位特点制定部门应对处置预案。应急管理预案的制定要体现一定的专业性，充分运用应急管理和公共卫生突发事件的理论和实践，使预案科学化、合理化、实效化，及时地对预案、方案进行必要的修订和调整。加强人才培养，开展应急培训、演练等。

(6) 建立应急激励机制，奖优罚劣。面对"非典"危机，学校领导没有慌乱，而是以一种沉着镇定的姿态面对。在学校领导坚强有力的指挥下，全体师生发挥了主观能动性，组织部门发文要求在防治"非典"工作中共产党员要充分发挥先锋模范作用（苏大委组〔2003〕20号），团委要求广大团员增强团员意识，学生管理中充分调动专职学生干部及辅导员的积极性，对班级形成网络式管理，从根本上保证了防治工作的顺利进行。广大师生做到了不信谣、不传谣，积极呼应学校的各项管理措施，众志成城，共击病魔。事后，学校对应急工作中表现突出的单位和个人进行了表彰。对师生中明显违反学校规定的行为或因工作处置不当造成严重后果的，立即免除单位有关党政领导职务，颁布了苏州大学防治"非典"时期学生行为规范暂行条例及违反处分办法，防非期间共对7个院系16名学生做出了警告、记过等处分。

【案例启示】

根据苏州大学应对"非典"疫情的各项措施，高校在思考突发公共卫生事件的应急管理工作时，可参考以下思路制定相关措施：

(1) 学校是否设有应急管理办公室，若没有，应该马上成立。

组长：校长

副组长：分管工作的副校长

成员：校办公室（总体协调）负责人、宣传部（新闻发言人）负责人、学生处团委（学生层面的组织协调）负责人、后勤处（应急物资资源等调配）负责人、校医院或附属医院负责人（救护主要力量、场所）、网络中心（网络舆情引导监控）负责人等。

值班室：校长办公室，办公地址、电话。

(2) 学校是否有突发公共卫生事件的应急预案？

若没有，应该立即制定。其他类别的预案不能等同于该类预案。

若有，是否经过演练？若没组织过，应每年不低于2次进行模拟演练演习。

预案是否考虑过不同卫生事件的特殊性？若无，应该分类区分，如食物中毒与非典的预案就不应通用。

（3）是否有信息收集渠道或网络？

若无，应该立即建立。

若有，通畅与否？谁负责报送、谁负责收发、联系方式如何、谁负责整理上报、纸质版还是电子版、如何做到信息公开和必要的保密、报送时限有无要求、延误了如何处置责任人？

（4）应急资源状况如何？必要的药物、器材、设备有吗？缺什么？采购计划如何安排？资金是否有专项，有无固定来源？应急资源在哪里存放，哪个部门负责管护？有哪些社会资源可以征用？社区驻地医院情况如何？分级诊疗实施效果如何？

（5）是否定期开展应急教育培训？若没有，应抓紧安排。结合教学方案和第二课堂活动，在师生中广为宣传突发事件和应急管理的常识，开展救灾、防灾、减灾知识的科普活动，进行应急逃生救生演练。

（四）社会安全事件

高校突发社会安全事件是指在高校范围内或与高校相关的突然发生的，违反国家法律或治安管理处罚法等相关规定的行为。校园人群密集，社会关注度高，与社会关联度更高，因此极易导致事态加剧、扩大、蔓延，危及人身安全或扰乱、破坏高校稳定秩序，产生较强烈的社会影响。常见的有刑事案件、经济安全事件（生活必需品供给事件、粮食供给事件、能源资源供给事件）、涉外突发事件（外籍教师、留学生事件、出国师生的各类事件等）、涉政群体性事件（上访、聚集、示威、游行、绝食、静坐、请愿等）、民族宗教群体性事件、影响校园安全稳定事件（打群架、校园网上串联、因煽动和蛊惑造成校内人群聚集规模迅速扩大并出现多校串联、试题泄密、教育考试安全事件等）、其他新闻舆论事件、旅游突发事件等。

高校突发社会安全事件主要包括突发性、种类多样性、应急紧迫性、社会敏感性高、危害性大等特点。处理不好，容易引起社会连锁反应；处理得当，有可能化危为机，提高高校美誉度。

高校社会安全事件的应急管理考验的是高校是否事先有应急预案。[①] 凡是有预案的高校应对突发事件时一般显得有备无患，相对从容，否则就是眉毛胡子一把抓，忙乱无序，甚至越忙越乱。

【案例6】 马加爵事件[②]

2004年寒假期间，云南某大学学生马加爵与留住宿舍的同学打牌，因受不了同学讥讽，对同学心生怨恨，遂动了杀人的念头。为了实施杀人计划，他在网上查阅了许多资料，购买了铁锤，还买了黑色塑料袋、胶带纸等作案工具，并上街找制证窝点制作了假身份证，以备出逃时使用。2月13日晚（寒假期间），马加爵趁同学唐某不备，用铁锤将其砸死后，用塑料袋扎住唐某的头部藏进宿舍衣柜锁好，并认真处理好现场。14日晚，在同学邵某洗脚的时候，马加爵用铁锤将邵某砸死。15日中午，马加爵正在宿舍里处理杀死邵某留下的血迹时，同学杨某来宿舍找马加爵打牌，已经杀红了眼的马加爵做贼心虚，一不做二不休，用同样手段夺走了杨某的性命。当晚，马加爵找到同学龚某，骗其说去自己宿舍打牌，并将其杀害。

2月23日，新学期开学报到，部分学生发现马加爵寝室散发出臭味，且没人进出，随即报告了宿舍管理员，管理员喊了保安一起查看，才发现多名学生被害，立即报警。

2月23日，云南省昆明市公安局接报后，在学生公寓一宿舍柜子内发现4具被钝器击打致死的男性尸体，4受害学生均为马加爵的同学。

2月25日，云南省公安厅发出A级通缉令，悬赏18万元人民币捉拿凶杀案犯罪嫌疑人马加爵。

2月26日，广西壮族自治区公安厅发出通缉令，并悬赏5万元捉拿马加爵，警方查明马加爵为广西壮族自治区宾阳县宾州镇人。

3月1日，公安部发布A级通缉令，通缉在逃杀人犯罪嫌疑人马加爵。公安机关悬赏20万元人民币在全国范围内公开通缉，并针对马加爵在全国

---

① 陈玉芳. 情景应对型高校社会安全突发事件应急准备体系构建研究［D］. 中国科学技术大学，2017.

② 李玫瑾. 马加爵犯罪心理分析［J］. 中国人民公安大学学报，2004（03）：110-115.

开展大排查。警方查明，2月15日，马加爵曾在云南省工商银行汇通支行学府路储蓄所分两次提取了350元和100元人民币现金；2月8日至13日以及2月15日马加爵上过互联网，查询江西省赣州市、湖南邵东县和广州市等地的地理、交通、就业等情况，并浏览了有关身份证的制作、核查等有关规定，访问过互联网上"公安部""广西壮族自治区公安厅"等网站，上网时间集中在23时至次日7时。

3月12日，广东省公安厅转发公安部查缉马加爵线索的通告：警方调查发现，马加爵极可能于2004年2月17日下午乘火车离开昆明前往广东。

3月15日晚7时30分左右，马加爵在海南省三亚市河西区落网。

4月22日，昆明市中级人民法院公开审理了马加爵涉嫌故意杀人、附带民事诉讼一案，并于4月24日作出刑事附带民事判决，认定马加爵犯故意杀人罪，判处死刑，剥夺政治权利终身；判令马加爵赔偿附带民事诉讼原告人李某等6万元。宣判后，在法定期限内，马加爵没有提出上诉，昆明市中级人民法院即依法报送云南省高级人民法院核准对马加爵的死刑判决。

6月17日上午9时，云南省高级人民法院裁定核准了昆明市中级人民法院以故意杀人罪判处马加爵死刑，剥夺政治权利终身的刑事判决。宣判结束，马加爵即被押赴刑场执行死刑。

【事件分析】

马加爵事件让涉事的云南某大学身处风口浪尖。从应急管理的规律和理论上来讲，高校在这件社会安全事件（刑事案件）中至少有以下方面值得反思：

一是学校未在第一时间发现案情，反映出对学生的日常管理较为松散。从2月13日马加爵第一次实施杀人计划到2月23日校方报警有10天时间，从出逃（2月17日）到发现也有6天时间。适值寒假，学校未完全掌握留住人员的情况，学生报到（21日）3天后才发现宿舍异常，反映出对留住宿舍学生的管理比较松散，未落实日报告制度。

二是未建立突发事件应急预案。出现这样重大的刑事案件，除配合公安机关全力破案外，高校在消除事件对学校的影响方面也做了一些工作，但事前缺乏预案，显得被动。如对待案发宿舍及班级同学的影响方面，校方在 2004 年 8 月 24 日才对案发宿舍紧邻的几个宿舍进行了清空、查封，未让周边宿舍的学生在第一时间隔离事发环境。

三是对特殊群体学生的心理健康关注不足。早在 2001 年，该校成立了心理健康咨询中心，有六七名兼职老师，案发后增加了三名专职老师，但学校对于心理扭曲、有异常倾向的学生掌握不足。事后，云南省教育厅更是启动大学生心理健康普查项目，首次为 10 万高校新生建立心理档案。马加爵事件也一度引起了全国许多高校对大学生心理问题的重视。

四是应对新闻媒体不力。事件发生后，关于马加爵的学籍信息、同学关系、在校表现、家庭背景、遇害同学的家庭状况等一时成为舆论焦点，许多媒体记者进校采访，学校坚持由公安机关对案情作唯一的解释和说明，这是对的。但校方应就一些有关学校的不实言论和失实报道予以澄清，及时发出校方的声音而非任由其"发酵"，如马加爵在校受资助情况、评优获奖情况、与同学的日常关系等，学校掌握第一手资料，应该能回击一下不实之词。

【结论】

重大刑事案件发生后，学校应在第一时间向当地公安机关报警，向当地政府和上级主管部门报告，并立即启动本校社会安全突发事件的应急预案，学校的角色是配合公安机关侦破案件，安抚师生，稳定教学秩序。案情通报由公安机关发布，高校不得妄下结论、私下推断。但高校应及时向社会公众转发公安机关的案情通报。

【案例 7】 学生打群架事件

山东某高校是 2001 年合并成立的一所综合性大学，该校自 2004 年开始与新疆维吾尔自治区教育厅合作，为新疆定向培养民族学生。2004—2008 年，分两批为南疆四地州培养了 343 名少数民族专科层次汉语师资大学生。

2005 年 6 月 27 日 22 时 40 分，该校外国语学院 2004 级英语教育专业新疆民族定向班的两名女生外出返校，在学校西门下车后，两人步行准备到校门对面的商店买饮料。当走到路西侧桥边时，一名女生遭到四名男青年（未确定是否为在校学生）的无辜殴打。其间，另一女生到附近网吧找同学求助未果，返回打人现场时，4 名打人青年已经跑到路东边，翻墙进入学校。随后，两名女生向派出所报警，并随警车沿途进行搜寻，未找到肇事者。两人便要求民警送她们回到 8 号宿舍楼，在 8 号宿舍楼下，被打女生认为殴打她的四名青年是体育学院学生，并将此事告诉了几名新疆籍男同学。于是，外国语学院新疆籍学生（住在 8 号公寓）以及后来参与的数学信息与科学学院新疆籍学生（住在 18 号公寓）赶到体育学院学生所住的 22 号公寓找人讨说法。部分学生持拖把杆、板凳腿等打砸 22 号公寓楼前的摩托车和自行车，另有部分新疆籍学生进入 22 号公寓并与体育学院的学生发生争执，继而发生群体性斗殴。体育学院十几名学生被打伤，新疆籍学生吐某也被打伤。后新疆籍学生逐渐撤出 22 号公寓。该公寓管理员在劝阻体育学院学生不要走出公寓的同时将公寓门锁上，以防事态扩大。在新疆籍学生退出 22 号公寓后，楼上的体育学院学生开始从楼上向下扔板凳、暖瓶等物品击打楼下的新疆籍学生。由于体育学院学生在斗殴过程中多人被打伤，所以一些学生情绪激动，要找新疆籍学生报复，数十名体育学院学生手持拖把杆、板凳腿等集中在公寓楼门内，与新疆籍学生形成对峙。此间，体育学院学生会的学生干部虽进行了劝阻，但未能控制局面。情绪激动的体育学院学生杨某手持板凳将已经上锁的 22 号公寓门玻璃打破，体育学院学生一拥而出，并在楼前再度与新疆籍学生发生冲突。新疆籍学生跑后，体育学院学生聚集了数百人要找新疆籍学生报复。在体育学院老师的劝阻下，部分学生回到宿舍，另有几百人来到 18 号公寓楼，由于公寓门已上锁，学生朝新疆籍学生住的宿舍里扔了一些杂物并将公寓大门玻璃打碎，后经劝阻，没有冲上公寓楼。随后，体育学院学生数百人又赶到 8 号公寓楼，砸开楼门强行冲进公寓，闯入新疆籍学生宿舍打人和打砸室内物品，新疆籍学生多人被打伤，宿舍内的衣橱门、窗户玻璃及部分电脑桌等物品被砸，另有部分新疆籍学生的书本、衣物等用品被扔到楼下。在学校领导、老师的制止下，体育学院学生陆续撤出 8 号公寓。其后应学校请调的公安人员赶到现场，采取了隔离措施，控制了事态发展。

【事件应急处理】

由于当时正值毕业季，事发当晚学生晚自习结束后返回宿舍，因此造成许多学生围观，致使场面比较混乱。事件发生后，该校有关校领导，有关部门、学院负责人及时赶到现场，采取果断措施，控制事态发展，并同时电话向省委高校工委、所在地市的党政领导做了汇报。省委高校工委负责人连夜赶到该校，地方政府党政领导及时到达现场参与事件处理，事件迅速得以平息。此次事件未造成人员重大伤害，但有11名学生受轻微伤，连夜送往医院，经治疗后陆续返回学校。

事态得到控制后，该校立即成立了由校党委书记任组长的事件处理工作领导小组。领导小组初步认定这是一次由于学生之间偶发性的摩擦引发的打架事件，但事关鲁疆两地，带有民族性，处理起来无经验，须及时汇报。随后，学校在省委高校工委的领导下和市委、市政府的大力支持下，积极开展事件调查处理工作。

6月28日凌晨，学校党委紧急召开全校各学院党政主要负责人会议，对情况做了通报。校领导要求各学院领导班子成员及学生政工人员进驻学生宿舍，向学生通报情况，做好引导和教育工作，确保学生思想稳定。会后，体育学院及民族班学生所在学院领导、部分任课教师和学生政工人员进入学生宿舍分头做好学生思想工作并安排24小时值班，重点做好体育学院及民族班学生的稳定工作。6月28日早上，为确保民族班学生的安全，民族班学生所在学院还组织人员分头给民族班学生送饭并做好他们的情绪稳定工作，民族班学生情绪逐渐稳定下来。

28日上午，学校积极配合所在地市公安部门，做好舆情引导，展开调查取证。同时，采取校园内加强巡逻、重点部位（民族班学生宿舍楼等）加强保护等措施，加强校园安全保卫工作，避免引发新的事端，确保师生正常的工作、学习、生活秩序。

28日上午，学校及时向省委高校工委书面汇报了打架事件的有关情况。同时，通过电话、传真等形式向新疆维吾尔自治区教育厅就事件情况进行了初次汇报，并就事件处理工作与自治区教育厅有关领导进行了沟通，学校的处理工作得到了自治区教育厅领导的理解和肯定。同时，学校安排分管学生工作的副校长专门负责与自治区教育厅的联系和沟通，接受民族班学生家长的电话咨询，并向他们做好解释工作。

6月28日下午，学校党委召开有关部门、学院主要负责人会议，了解事件处理进展情况以及毕业生离校、在校生考试等有关工作的进展情况，对学校下一步的工作进行了部署。一方面要求做好毕业生离校等正常工作，另一方面要进一步深入细致地做好学生思想政治工作尤其是体育学院学生和民族班学生的思想教育工作。同时，学校对民族班学生的学习、生活及暑假离校工作作出了周密安排。

28日下午，市领导等在学校听取了事件处理情况的汇报，了解学校各项工作的进展情况。市公安局有关人员介绍了事件调查取证工作的初步情况。市里要求要进一步做好学生的思想政治工作，尤其是民族班学生和体育学院学生的思想工作；学校保卫部门和市公安部门要密切配合，进一步加强校园安全保卫工作；学校和市公安部门要积极做好舆情引导工作，尤其是对网络信息进行监控；公安部门要认真做好事件的调查取证工作。通过扎实有效的工作保证学校师生正常的工作、学习、生活秩序。

28日晚，学校召开党委常委会，通报事件处理进展情况，并根据市委的工作部署，常委们进行了明确分工，就学生思想教育、校园安全保卫、事件调查取证、网上舆情引导、后勤保障等工作分五条主线进行事件处理工作，同时保证学校其他工作的正常运转。

通过扎实有效的工作，体育学院学生及新疆民族班学生的学习、生活秩序恢复正常。同时，毕业生离校等学校其他工作按原定计划顺利进行。

29日上午，学校将事件处理的进展情况书面向省委高校工委进行了二次汇报。

29日上午，学校领导和学生处有关负责人召集因放暑假按原定计划即将于当天离校返乡的数学与信息科学学院的83名民族班学生（未参与此次打架事件）开会，就打架事件的基本情况、学校的基本态度、采取的措施进行了通报，并对他们提出了要求。同学们表示了对事件发生后学校所做工作的理解与认同。会后，学校安排2辆大客车，由该学院分管学生工作的党总支副书记带队，将83名民族班学生送至济南火车站，提前离校返疆。

6月30日下午，市领导又来到学校了解事件处理工作进展情况。市公安局有关人员重点通报了调查取证工作的新进展。市委要求要高度重视此次事件带来的影响，坚决维护校园安全稳定，并对尽快完成调查取证工作进行了重点部署。

7月1日，学校召开有关部门、学院负责人会议，对定于7月3日和5

日离校的外国语学院民族班学生（含参与打架的民族学生）的思想教育工作和离校工作进行了重点安排；要求外国语学院和体育学院再次召开班子会议和教职工会议，进一步统一思想，提高认识，对事件进行反思。同时，尽快将学校事件处理工作的进展情况向新疆维吾尔自治区教育厅进行汇报，便于自治区教育厅做好返乡民族班学生及其家长的工作。

体育学院、外国语学院班子成员及学生政工人员通过多种方式进一步加强对学生的思想教育、法制教育和校规校纪教育，组织学生进行深刻反思，积极配合公安机关进行调查取证工作。

7月2日，该校9000余名毕业生的离校工作已顺利完成，在校生考试等工作正在有条不紊地进行，假期工作也已作了安排部署，全校师生员工思想稳定，各项工作秩序井然。之后学校向山东省委作了事件的详细汇报。

11月8日，新学期开学后，学校在调查事实清楚的前提下，依据公安机关的调查询问记录，对梁某等12名学生予以警告至留校察看等相应的纪律处分。

【事件反思】

作为偶发事件引起的突发群体性事件，该事件经历了发生、发展、演化、激化、处置、平息、恢复几个阶段。在发生阶段，被打新疆女生的不确定性判断（认为打人的四位男青年既然翻墙进入校园，一定是在校生，从那个位置看，臆断是体育学院的男生），耦合了新疆民族班学生"人在外地，必须抱团才能不吃亏""男生有义务为女生出气"等因素，引起了新疆籍学生集体盲目地找寻体育学院学生殴打的局面。在发展阶段，体育学院学生被几个新疆男生打伤这一事件，又耦合了平时"体育学院学生不能吃亏""打人的不是个别人，而是所有新疆人"的判断，致使事件进一步扩大。而此时学校的学生工作机制并未有效预知或发现这一事件，现场的公寓管理人员只是锁门想阻断双方对峙的态势，情绪激动的体育生最后冲出公寓（阻断失效），找新疆籍学生居住的两栋公寓，无固定目标地实施了报复性打砸，引起事态扩大。

应该说，学校领导层在得知信息后，迅速协同公安力量，对出事地点进行了阻断，对受伤学生进行了第一时间的救护。最庆幸的是该事件未出现人员死亡。并且，学校及时将这一事件上报省主管部门以及新疆维吾尔自治区教育厅，积极配合地方政府介入平息事件，体现了多方协同。在平息事件过程中，安排调度合理及时，重视了网络舆情的引导和掌控，安排教师辅导员进驻公寓值班，对相关学院的学生并未轻率做出处理，先保证了正常教学秩序和放假前工作的有序进行。事后，在调查清楚的基础上，对相关人员给予纪律处分，有理有据，很好地平息了事件。几点经验如下：

（1）及时报告，取得社会支持，未使事态扩大。事件发生时，学校保安、辅导员第一时间赶到现场，学校及相关学院领导也及时获取了信息，但当时的事态难以控制，遂调请了公安机关的支持，有效地控制了局势，未使事态进一步扩大。事件初知后即向鲁、疆两地教育主管部门做了汇报，取得了上级部门的理解和支持。

（2）未重视网络信息宣传，曾使工作陷于被动。28日晨，全国各大论坛，均有该事件的报道，并被疯狂转载，有消息声称学生死伤无数、武警开枪伤人等，一时谣言四起，学生家长纷纷打电话讯问子女的情况，校园内也一度恐慌，社会穆斯林也十分关心新疆学生的安全。此时学校未完全弄清楚事件起因，对人员受伤轻重程度也无法判断，初期并未及时澄清谣言，也未安排发言人就事件调查进展向社会公众通报，对网络上的信息也是听之任之。但学校在基本清楚事件缘由后，学校领导责令网络部门及时封堵校园论坛的相关帖子，对社会上已经散布的谣言予以澄清。

（3）校方虽未成立该类事件预警机制，但处理果断。该事件发生时，学校并没有发生过类似事件，由于新疆学生系对口培养的民族生，牵扯到民族工作，因此，学校处理十分慎重。事件过后，学校专门研究，不光针对民族问题，提出了学生群体事件的应急预案。

（4）善后工作令人满意。待基本清楚事件缘由后，学校领导及时做好学生伤员的救治工作，责令相关学院领导负责进一步调查同学参与情况，掌握学生动态，通知网络部门及时向社会公布事件真相。处理了21名主要肇事学生（含新疆籍学生9人），处理进程报告和善后报告也比较全面及时。并在全校开展安全稳定教育，收到了很好的效果。

【经验梳理】

社会安全事件发生后，学校应在第一时间向当地公安机关报警，向当地党委政府和上级主管部门报告,并立即启动本校社会安全突发事件的应急预案,自主或协助公安机关及其他相关部门采取下列一项或多项应急处置措施:

(1)对严重危害师生员工生命安全的突发事件,要全力配合有关部门第一时间挽救和保障师生员工生命和财产;

(2)对师生参与社会群体性事件的要立即组织力量进行劝阻或带离现场;

(3)对可能影响师生情绪并引发群体性事件的矛盾和问题,相关负责人要第一时间到场,立即动员组织党员、班团干部、班主任、骨干教师和学生工作人员深入师生开展教育引导和必要的心理咨询工作,化解矛盾,稳定和疏导师生情绪;

(4)加强对易受冲击的重点单位、重要场所的警卫,在校园通信、广播、有线电视、涉外区域等校园重要部位附近设置临时警戒;

(5)封闭有关场所、对有关道路实施交通管制,查验现场人员的身份证件,限制整个校园或有关区域内的活动;

(6)对特定区域内的建筑物、交通工具、设备、设施以及水电热气的供应进行控制,必要时依法报请有关部门对网络、通信等进行管控;

(7)维护现场治安秩序,妥善解决现场纠纷和争端,控制事态发展;

(8)严重危害校园和社会治安秩序的事件发生时,应报请公安机关立即依法出动警力,根据现场情况依法采取相应的强制性措施,尽快使校园或社会秩序恢复正常;

除上述措施以外,还可以采取法律、行政法规和规章规定的其他必要措施。

四、加强校地联动,打造平安校园

高校坐落在地方,其安全稳定受到其周边自然、人文与社会环境的影响。随着高校去围墙化,多数高校成为区域开放式的组织机构。高校附近网吧、电影院、KTV、游戏厅、宾馆等场所因大学生这个特殊消费群体的存在而不断涌现，使高校周边治安环境日趋丰富化和复杂化，不仅对大学生正常学习生活造成滋扰，还可诱发治安、刑事案件。高校发生突发事件，一是因为校内因素影响，二是因为校外因素影响。高校周边环境如不科学管理，将可能危害师生。为此，高校应从周边治安环境、安全隐患现状出发，与公安、工商等部门联动，形成群防群治网络，列出重点，制定整改方案，加大综合治理力度；采取学校自查和集中排查的方式，定期或不定期地实施治安隐患排查，采取有效对策，为师生营造平安和谐的校园周边环境。[①] 政府危机管理的法律法规也要求重视属地高校领域的突发事件。因此高校应该重视与属地政府间的合作与沟通，要建立校、地联动机制，明确责任分工[②]。政府应在政策、舆论、财政扶持、救援等多方面支持高校应急管理工作，协调工商、公安、食品等多部门努力为高校营造一个良好的外部环境。高校应发挥智库、高层次人员密集等优势，为地方提供更多支持。

高校要加强校园治安内部治理，尤其是针对学生公寓、教室、食堂、图书馆等关键场所建立风险排查机制，做好动态巡视管理，同时加大资金投入，加强硬件防范和技防建设。与所在地政府共同构建安全防护网络，包括突发事件的信息报告制度、应急资源共享制度、合作应急演练制度等。

（一）联合开展好市民安全教育

打造平安校园，要在市民教育上校地联动。政府开展应急安全教育，要把高校师生纳入受教育范围。要教育市民和广大高校师生坚定共产主义理想信仰，要重视意识形态领域的安全，要让社会主义核心价值观入脑、入心，牢固树立中国特色社会主义道路自信、理论自信、制度自信和文化自信。要教育市民防火、防盗、防毒、防诈骗，要加强珍爱生命教育，关爱青少年和妇女儿童健康。

---

① 卢文刚，梁玉婵. 和谐校园视阈下高校突发社会安全事件预警管理研究——基于广东高校的分析 [J]. 人力资源管理，2013（07）：182-186.
② 张帆，陆琼. 地方高校、政府、社区共创"平安校园"模式选择与实现路径研究 [J]. 法制博览，2018（04）：46-47.

但目前许多的"教育"和"措施"大多还是流于形式。比如一些学校进行的"消防演练",除了全体学生在统一指挥下从教室里"逃离"到操场上之外,其他的"演练"几乎就是学生在"看戏"——有的请来消防救援人员演习、有的让教师演练,学生基本连"摸一下"的机会也没有,更谈不上动手操作了。万一灾害降临,绝大多数学生还是不能进行有效的自救,他们不会使用灭火工具、不会爬云梯、不会为伤口进行包扎……而对更多的市民来说,由于常年平安环境下形成的麻痹思想,仅靠一些宣传海报和流于形式的措施制度是很难引起足够重视的,如今绝大多数家庭没有急救和防灾所必备的用品,比如包扎器材、止血药品、手电筒、绳子、应急用的食品和饮用水,更多的人完全不懂急救常识,根本不懂得如何使用消防器材,如何安全防范和自救、如何应对危急情况。社区开展的教育大多数是针对火灾的,事实上,针对不同的灾难降临,应该采取的应对措施是不同的——火灾到来的时候,应该以最快的速度逃离现场;地震的时候房屋扭曲出不去,要学会在墙角边和桌子下进行躲避、爆炸的时候要学会迅速趴下、毒蛇猛兽咬伤或遇到车祸的时候要学会及时包扎……如今大家都在演练火灾快速逃生,如果灾难不是火灾,而是地震、坍塌或者爆炸之类,如还沿袭火灾的自救办法,就会造成不应有的更大伤亡。也就是说,按照目前的情况,一旦灾难真的降临,依然会出现许多难以想象的后果。制度和措施需要制定,宣传海报需要张贴,但我们更需要有具体的落到实处的措施来进行有效的安全教育。

上海"11·15"特大火灾(2010年)发生以后,各级政府对市民的安全教育都特别重视,先后细化并落实了各级各类的消防安全制度和措施,并在明确责任意识等方面制定了许多细则。

一是制作必要的宣传手册。在宣传方面,除了广播、电视等媒体宣传以及张贴宣传海报等形式外,建议政府印制专门宣传手册,对于火灾、水灾、地震、车祸、触电、爆炸、虫兽咬伤、高空坠物、房屋倒塌等危及人身安全的常见灾难进行简易的防范知识介绍,并针对不同的灾难介绍不同的简单易行的自我急救办法。宣传手册应该送到每家每户,并利用居委会、单位、学校进行学习演练,让每个人都能有实践操作的机会。

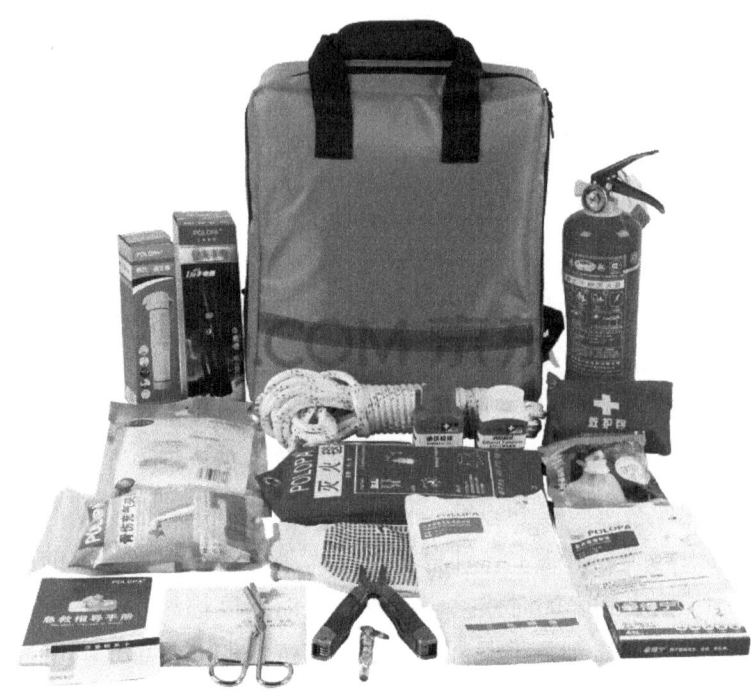

图 3-15 某款家庭用急救包

二是鼓励家庭和私家车配备急救包。建议要求每个驾驶员车内必备急救包、每个家庭必备急救包，里面配备必要的急救用品和药品，配备的有些物资建议由政府出资，如统一款式的包，里面必备的绷带、药棉、绳子、手电筒等。其他需要定期更换的物品可以有居民自行配备（如饮用水、急用食品、电池等），鼓励家庭配备小型的灭火器材。

三是防灾训练落实到每个人。可以通过各级政府相关部门，把防灾训练落实到每个人。对企事业单位和学校师生进行急救训练的做法很有必要，但更要落实到每一个人。每个人都要学会如何使用悬挂在单位醒目位置的灭火消防器材，每个人都要学会针对不同灾难进行的简单自救办法。有关部门要建立抽查制度，不能仅仅靠"观赏"进行"演练"，避免到关键的时候很多人依然成为"盲人"和"傻人"，在灾难一旦降临的时候措手不及。

高校要发挥专家学者的特长和优势，为市民教育提供师资，定期派出教师参加讲师团，宣传党的理论政策，宣讲安全教育。要立足校园网络，科学合理引导校园舆论,加强网络主流舆论阵地建设,把高校网络舆论引向积极健康的轨道。

(二) 共同维护交通安全

高校的校园交通管理,要主动融入市区大交通。从规划到出行,实行属地一盘棋,与属地交通部门一起筑牢交通安全防线。[①] 政府要重视和加强高校园区周边的道路、桥隧等交通规划,校区联通校内外的道路路口,要设置信号灯和监控设备。师生驾驶机动车出行要遵守交通规则;校外车辆进入校园,要服从高校保卫部门的管理。高校要充分发展智能交通,推进管理自动化,可启用智能门禁管理系统,充分发挥其信息化、稳定、反应灵敏等优势,实现车辆管理信息化、改善校园交通状况、控制外来车辆等功能。要实现校内监控系统全覆盖,通过 24 小时的监控、抓拍,实时记录各种交通违法行为,为校园内盗窃等治安案件提供线索。高校要优化校园交通基础设施,改进校园道路设计,实施道路分流规划,对道路实施限速、交通导向等管理,改善校内居住、出行环境。

图 3-16 安徽大学校门实行门禁系统 (2015 年)

---

① 安春元.“总体国家安全观”下的高校平安校园建设探索 [J]. 学校党建与思想教育,2016 (18):64-66.

高校师生若发生道路交通安全事故，无论在校外还是在校内，首先，要尊重生命、以人为本，及时向公安机关（交警）报案，然后拨打120把伤者送医急救，这样有利于事故的公正处理，千万不能与肇事者"私了"。若在校外发生交通事故除及时报案外，还应该及时与学校取得联系，由学校出面处理有关事宜。其次，要尽量保护现场，因为事故现场的勘查结论是划分事故责任的依据之一。现在手机普及，要先用手机拍照、录像，固定证据。若现场没有保护好，会给事故的处理带来困难，造成"有理说不清"。三是要控制肇事者，若肇事者想逃脱一定要设法控制，自己不能控制的可以发动周围的人帮忙控制，若实在无法控制，也要记住肇事车辆的车辆牌号等特征。

在校园内发生交通事故，学校是否存在过错？教育部《学生伤害事故处理办法》规定，学校因下列情形之一造成的学生伤害事故，学校应当承担相应的责任。①学校的校舍、场地、其他公共设施，以及学校提供给学生使用的学具、教育教学和生活设施、设备不符合国家规定的标准，或者是有明显不安全因素。②学校的安全保卫、消防、设施设备管理等安全制度有明显的疏漏，或管理混乱，存在重大安全隐患，而未及时采取措施的。由此可见，学校的硬件设施是否存在安全隐患，安全制度是否具有明显的疏漏，是判断学校是否具有过错的事实依据。如果在校园内发生了交通事故，是因为学校未尽到教育、管理职责、必要的交通设施不健全造成的，学校就应该承担相应的责任。反之，事故的原因不是学校不作为造成的，自然就不存在过错，也就不承担相应的责任。

校外的第三人在校园内发生交通事故，已成逐年增多的趋势，也成为大学校园内交通安全隐患的主要因素。校外第三人在校园造成交通安全事故，如果学校尽到了管理职责，具有健全的安全保障措施，比如说在校门口外来车辆进入时，门卫实施了严格的登记制度，在校园内设置了明显的限速等交通标志，尽到了完全管理职责，学校就可以提出免责。

（三）把好食品卫生安全关

加强食品卫生安全联防联控，确保高校食品卫生安全。

首先，要把牢食品进校的入口关。高校要成立专门采购部门，对食堂和餐馆采购的食品原材料,以及超市和小卖部采购的商品货物进行定期或不定期的检查,确保质量安全;对进校经营的商家,要设置卫生许可门槛;对从事食品饮食行业的进校人员要定期体检,符合社会、行业对从业人员的健康要求。

图3-17 南开大学开展食堂食品安全卫生检查

其次,要能对食品加工售卖过程进行必要的监控。利用监控系统、巡查专员等方式对食品存储、加工、销售等全过程进行提前预防和实时监控;高校可研发食品卫生安全网络信息系统,升级后勤集团网站,发布食品卫生安全信息、法律法规、健康常识等信息,可自主开发食品卫生安全手机 APP 软件,将饭卡充值、校内团购、信息举报、食品检测等功能融为一体,既利于校方监控商家,又方便师生学习生活。此外,高校须将网络食品消费中原材料、快餐盒、配送员等各环节纳入可监控范围之内,弥补高校食品卫生安全在网络世界的漏洞。在硬件设施方面,高校可对食堂、超市、小卖部等场所进行标准化建设,对选址规划、面积大小、基础设施等在分类分区的基础上进行统一要求,真正做到整体布局合理、外观整洁漂亮、内部安全卫生;在软件设施方面,可对高校食品场所进行公开招标、择优引进,对餐饮服务人员进行集中招聘、体检和培训,制定食品卫生安全考核办法,定期对经营主体和服务人员进行考核,明确奖惩措施。另外还要建立师生员工自发成立的监督队，监督餐厅食堂的食品安全工作。更要校地协同，将社会食品药品技术监督和安全检查引入校园，用校内外的力量打造过硬的监督网。

最后，要做好食品安全卫生突发事件的应急处置。高校每年至少要进行一次食品卫生安全集中培训、综合检查、应急专项演练等活动。突发食品卫生类事件后，高校要做的就是尽快明确病原、准确分类，以便分级处置。校应急办要组织专家力量对公共卫生事件进行会商和研判，明确事件分类，确定事件分级，研究需要采取的措施，及时将事件信息向上级教育主管部门（教育部、教育厅）汇报。应及时启动应急预案，按照"统一领导、分级负责，属地管理、分类指导"的原则开展应急管理工作。选定医疗救治主场所（驻地医院、校内医院或者附属医院）和附属、备用场所，通知驻地政府和医疗机构，组建医疗救助队伍，组织治疗所需药品器材的供给。学校要采取边调查、边处理、边抢救、边核实的方式，有效地控制事态发展。贯彻"以人为本、生命至上"的原则，做好伤者病患的医疗救治，及时快速地切断传播途径，及时隔离病原、防止携带者传播、注意外入感染、限制密切接触者活动范围等，防止次生疫情。按照"预防为主、群防群控"的原则，划定网格，指定责任人，做好防疫消毒等工作，做好水源管理，保障师生饮用水安全，更加细致地做好食堂餐厅应急处置事件期间的饮食供应，确保此时坚决不能"病从口入"。

（四）重视校园消防安全

消防安全是高校常见的安全威胁，火灾及由此造成的伤亡也是常见的突发事件。

从高校内部讲，一是要建立并落实消防安全责任制，重视消防工作，每年由分校领导与各二级部门安全责任人签订消防安全责任书，分级落实消防安全考核工作，考核结果与责任人的年度考核、提拔任用相挂钩。二是要加大消防安全投入，完善消防基础硬件设施。对于修建年代较久远的教学楼、宿舍楼、实验室加大资金投入，进行消防改造，完善消防设施。对于新修建筑物，要安装监控系统、火灾自动报警系统、通风排烟系统、声光报警器、烟感探测器、温感探测器、喷淋头等，新修建筑物要向当地县级以上地方人民政府公安机关消防机构申请消防安全检查、验收。要在全校建立战备状态下的应急消防广播,确保消防逃生信息能第一时间传达到师生。要定期组织专业人员对消防基础设施进行检查和维护,防止消防设施成为摆设,确保在关键时刻能够派上用场。最有效的措施就是固定时间组织消防演习和逃生演练。三是要组建服务师生的义务消防队,在宣传消防知识、提升师生消防意识、营造预防火灾的氛围的同时,进行消防安全隐患排查,实时掌握消防安全的相关数据,努力做到发现得早、化解得了、管控得住。重点对学生寝室、实验室、机房等火灾易发地点进行重点监控,强化消防管控能力。

图 3-18 保山学院联合消防部门举行消防演练活动

从校外资源来讲,高校要建立与社会消防部门的密切联系。公安机关消防机构应当对高校提请验收审查的建筑物在十个工作日内进行消防安全检查,规定未经消防安全检查或者经检查不符合消防安全要求的,不得投入使用、营业。要督促高校定期组织消防培训和消防演练。政府要在高校周边设置必要的消防部队和救援力量。2009年修订的《中华人民共和国消防法》规定了公安消防部门执法行为主要包括:建设工程消防设计审核、消防验收、备案和抽查,对单位遵守消防法律、法规的情况进行监督检查,调查火灾原因、统计火灾损失,消防产品质量监督检查等;依照法律法规的规定,对违反有关消防安全的法律法规的单位和个人处以警告、罚款,责令停止施工、停止使用或者停产停业等行政处罚等。规定了政府建设行政主管部门在实施城市详细规划审批、建设项目选址审批、建设用地规划许可、建设工程规划许可、施工图设计文件审查、建设工程许可施工、公益事业等建设开工审批、竣工验收备案等涉及消防安全的行政管理事项时，应当依法对有关的消防安全内容进行监督管理。规定了产品质量监督部门对消防产品质量的检验、监督检查和假冒伪劣消防产品查处，对消防产品生产企业，对消防产品质量检验机构，对有关消防技术标准的制定和实施等工作，负有相应的监督管理责任。国务院令第421号规定：教育部门对学校等各类教育机构的消防安全工作负有监管职责；文化部门对文化场所、演出活动的消防安全负有监管责任。因此，高校与地方联动才是做好校园消防工作的关键。

（五）制定实验室安全检查标准

高校实验室是面向高校师生实施教学科研活动的主要场所，旨在为高校教师和学生提供专业的科研活动及教学实验，为其科研与教育提供硬件和技术支持，加速创新想法的成型，促进科研成果的转化。实验室内的人员因为经常会接触到易燃易爆和有毒有害的物质，所以他们要面对的危险往往比普通的生产工作更多，近年来实验室安全事故时有发生，一旦发生就会造成不小的人员伤亡。高校实验室的危险主要有以下几种。

（1）爆炸焚烧类。此类危险常见于化学实验室，主要会因为化学反应导致直接爆炸，也会因气体的泄漏、溢出由外力或温度点爆或发生火灾。很多非专业的实验室设计单位会将易燃易爆气瓶存放在试验区域，用气瓶柜进行存储，自以为就能达到防爆的效果。但爆炸是能量瞬间聚集到一定程度又突破了外部承受极限的瞬间释放行为，一旦气瓶柜爆炸，国内的铁皮柜（0.6~1.2mm厚）完全无法隔离和泄压，第一个受冲击的肯定是实验区域，受到伤害最大的肯定是实验室内现场的师生。所以，专家不建议将易燃易爆气体置于实验区域，同时对存放易燃易爆气体的区域进行防爆、隔爆、泄爆处理，从而降低爆炸以及火灾对实验室工作人员的威胁。

（2）腐蚀类。这类危险源会对人体的皮肤、眼睛、呼吸道等造成腐蚀，严重威胁工作人员的健康，如常见的酸碱类，会因为操作过程的不够慎重或防护不够对人体造成伤害，若因为没有佩戴防护装备导致试剂溅入眼睛或皮肤上，且实验室区域内没有紧急冲淋装置或冲淋装置距离实验区域太远导致错过最佳救治时间；或者因为紧急冲淋水压过高，而受伤人员受伤害处已经极其脆弱导致的二次伤害等。

（3）烫伤类。实验室经常会有一些化学反应高温以及高温加热的实验，会对人身产生安全威胁，如用于加热增加反应速度的，用于高温焚烧的，高温油浴的，都有可能会因为各类原因导致高温灼伤和烫伤。

（4）冻伤类。有的高校实验室也会使用到低温冷冻的环节，如液氮温度为 −196℃，在对液氮进行操作时必须戴防寒手套，否则极易冻伤。除此之外还有一些特殊的制冷剂等，有可能会因为操作时稍不注意就冻伤皮肤。

（5）电击类。实验室有大量的用电设备，同时会有很多设备本身就是金属外壳，还有很多实验区域本身就是潮湿封闭的环境，所以经常出现触电事故。其触电原因一般是导线破损、漏电保护失灵、地线断线、没有接地保护、选择电压非安全电压等，人体能够承受的安全电压为36V，安全电流为10mA。当人体电阻一定时，人体接触的电压越高，通过人体的电流就越大，对人体的损害也就越严重。安全电流又称为安全流量或允许持续电流，人体安全电流即通过人体电流的最低值。一般1mA的电流通过时即有感觉，25mA以上人体就很难摆脱，50mA即有生命危险。

（6）中毒类。实验室存在很多有毒有害的药品，中毒类的事件也常有发生，基本上都是误食与误接触造成的，如实验室工作人员将食物保存在药品试剂冰箱里面，将食物放在实验设备里面加热，将水杯带进实验区域等；还有就是接触性中毒，基本上都是操作不规范、防护意识不够、防护用具不到位造成的。

（7）感染类。实验室工作人员往往是与病毒或细菌近距离接触的人群，稍有不慎就有被感染的风险。感染是指细菌、病毒、真菌、寄生虫等病原体侵入人体所引起的局部组织和全身性炎症反应，感染类风险通常多见于生物实验室或医学实验室。常见的感染途径一般有皮肤接触、飞沫传播、体液传播、血液传播、空气传播等。当然不同的病毒或细菌会有相应的存活条件，一旦无法满足相应的存活条件或传播途径，那么病毒不可怕。如果实验室操作人员在规范的操作与防护的情况下还能被感染，只能说是实验室的环境不合格了。而实验室的环境合格与否主要取决于是否满足实验要求，是否能够有效灭菌，是否能够有效隔离，室内空气温湿度与尘埃粒子是否能达标。

（8）慢性疾病。实验室工作人员经常接触各种有毒有害气体、各种声光电磁以及射线辐射污染，这样的恶劣环境极易造成接触者患各种慢性病。慢性疾病隐患往往不能短时间看出来，造成此类安全隐患其实最主要的原因是实验室设计时埋下的，其次才是操作与防护。所以，在设计时就应该注意保证实验区域的泄漏率、最低换气次数、防辐射等因素。在规避已知风险的情况下，尽量提高防护要求。

鉴于高校实验室的特殊地位和作用，考虑到人员安全，教育部和各高校都非常注重实验室安全管理工作。随着连续多年的工作推动和部署，现在由教育部牵头、多所学校参与的《高等学校实验室安全检查项目表》（2021版）已发布，我国已形成了体系较为完善的高校实验室安全检查标准。各高校出于保护师生在实验室安全的考虑，务必要对照实验室安全标准，认真检查对照，查缺补漏，补齐短板弱项。

表3-15 高等学校实验室安全检查项目表（2021版）

序号	检查项目	检查要点	检查情况
5	实验场所		
5.1	场所环境		
5.1.1	实验场所应张贴安全信息牌	每个房间门口挂有安全信息牌，信息包括安全风险点的警示标识、安全责任人、涉及危险类别、防护措施和有效的应急联系电话等，并及时更新	
5.1.2	实验场所应具备合理的安全空间布局	超过200平方米的实验楼层具有至少两处紧急出口，75平方米以上实验室要有两个出入口；实验楼大走廊保证留有大于2米净宽的消防通道；实验室操作区层高不低于2米；理工农医类实验室内多人同时进行实验时，人均操作面积不小于2.5平方米	
5.1.3	实验室消防通道通畅，公共场所不堆放仪器和物品	保持消防通道通畅	
5.1.4	实验室建设和装修应符合消防安全要求	实验操作台应选用合格的防火、耐腐蚀材料；仪器设备安装符合建筑物承重载荷；有可燃气体的实验室不设吊顶；废弃不用的配电箱、插座、水管龙头、网线、气体管路等，应及时拆除或封闭；实验室门上有观察窗，外开门不阻挡逃生路径	

续表

序号	检查项目	检查要点	检查情况
5.1.5	实验室所有房间均须配有应急备用钥匙	应急备用钥匙需集中存放、统一管理，应急时方便取用	
5.1.6	实验设备需做好振动减振和噪声降噪	容易产生振动的设备，需考虑建立合理的减振措施；易对外产生磁场或易受磁场干扰的设备，需做好磁屏蔽；实验室噪声一般不高于55分贝（机械设备不高于70分贝）	
5.1.7	实验室水、电、气管线布局合理，安装施工规范	采用管道供气的实验室，输气管道及阀门无漏气现象，并有明确标识；供气管道有名称和气体流向标识，无破损；高温、明火设备放置位置与气体管道有安全间隔距离	
5.2	卫生与日常管理		
5.2.1	实验室分区应相对独立，布局合理	有毒有害实验区与学习区明确分开，合理布局，重点关注化学、生物、辐射、激光等类别实验室	
5.2.2	实验室环境应整洁卫生有序	实验室物品摆放有序，卫生状况良好，实验完毕物品归位，无废弃物品、不放无关物品；不在实验室睡觉过夜，不存放和烧煮食物、饮食，禁止吸烟、不使用可燃性蚊香	
5.2.3	实验室有卫生安全值日制度	实验期间有值日情况记录	
5.3	场所其他安全		
5.3.1	每间实验室均有编号并登记造册	查看现场	
5.3.2	危险性实验室应配备急救物品	配备的药箱不上锁，并定期检查药品是否在保质期内	
5.3.3	废弃的实验室有安全防范措施和明显标识	查看现场	
6	安全设施		
6.1	消防设施		
6.1.1	实验室应配备合适的灭火设备，并定期开展使用训练	烟感报警器、灭火器、灭火毯、消防沙、消防喷淋等，应正常有效、方便取用；灭火器种类配置正确；灭火器在有效期内（压力指针位置正常等），安全销（拉针）正常，瓶身无破损、腐蚀	

续表

序号	检查项目	检查要点	检查情况
6.1.2	紧急逃生疏散路线通畅	在显著位置张贴有紧急逃生疏散路线图,疏散路线图的逃生路线应有二条(含)以上;路线与现场情况符合;主要逃生路径(室内、楼梯、通道和出口处)有足够的紧急照明灯,功能正常,并设置有效标识指示逃生方向;师生应熟悉紧急疏散路线及火场逃生注意事项	
6.2		应急喷淋与洗眼装置	
6.2.1	存在可能受到化学和生物伤害的实验区域,需配置应急喷淋和洗眼装置	有显著标识	
6.2.2	应急喷淋与洗眼装置安装合理,并能正常使用	应急喷淋安装地点与工作区域之间畅通,距离不超过30米;应急喷淋安装位置合适,拉杆位置合适、方向正确;应急喷淋装置水管总阀处常开状,喷淋头下方无障碍物;不能以普通淋浴装置代替应急喷淋装置;洗眼装置接入生活用水管道,水量水压适中(喷出高度8~10厘米),水流畅通平稳	
6.2.3	定期对应急喷淋与洗眼装置进行维护	有检查记录(每月启动一次阀门,时刻保证管内流水畅通);每周擦拭洗眼喷头,无锈水脏水	
6.3		通风系统	
6.3.1	有需要的实验场所配备符合设计规范的通风系统	管道风机须防腐,使用可燃气体场所应采用防爆风机;实验室通风系统运行正常,柜口面风速0.30~0.75米/秒,定期进行维护、检修;屋顶风机固定无松动、无异常噪声	
6.3.2	通风柜配置合理、使用正常、操作合规	根据需要在通风柜管路上安装有毒有害气体的吸附或处理装置(如活性炭、光催化分解、水喷淋等);任何可能产生高浓度有害气体而导致个人暴露,或产生可燃、可爆炸气体或蒸汽而导致积聚的实验,都应在通风柜内进行;进行实验时,可调玻璃视窗开至距台面10~15厘米,保持通风效果,并保护操作人员胸部以上部位;玻璃视窗材料应是钢化玻璃;实验人员在通风柜进行实验时,避免将头伸入调节门内;不可将一次性手套或较轻的塑料袋等留在通风柜内,以免堵塞排风口;通风柜内放置物品应距离调节门内侧15厘米左右,以免掉落	

续表

序号	检查项目	检查要点	检查情况
6.4		门禁监控	
6.4.1	重点场所需安装门禁和监控设施，并有专人管理	关注重点场所，如剧毒品、病原微生物、放射源存放点、核材料等危险源的管理	
6.4.2	门禁和监控系统运转正常，与实验室准入制度相匹配	监控不留死角，图像清晰，人员出入记录可查，建议视频记录存储时间大于1个月；停电时，电子门禁系统应是开启状态	
6.5		实验室防爆	
6.5.1	有防爆需求的实验室需符合防爆设计要求	安装有防爆开关、防爆灯等，安装必要的气体报警系统、监控系统、应急系统等；对于产生可燃气体或蒸汽的装置，应在其进、出口处安装阻火器；室内应加强通风，防止爆炸物聚积	
6.5.2	应妥善防护具有爆炸危险性的仪器设备	使用合适的安全罩防护	
7		基础安全	
7.1		用电用水基础安全	
7.1.1	实验室用电安全应符合国家标准（导则）和行业标准	实验室电容量、插头插座与用电设备功率须匹配，不得私自改装；电源插座须固定；电气设备应配备空气开关和漏电保护器；不私自乱拉乱接电线电缆，不使用老化的线缆、花线和木质配电板；禁止多个接线板串联供电，接线板不宜直接置于地面，禁止使用有破损的接线板；电线接头绝缘可靠，无裸露连接线，穿越通道的线缆应有盖板或护套；大功率仪器（包括空调等）使用专用插座（不可使用接线板），用电负荷满足要求；电器长期不用时，应切断电源	
7.1.2	给水、排水系统布置合理，运行正常	水槽、地漏及下水道畅通，水龙头、上下水管无破损；各类连接管无老化破损（特别是冷却冷凝系统的橡胶管接口处）；各楼层及实验室的各级水管总阀需有明显的标识	
7.2		个人防护	
7.2.1	实验人员需配备合适的个人防护用品	凡进入实验室人员需穿着质地合适的实验服或防护服；需要佩戴防护眼镜、防护手套、安全帽、防护帽、呼吸器或面罩（呼吸器或面罩在有效期内，不用时须密封放置）等；进行化学、生物安全和高温实验时，不得佩戴隐形眼镜；操作机床等旋转设备时，不穿戴长围巾、丝巾、领带等；穿化学、生物类实验服或戴实验手套，不得随意进入非实验区	

续表

序号	检查项目	检查要点	检查情况
7.2.2	个人防护用品分散存放，存放地点有明显标识	在紧急情况需使用的防化服等个人防护器具应分散存放在安全场所，以便于取用	
7.2.3	各类个人防护用品的使用有培训及定期检查维护记录	检查培训及维护记录	
7.3		其他	
7.3.1	危险性实验（如高温、高压、高速运转等）时必须有两人在场	实验时不能脱岗，通宵实验须两人在场并有事先审批制度	
7.3.2	实验台面整洁、实验记录规范	查看实验台面和实验记录	
8		化学安全	
8.1		危险化学品购置	
8.1.1	危险化学品采购需要符合要求	危险化学品需向具有生产经营许可资质的单位进行购买，查看相关供应商的经营许可资质证书复印件	
8.1.2	剧毒品、易制毒品、易致爆品、爆炸品的购买程序合规	此类危险化学品购买前须经学校审批，报公安部门批准或备案后，向具有经营许可资质的单位购买；校职能部门保留资料、建立档案；不得私自从外单位获取管控化学品；查看向上级主管部门的报批记录和学校审批记录；购买此类危险化学品应有规范的验收记录	
8.1.3	麻醉药品、精神药品等购买前须向食品药品监督管理部门申请	报批同意后向定点供应商或者定点生产企业采购	
8.1.4	保障化学品、气体运输安全	查看资料，现场抽查。校园内的运输车辆、运送人员、送货方式等符合相关规范	
8.2		实验室化学品存放	
8.2.1	实验室内危险化学品建有动态台账	建立本实验室危险化学品目录，并有危险化学品安全技术说明书（MSDS）或安全周知卡，方便查阅；定期清理过期药品，无累积现象	

续表

序号	检查项目	检查要点	检查情况
8.2.2	化学品有专用存放空间并科学有序存放	储藏室、储藏区、储存柜等应通风、隔热、避光、安全；有机溶剂储存区应远离热源和火源；易泄漏、易挥发的试剂保证充足的通风；试剂柜中不能有电源插座或接线板；化学品有序分类存放、固体液体不混乱放置、配伍禁忌化学品不得混放、试剂不得叠放；装有试剂的试剂瓶不得开口放置；配备必要的二次泄漏防护、吸附或防溢流功能；实验台架无挡板不得存放化学试剂	
8.2.3	实验室内存放的危险化学品总量符合规定要求	原则上不应超过100升或100千克，其中易燃易爆性化学品的存放总量不应超过50升或50千克，且单一包装容器不应大于20升或20千克（可按50平方米为标准，存放量以实验室面积比考察）；单个实验装置存在10升以上甲类物质储罐，或20升以上乙类物质储罐，或50升以上丙类物质储罐，需加装泄漏报警器及通风联动装置。可按50平方米为标准，存放量以实验室面积比考察	
8.2.4	化学品标签应显著完整清晰	化学品包装物上应有符合规定的化学品标签；当化学品由原包装物转移或分装到其他包装物内时，转移或分装后的包装物应及时重新粘贴标识。化学品标签脱落、模糊、腐蚀后应及时补上，如不能确认，则以废弃化学品处置	
8.3		实验操作安全	
8.3.1	制定危险实验、危险化工工艺指导书、各类标准操作规程（SOP）、应急预案	指导书和预案上墙或便于取阅；按照指导书进行实验；实验人员熟悉所涉及的危险性及应急处理措施	
8.3.2	危险化工工艺和装置应设置自动控制和电源冗余设计	涉及危险化工工艺、重点监管危险化学品的反应装置应设置自动化控制系统；涉及放热反应的危险化工工艺生产装置应设置双重电源供电或控制系统应配置不间断电源	
8.3.3	做好有毒有害废气的处理和防护	对于产生有毒有害废气的实验，在通风柜中进行，并在实验装置尾端配有气体吸收装置；配备合适有效的呼吸器	

续表

序号	检查项目	检查要点	检查情况
8.4		管制类化学品管理	
8.4.1	剧毒化学品执行"五双"管理（即双人验收、双人保管、双人发货、双把锁、双本账），技防措施符合管制要求	单独存放、不得与易燃、易爆、腐蚀性物品等一起存放；有专人管理并做好储存、领取、发放情况登记，登记资料至少保存1年；防盗安全门应符合GB 17565的要求，防盗安全级别为乙级（含）以上；防盗锁应符合GA/T 73的要求；防盗保险柜应符合《防盗保险柜》GB 10409—2019的要求；监控管控执行公安要求	
8.4.2	麻醉药品和第一类精神药品管理符合"双人双锁"，有专用账册	设立专库或者专柜储存；专库应当设有防盗设施并安装报警装置；专柜应当使用保险柜；专库和专柜应当实行双人双锁管理；配备专人管理并建立专用账册，专用账册的保存期限应当自药品有效期期满之日起不少于5年	
8.4.3	易制爆化学品存量合规、双人双锁	存放场所出入口应设置防盗安全门，或存放在专用储存柜内；储存场所防盗安全级别应为乙级（含）以上；专用储存柜应具有防盗功能，符合双人双锁管理要求，并安装机械防盗锁	
8.4.4	易致毒化学品储存规范，台账清晰	设置专库或者专柜储存；专库应当设有防盗设施，专柜应当使用保险柜；第一类易致毒化学品、药品类易致毒化学品实现双人双锁管理，账册保存期限不少于2年	
8.4.5	爆炸品单独隔离、限量存储、使用、销毁按照公安部门要求执行	查看现场、台账	
8.5		实验气体管理	
8.5.1	从合格供应商处采购实验气体，建立气体钢瓶台账	查看记录	
8.5.2	气体的存放和使用符合相关要求	气体钢瓶存放点须通风、远离热源、避免暴晒，地面平整干燥；气瓶应合理固定；危险气体钢瓶尽量置于室外，室内放置使用常时排风且带报警探头的气瓶柜；气瓶的存放应控制在最小需求量；涉及有毒、可燃气体的场所，配有通风设施和相应的气体监控和报警装置等，张贴必要的安全警示标识；可燃性气体与氧气等助燃气体不混放；独立的气体钢瓶室，应通风、不混放、有监控，管路有标识、去向明确；有专人管理和记录	

续表

序号	检查项目	检查要点	检查情况
8.5.3	较小密封空间使用可引起窒息的气体，需安装有氧含量监测，设置必要的气体报警装置	存有大量惰性气体或液氮、CO_2的较小密闭空间，为防止大量泄漏或蒸发导致缺氧，需安装氧含量监测报警装置	
8.5.4	气体管路和钢瓶连接正确、有清晰标识	管路材质选择合适，无破损或老化现象，定期进行气密性检查；存在多条气体管路的房间须张贴详细的管路图；有钢瓶定期检验合格标识（由供应商负责）；无过期钢瓶、未使用的钢瓶有钢瓶帽；钢瓶气体合格证内容完整、正确，气瓶颜色符合GB/T 7144的规定要求；确认"满、使用中、空瓶"三种状态；使用完毕，及时关闭气瓶总阀	
8.6		化学废弃物处置管理	
8.6.1	实验室应设立化学废弃物暂存区	暂存区要远离火源、热源和不相容物质，避免日晒、雨淋，存放两种及以上不相容的实验室危险废物时，应分不同区域暂存；暂存区应有警示标识并有防遗洒、防渗漏设施或措施	
8.6.2	实验室内须规范收集化学废弃物	危险废物应按化学特性和危险特性，进行分类收集和暂存；废弃的化学试剂应存放在原试剂瓶中，保留原标签，并瓶口朝上放入专用固废箱中；针头等利器需放入利器盒中收集；废液应分类装入专用废液桶中，废液桶须满足耐腐蚀、抗溶剂、抗挤压、抗冲击的要求；所有实验室危险废物收集容器上须粘贴专用的标签。严禁将实验室危险废物直接排入下水道，严禁与生活垃圾、感染性废物或放射性废物等混装	
8.7		其他化学安全	
8.7.1	配制试剂需要张贴标签	装有配制试剂、合成品、样品等的容器上标签信息明确，标签信息包括名称或编号、使用人、日期等；无使用饮料瓶存放试剂、样品的现象，如确需使用，必须撕去原包装纸，贴上统一的试剂标签	
8.7.2	不使用破损量筒、试管、移液管等玻璃器皿	查看现场	
9		生物安全	
9.1		实验室资质	
9.1.1	开展病原微生物实验研究的实验室，须具备相应的安全等级资质	其中BSL-3/ABSL-3、BSL-4/ABSL-4实验室须经政府部门批准建设；BSL-1/ABSL-1、BSL-2/ABSL-2实验室由学校建设后报卫生或农业部门备案；查看资格证书、报备资料	

续表

序号	检查项目	检查要点	检查情况
9.1.2	在规定等级实验室中开展涉及病原微生物的实验	按《人间传染的病原微生物名录》对应的实验室安全级别进行致病性病原微生物研究，重点关注：开展未经灭活的高致病性病原微生物（列入一类、二类）相关实验和研究，必须在 BSL-3/ABSL-3、BSL-4/ABSL-4 实验室中进行；开展低致病性病原微生物（列入三类、四类），或经灭活的高致病性感染性材料的相关实验和研究，必须在 BSL-1/ABSL-1、BSL-2/ABSL-2 或以上等级实验室中进行	
9.2		场所与设施	
9.2.1	实验室安全防范设施达到相应生物安全实验室要求，各区域分布合理、气压正常	BSL-2/ABSL-2 及以上安全等级实验室须设门禁管理和准入制度；储存病原微生物的场所或储柜配备防盗设施；BSL-3/ABSL-3 及以上安全等级实验室须安装监控报警装置	
9.2.2	配有符合相应要求的生物安全设施	配有Ⅱ级生物安全柜，定期进行检测；B型生物安全柜需有正常通风系统；配有压力蒸汽灭菌器，并定期监测灭菌效果，有安全操作规程上墙；配备消防设施、应急供电（至少延时半小时），应急淋浴及洗眼装置；传递窗功能正常、内部不存放物品；安装有防虫纱窗、入口处有挡鼠板	
9.3		病原微生物采购与保管	
9.3.1	采购或自行分离高致病性病原微生物菌（毒）种，须办理相应申请和报批手续	采购病原微生物须从有资质的单位购买，具有相应合格证书；须按照学校流程审批，报行业主管部门批准；转移和运输需按规定报卫生和农业主管部门批准，并按相应的运输包装要求包装后转移和运输	
9.3.2	高致病性病原微生物菌（毒）种应妥善保存和严格管理	病原微生物菌（毒）种保存在带锁冰箱或柜子中，高致病性病原微生物实行双人双锁管理；有病原微生物菌（毒）种保存、实验使用、销毁的记录	
9.4		人员管理	
9.4.1	开展病原微生物相关实验和研究的人员经过专业培训	人员经考核合格，并取得证书。检查存档资料	

续表

序号	检查项目	检查要点	检查情况
9.4.2	为从事高致病性病原微生物的工作人员提供适宜的医学评估	实施监测和治疗方案,并妥善保存相应的医学记录;有上岗前体检和离岗体检,长期工作有定期体检	
9.4.3	制定相应的人员准入制度	外来人员进入生物安全实验室需经负责人批准,并有相关的教育培训、安全防控措施;出现感冒发热等症状时,不得进行病原微生物实验	
9.5	操作与管理		
9.5.1	制定并采用生物安全手册,有相关标准操作规范	有从事病原微生物相关实验活动的标准操作规范	
9.5.2	开展相关实验活动的风险评估和应急预案	BSL-2/ABSL-2及以上等级实验室,开展病原微生物的相关实验活动应有风险评估和应急预案,包括病原微生物及感染材料溢出和意外事故的书面操作程序	
9.5.3	实验操作合规,安全防护措施合理	在合适的生物安全柜中进行实验操作;不在超净工作台中进行病原微生物实验;安全操作高速离心机,小心防止离心管破损或盖子破损造成溢出或气溶胶散发;有开展病原微生物相关实验活动的记录;有合适的个人防护措施;禁止戴防护手套操作相关实验以外的设施设备	
9.6	实验动物安全		
9.6.1	实验动物的购买、饲养、解剖等须符合相关规定	饲养实验动物的场所应有资质证书;实验动物需从具有资质的单位购买,有合格证明;用于解剖的实验动物须经过检验检疫合格;解剖实验动物时,必须做好个人安全防护	
9.6.2	动物实验按相关规定进行伦理审查,保障动物权益	查看记录	
9.7	生物实验废物处置		
9.7.1	生物废弃物的处置应有专用集中场所	学校与有资质的单位签约处置生物废弃物,有交接记录;学校有生物固废中转站;动物实验结束后,送学校中转站或收集点经必要的灭菌、灭活处理;配备生物实验废弃物垃圾桶(内置生物废弃物专用塑料袋),有标识;学校有统一的生物实验废弃物标签	

续表

序号	检查项目	检查要点	检查情况
9.7.2	生物废弃物的处置应满足特殊要求	生物实验产生的 EB 胶毒性强，需集中存放、贴好化学废弃物标签，及时送学校中转站或收集点；刀片、移液枪头等尖锐物应使用耐扎的利器盒/纸板箱盛放，送储时再装入生物废弃物专用塑料袋，贴好标签；涉及病原微生物的实验废弃物必须进行高温高压灭菌或化学浸泡处理；高致病性生物材料废弃物处置实现溯源追踪；生物实验废弃物不得混入与生活垃圾混放	
11		机电等安全	
11.1		仪器设备常规管理	
11.1.1	建立设备台账，设备上有资产标签，有明确的管理人员	查看电子或纸质台账	
11.1.2	大型、特种设备的使用需符合相关规定	大型仪器设备、高功率的设备与电路容量相匹配，有设备运行维护的记录，有安全操作规程或注意事项	
11.1.3	仪器设备的接地和用电符合相关要求	仪器设备接地系统应按规范要求，采用铜质材料，接地电阻不高于 0.5 欧；电脑、空调、电加热器等不随意开机过夜；对于不能断电的特殊仪器设备，采取必要的防护措施（如双路供电、不间断电源、监控报警等）	
11.1.4	特殊设备应配备相应安全防护措施	特别关注高温、高压、高速运动、电磁辐射等特殊设备，对使用者有培训要求，有安全警示标识和安全警示线（黄色），设备安全防护措施完好；自研自制设备，须充分考虑安全系数，并有安全防护措施	
11.3		电气安全	
11.3.1	电气设备的使用应符合用电安全规范	各种电气设备及电线应始终保持干燥，防止浸湿，以防短路引起火灾或烧坏电气设备；实验室内的功能间墙面都应有专用接地母排，并设有多点接地引出端；高压、大电流等强电实验室要设定安全距离，按规定设置安全警示牌、安全信号灯、联动式警铃、门锁，有安全隔离装置或屏蔽遮栏（由金属制成，并可靠接地，高度不低于 2 米）；控制室（控制台）应铺橡胶、绝缘垫等；强电实验室禁止存放易燃、易爆、易腐品，保持通风散热；应为设备配备残余电流泄放专用的接地系统；禁止在有可燃气体泄漏隐患的环境中使用电动工具；电烙铁有专门搁架，用毕立即切断电源；强磁设备应该配备与大地相连的金属屏蔽网	

续表

序号	检查项目	检查要点	检查情况
11.3.2	操作电气设备应配备合适的防护器具	强电类实验必须二人（含）以上，操作时应戴绝缘手套；静电场所，要保持空气湿润，工作人员要穿防静电的衣服和鞋靴	
11.5		粉尘安全	
11.5.1	粉尘爆炸危险场所，应选用防爆型的电气设备	防爆灯、防爆电气开关，导线铺设应选用镀锌管或水煤气管，必须达到整体防爆要求；粉尘加工要有除尘装置，除尘器符合防静电安全要求，除尘设施应有阻爆、隔爆、泄爆装置；使用工具具有防爆功能或不产生火花	
11.5.2	产生粉尘的实验场所，须穿戴合适的个人防护用具	粉尘爆炸危险场所应穿防静电棉质衣服，禁止穿化纤材料制作的衣服，工作时必须佩戴防尘口罩和护耳器	
11.5.3	确保实验室粉尘浓度在爆炸限以下，并配备灭火装置	粉尘浓度较高的场所，有加湿装置（喷雾）使湿度在65%以上；配备合适的灭火装置	
12		特种设备与常规冷热设备	
12.2		压力容器	
12.2.1	规定压力容器须取得《特种设备使用登记证》和《特种设备使用登记表》	压力大于等于0.1兆帕且容积大于等于30升的压力容器，须取得《特种设备使用登记证》《特种设备使用登记表》《特种设备使用标志》；设备铭牌上标明为简单压力容器不需办理	
12.2.2	压力容器作业人员、检验单位须有相关资质	快开门式压力容器操作人员、移动式压力容器充装人员、氧舱维护保养人员，持证上岗，取得《特种设备作业人员证》，并每4年复审一次；委托有资质单位进行定期检验，并将定期检验合格证置于特种设备显著位置；安全阀或压力表等附件需委托有资质单位定期校验或检定	
12.2.3	压力容器的存放区域合理，有安全警示标识	大型实验气体罐的存储场所应通风、干燥、防止雨（雪）淋、水浸，避免阳光直射，严禁明火和其他热源；大型实验气体（窒息、可燃类）罐必须放置在室外，周围设置隔离装置、安全警示标识；可燃性气罐远离火源热源	
12.2.4	存储可燃、爆炸性气体的气罐满足防爆要求	容器的电器开关和熔断器都应设置在明显位置，同时应设避雷装置；电气设施是否防爆，避雷装置接地良好	

续表

序号	检查项目	检查要点	检查情况
12.2.5	压力容器应有专用管理制度和操作规程，实行使用登记	制定大型气体罐管理制度和操作规程，落实维护、保养及安全责任制；实行使用登记制度，及时填写使用登记表；定期检查大型实验气体罐外观及附件是否完好	
12.4	加热及制冷装置管理		
12.4.1	储存危险化学品的冰箱满足防爆要求	储存危险化学品的冰箱应为防爆冰箱或经过防爆改造的冰箱，并在冰箱门上注明是否防爆	
12.4.2	冰箱内存放的物品须标识明确，试剂必须可靠密封	标识至少包括名称、使用人、日期等，并经常清理；试剂瓶螺口拧紧，无开口容器；实验室冰箱中不放置非实验用食品	
12.4.3	冰箱、烘箱、电阻炉的使用满足使用期间和空间等要求	冰箱不超期使用（一般使用期限控制为10年），如超期使用需经审批；冰箱周围留出足够空间，周围不堆放杂物，不影响散热；烘箱、电阻炉不超期使用（一般使用期限控制为12年），如超期使用需经审批；加热设备应放置在通风干燥处，不直接放置在木桌、木板等易燃物品上，周围有一定的散热空间，设备旁不能放置易燃易爆化学品、气体钢瓶、冰箱、杂物等	
12.4.4	烘箱、电阻炉等加热设备须制定安全操作规程	加热设备周边醒目位置张贴有高温警示标识，并有必要的防护措施张贴有安全操作规程、警示标识；烘箱等加热设备内不准烘烤易燃易爆试剂及易燃物品；不使用塑料管等易燃容器盛放实验物品在烘箱等加热设备内烘烤；使用完毕，清理物品、切断电源，确认其冷却至安全温度后方能离开；使用电阻炉等明火设备时有人值守；使用加热设备时，温度较高的实验需有人值守或有实时监控措施	
12.4.5	使用明火电炉或者电吹风须有安全防范举措	涉及化学品的实验室不使用明火电炉；如必须使用，须有安全防范措施；不使用明火电炉加热易燃易爆试剂；明火电炉、电吹风、电热枪等用毕，须及时拔除电源插头；不能用纸质、木质等材料自制红外灯烘箱	

第四部分
提高高校危机管理水平

高校危机管理的核心内容就是"一案三制"。由于法制层面的内容一般由上级主管部门或政府提出,因此,高校的危机管理重点是危机管理预案、体制和机制。

一、形成健全的危机管理体制

如何构建有效的高校危机管理体制,提升各高校危机管理能力,既是高校管理中的重点和难点,更是迫切需要应对的现实挑战。由于我国高校危机管理研究起步较晚,应借鉴国外高校危机管理的成功经验,吸收源于企业管理并不断完善的"4R模型",结合我国高校危机管理发展现状,构建适合我国高校的具体可操作的危机管理体制。

"4R"模型最早用于组织危机管理,由罗伯特希斯提出,分为缩减(Response)、预备(Readiness)、反应(Response)、恢复(Recovery)四个过程。如表4-1所示:一是缩减过程,是危机管理的核心,目的是通过后三个阶段的完善降低危机发生概率;二是预备过程,针对危机进行预警和防范;三是反应过程,快速决策、协调组织和资源、遏制危机扩散;四是恢复过程,危机消除后的恢复和科学总结,为缩减提供理论和经验,避免重蹈覆辙。其中,缩减是目的,预备是关键,反应是重点,恢复是基础,四个阶段相互依存、相互衔接,共同构成了一个完整的危机管理体系。

表4-1 4R模型应用的比较列表

4R	要素	公共危机管理	组织危机管理
缩减	风险评估	矿产、食品等高危领域	经济风险
	风险管理	社会综合信息	组织信息
	组织素质	政治素质、决策素质	组织管理能力
预备	危机管理团队	多层级团队	高管层
	危机预警系统	社会综合领域	经济指标、市场占有率等
	危机管理计划	系统性、灵活性	
	培训和演习		
反应	确认危机	确认自然灾害、卫生安全等	质量、服务等
	隔离危机	社会群体内、不同领域间隔离	
	处理危机	运用综合手段	经济手段
	消除危机	消除社会、政治、价值影响	组织形象影响
恢复	危机影响分析	社会整体影响	经济影响
	危机恢复计划	经济、心理等恢复	经济恢复
	危机恢复行动	多方参与的公共行为	组织行为
	化危机为机遇	行政改革	捕捉商机

借鉴和吸收"4R"模型的经验，在我国高校危机管理中，用战略思维来构建高校危机管理机制，指导危机管理中各个阶段的运作，设立"四系一体"的危机管理体制。如图4-1所示，通过高校危机管理模型制定健全的危机管理体制。

通过行政责任与社会责任系统、快速反应与资源支持系统、工程防御与技术保障系统、紧急避难与救助救援系统（图4-2），四个系统的相互协调，形成健全的高校危机管理体制，在应对危机事件中发挥重要的作用，增强高校管理的科学性、系统性，推进公关、管理等学科在实践中的运用，维护我国高校、高等教育的形象、声誉以及社会稳定。

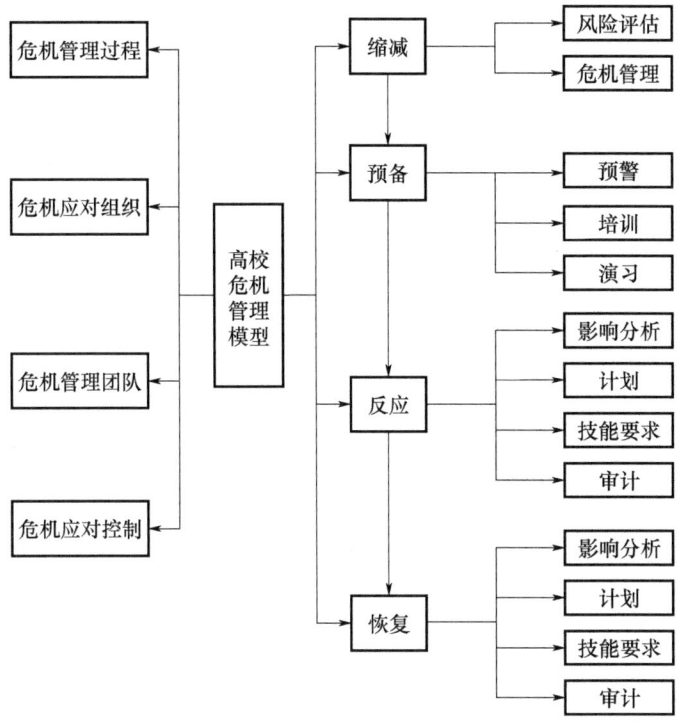

图 4-1　高校危机管理模型

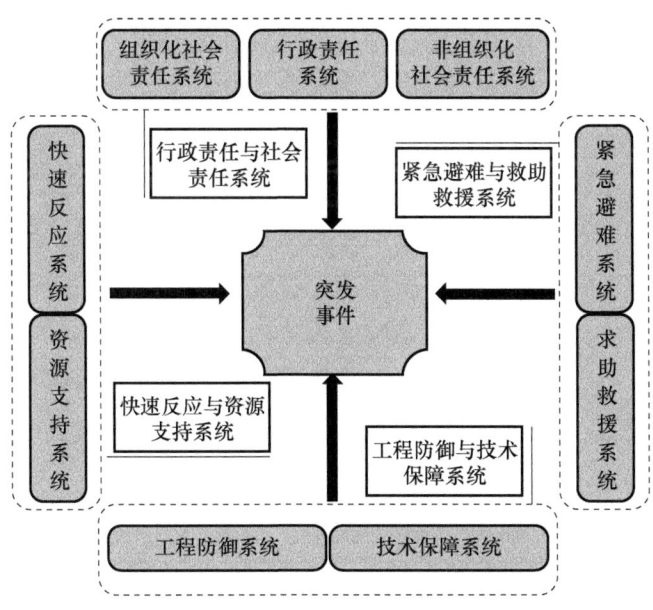

图 4-2　"四系一体"的危机管理体制示意图

（一）行政责任与社会责任系统

1. 基本内涵

行政责任系统主要是指高校系统内部中行政权力的划分、机构设置以及运行等各种关系和制度的总和[①]，应该包括机构设置、人员配备、职能分工等要素，为实现高校危机管理所采取的调节手段、方式和方法。

社会责任系统主要是指非政府部门的组织或者个人，为应对高校危机事件的发生，而采取的一系列的措施和必要的方法，化解危机，维护社会公共秩序等一系列活动。对高校来说，危机管理主要是指高校的各个管理主体面对在高校内发生的危机事件，为了防范、化解危机事件，恢复校园秩序，保障高校师生职工正常的生产和生活，促进高校和谐健康发展，所采取的各类控制系统之间的内在联系，以及各个控制系统之间相互联系、相互制约的关系[②]。

高校危机事件危机管理应该是一个涵盖了政府部门、非政府公共部门、企业等私人部门，乃至社会公众的分工明确、信息传导快速准确，遇危机事件能够快速启动的全社会危机管理体系，而不单单是政府部门或者高校管理部门的责任，号召动员一切可以动员的社会力量和资源，充分依靠群众，实施全员培训，让全员参与到对危机事件的管理中，提高全社会的整体应急水平。

2. 职责划分

行政责任系统是高校危机管理工作顺利进行的重要载体，对高校危机管理工作的顺利开展、及时有效地应对高校危机事件、最大限度地降低高校危机事件带来的损失具有重要作用。行政责任系统决定了高校危机管理的体制和效率。行政责任系统是政府机关内部行政权力的划分、行政机构的设置以及运行等关系的总和，而高校危机管理的基本内容就是相应的政府机关如何设置、在应对高校危机事件时如何依照行政权力开展工作。行

[①] 王鑫. 广东公共安全危机管理行政体制研究 [D]. 广州：华南理工大学，2010.
[②] Yang Qing, Wang Zhan. All – Round Emergency management of Public Incidegns. Procedings of 2009 IITA International Coference on Services Science, Management and Engineering. Published by the IEEE Computer Society. 522 – 525.

政职能的依据是政府提供的公共产品消费的非竞争性和非排他性，具有公共性的特点，可以通过经济手段、法律手段和行政手段来实现政府职能，保障社会公众的公共安全。通过危机管理，在高校危机事件发生前予以防范风险并提前预警，在危机事件发生后能够进行有效的工作使损失降低到最少并保障社会公众的基本生活。

社会责任系统是社会组织、私人部门、国际组织等，通过协商、谈判、洽谈等互动的、民主的方式共同应对高校危机事件的形式，而不是自上而下，依靠政府的政治权威，通过发号施令，制定和实施政策，进行单一化管理，强调主体多元化、方式民主化、管理协作化的上下互动的模式[①]。由于高等院校全面危机管理需要资金和各种资源，因此，政府必须联合各非政府公共部门、私人部门，充分利用它们的资金、资源及技术，利用它们比较完善的组织网络和较强的动员能力，更好、更有效地进行危机管理。非政府组织可以有效充当社会控制中介，在政府部门与社会公众之间起到一定的缓冲作用。非政府组织在危机管理中提供的合作主要体现在给予实时救助、提供技术支持、提供资金资助和商业援助、开展研究和提出建议等方面。

针对高校来说，成立危机管理委员会，各级危机管理机构的成员在校危机管理委员会的统一领导下开展具体的工作。委员会主任通常由校党委书记、校长担任，党委副书记、副校长作为委员会副主任，秘书长可由某一位校长助理担任。危机管理委员会委员包括所有校领导、校长助理、各职能部门的负责人、各院系的党政负责人以及其他相关部门负责人。高校危机管理委员会下设危机管理办公室，由参与高校危机管理工作的校长助理兼任办公室主任。各职能部门及学校各直属单位应结合本部门实际情况建立危机管理小组，合理安排人员参与危机管理[②]，如图4－3所示。

高校危机管理委员会的主要职责：在教育部、省委高校工委、省教育厅统一领导下，全面负责处置学校各类危机事件的应急响应行动；在预测将要发生和已经发生危机事件时，启动危机事件应急预案，并开展应对危机事件的组织指挥；在处理突发公共事件过程中，协调与校外相关单位的

---

① 胡正昌. 公共治理理论及其政府治理模式的转变 [J]. 前沿, 2008 (5): 90－93.
② 于艳玲. 高等院校危机管理体系的理论研究与实证分析 [D]. 武汉：武汉理工大学, 2010.

关系，当危机事件超出学校处置能力时，依程序向教育部、省委高校工委、省教育厅和地方政府汇报，请求支持与配合；部署和总结学校年度危机事件应对工作。

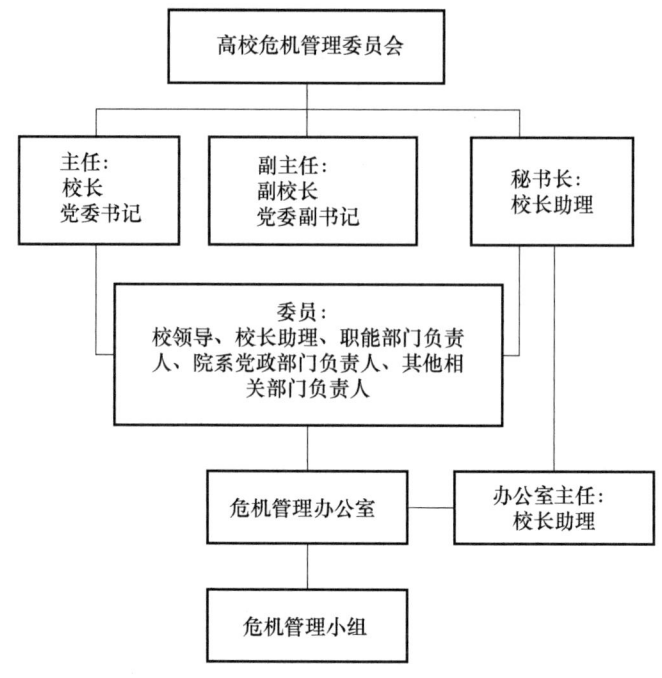

图 4-3 高校危机管理组织机构

针对高校各类危机事件，危机管理小组下设相应的应急处置工作组。各应急处置工作组和相关单位应根据工作职责，在危机管理小组和分管校领导的统一指挥下，协调处理或牵头协调处理相关的危机事件。院系和基层单位成立危机管理小组，学院或基层单位党委（总支）和行政主要负责人是第一责任人，在学校危机事件危机管理指挥小组的统一部署和指挥下，开展具体应对和处置工作。避免院系和基层单位不及时报送信息、自作主张、擅自处置的情况出现。工作小组根据事件分类分级，落实责任到人。

（二）快速反应与资源支持系统

1. 快速反应系统

高校危机管理的首要阶段和首要任务是预防和预警，构建高校危机管理工作预警机制是高校危机管理得以快速反应的前提和基础。预警系统指高校为了能尽早地发现危机事件而建立的一套能够感应危机事件来临的信号监测与报告系统，通过判断系统发出的信号与事件之间的关系，可以帮助应急小组和危机管理者迅速转入危机事件的管理状态，及时采取行动。

危机管理是一个复杂的系统工程。高校作为国家危机事件危机管理系统中的子系统，首先要在遵循国家危机管理规章制度大前提下才能开展各项工作。应对校园危机事件，尤其是重大的校园危机事件，需要广泛动员学校的党、政、工、团、学各级组织和全校师生员工的积极参与，需要形成一个统一指挥、统一行动、快速反应、相互协作的危机管理体系。包括由校领导组成的指挥决策机构，应急处置工作领导小组形成的综合协调机构以及校各职能部门所组成的参谋咨询机构和支援保障机构。建立人员精干、职责明确、分工合作、协调一致的指挥保障队伍，做到危机处理平时有人管，战时有人抓。要建立健全学校党委统一领导，学校党政分管校领导具体指挥，学校主要职能部门（学校办公室等）负责牵头，学校保卫、人事、学生管理部门、纪委、工会等各相关部门密切配合、协调运转的系统格局，形成合力。表4-2为高校应急快速反应系统组织构成。

表4-2 高校应急快速反应系统组织构成

工作机构	人员组成	工作职责
危机管理委员会	校党委办公室，校长办公室人员	指挥协调全校各系统的应急工作，同时还要深入第一线指导相关工作
教学机构	教务处	信息汇总和综合协调职责，发挥运转枢纽作用，做好相应的教学秩序维护工作
学生工作机构	各院系负责学生工作的领导学生会，团委	及时准确地向学生发布信息，做好学生的稳定工作，安抚受伤害的学生
后勤保障机构	后勤服务集团，校工会等	要做好受灾师生的基本生活保障工作，确保受灾师生有饭吃、有水喝、有衣穿、有住处
医疗卫生机构	校医院	及时赴现场开展医疗救治，及时提供药品、器械等卫生和医疗设备。必要时，组织动员社会卫生力量参与卫生救助工作
安全保卫机构	保卫处相关人员	对人员和物资进行安全保护。确保在紧急情况下师生安全、有序地转移或疏散，保证人员安全

2. 快速反应系统中的应急原则

（1）以人为本：在危机管理中，人员的生命安全是第一位的，这是危机管理工作的出发点和落脚点，所要投入的资源和采取的应急策略都应该紧紧围绕着灾害中的人来进行。因此，在危机管理过程中经常是不惜代价地抢险和救援，以最大限度地减少危机事件及其造成的人员伤亡和危害。

（2）快速反应：当危机事件发生之后，若不快速进行应急处置，危机事件的危害范围会扩大，进而可能会引起其他次生灾害，因此危机管理需要快速反应。在快速反应原则的指导下，还有一些细分的原则，例如"第一时间"原则、"允许越级"原则、"限定时间"原则、"及时核查"原则等。

（3）预防为主：危机管理应寓于日常管理之中，这样可以最大限度地控制和消除事故发生的风险和隐患，最大限度地减少事故造成的损失和影响。

（4）政府主导：危机管理所要面对的危机事件是来自自然界和社会运行过程内部的不确定性及由此导致的各种危机，它具有典型的公共产品的特点，因此防范和应对危机事件需要政府着力动员社会资源和公共力量加以解决，而不是靠个人或者其他团体的力量解决。

（5）统一领导，协同应对：危机事件具有紧急性、衍生性、关联性等特点，很多危机事件影响范围大、造成危害重，防范处置工作往往涉及多地区、多部门。因此在应对危机事件时，往往需要统一指挥和协调配合。

（6）资源整合：为了应对危机事件，危机管理工作需要备有一定的资源，但由于危机事件的不确定性，应急资源的消耗也具有不确定性，每个地区每个领域都配备足够的应急资源，是一种资源的浪费。为了降低应急的成本，避免重复建设现象，危机管理需要资源整合，以充分利用资源。

（7）适度反应：危机事件的危机管理要"适度"进行，如果应急工作做得不够，则可能引起危机事件的蔓延，造成更大的灾难；如果应急工作做得过度，则不仅浪费资源，还可能引起公众恐慌，造成负面影响。

（8）专业处置：危机事件的处置要根据不同领域不同类型，由该领域的专业力量参与处置，而不能仅仅依靠外行人进行处置，这样的应急处置才更科学专业。例如处理环境污染事件要有生态和环境工程领域的专家的参与，火灾处置要有消防专家的参与等。

3. 快速反应系统的运用

对危机事件进行分级管理是危机管理的一项重要措施。应根据危机可能波及的范围以及造成的危害，规定预警事项，建立预警事项处置程序，最大限度减少危机对社会的影响。常把预警级别设置 A 级为轻级，B 级为中级，C 级为重警，D 级为特警。按照危机事件的等级，设置不同等级的应急预案。当危机事件发生后，高校有关部门应及时公布事件级别，提高防范意识，及时采取相应的对策。首先，要明确事件的性质，对各种不同的性质或者同一性质不同情况的危机事件要采取不同的处置方法。由于分类的标准不同，高校危机事件可以依据当前现状和变化趋势划分。学校安全状况分为无警情（常态）、轻警情（非常态；一般事件，Ⅳ级）、中度警情（警示级；较大事件，Ⅲ级）、重度警情（危险级；重大事件，Ⅱ级）和特重警情（极度危险级；特别重大事件，Ⅰ级）五个等级，并依次采用绿色、蓝色、黄色、橙色和红色来对其进行警示[①]。

（1）成立应急指挥中心。指挥中心是各种信息的整合处理中心和人、财、物的协调调度中心。指挥中心应作为一个常规的管理机构，并由若干人员组成。在处理危机事件中，中心应具有绝对的权威性，有利于统一领导，分工负责，反应及时，加强合作。

（2）建立危机应急报告制度。危机管理机构需要及时掌握真实情况，以便做出正确的决策。任何个人和部门对危机事件的前兆以及发展进展不得隐瞒、缓报、谎报、漏报。接到下级报告的部门应立即组织力量对报告事项调查核实，采取必要的控制措施，并及时向上级机构报告调查了解情况。

（3）启动并修订应急预案。危机事件发生后，指挥中心应对危机进行综合评估，判断危机的性质和等级，提出是否启动预案或启动何等级的预案，是否要报上级主管部门。由于危机事件的类型千差万别，因此指挥中心应根据危机的变化和实施中发现的问题及时对应急预案进行临时修订、补充。

（4）建立执行和检查机制。执行是实现危机决策的重要途径，任何一项决策都不能离开准确有效的执行。高校应急指挥中心应设立纵向指挥层

---

① 潘东良．学校危机的类型、特点及管理策略［J］．教育科学研究，2004（8）：87－89．

面，每一级指挥层听从上一级指挥层的指挥。由于危机事件并不是常遇的，因此易引起人们的轻视和麻痹。各级指挥中心要定期举行演习，时刻提高警惕性，同时检查各危机事件应急机制工作是否正常。

（5）建立危机的信息发布制度。在处理危机事件过程中，管理部门要及时向社会发布真实信息，以争取人们的理解、配合和支持。当危机发生时，应及时开通专门的热线电话、网站，可以利用有线电视、广播、内部刊物简报、板报等宣传工具和方式，及时向校园公布事件的相关信息，保证信息渠道的畅通。对于较大的危机，还应建立新闻发言人制度，由危机管理机构授权，由专门的新闻发言人向全校公布危机的程度、进程等。避免在回答问题时，各部门因相互不了解情况，发生自相矛盾的说法。

4. 资源支持系统

在处理危机事件的过程中，会根据有效利用原则和区域就近原则、资源的分布和配置情况，及时制定出便于操作的调度程序，以保障资源的有效利用。另外，需要根据国家法律、法规制定有关资源使用后的归还和补偿规定，资源在调配使用后，按有关规定给予归还或补偿，才能保证各资源管理部门的正常运作。

资源支持包括资金支持和物资支持两个方面，是危机事件处理中的重要支持系统。

一是应急资金支持。高校应急资金主要来自教育部财政拨款，还可以拓宽应急资金筹措通道，如企业和社会的捐助及商业保险基金，这体现社会力量在危机管理中的作用，减轻高校财政负担。

（1）财政拨款。高校在每年制定财政预算时应将处理突发性公共危机事件的经费预留出来，在预算体系中设置专门项目作为专项应急资金，用于日常危机管理、应急研究，应急资源建设、维护、更新，应急项目建设及应急准备资金部门在处理危机事件中，难免会遇到受伤者要住院治疗、损伤公物要恢复、一线工作人员的奖励和补助、遇难者的资助等，都需要钱。2003年SARS流行期间，中央政府一次性拨付20亿元用于防治基金。《中华人民共和国预算法》中也明确规定，应按照本级预算支出额的13%，用于预算当年的危机事件或难以预见的特殊开支。高校危机事件处理过程中，资金问题常常制约事件的有效扼制。

（2）企业和社会的捐助。高校可利用自身优势，动员优秀校友、合作企业及社会爱心人士捐助资金，为他们捐赠高校提供平台，同时高校也给予相应的回报。校友、企业和社会捐助不仅可以大大减轻高校的财政负担，提高高校应对危机事件的能力，而且还激发了社会公众众志成城，敢于胜利的信心和士气，提高社会的和谐程度，产生良好的社会效益。

（3）借助市场化手段。商业保险基金可以弥补应急资金的不足，包括财产、人寿、保险等基金，高校应鼓励师生员工办理保险，是一种利用市场机制扩大自己供给的方式。

要设立专项财政资金和专门的基金，用于当年预算执行的救灾及其他难以预见的开支。建立健全社会捐赠制度。危机事件应急处置的专项财政资金，可由财政部门专户管理，统一使用，集中调度，年度结转。同时，在部门预算中，对经常性的应对危机事件的开支，也应有必要的经费安排，如科技部门有计划地安排减灾防灾、疫病防治的科技开发项目的经费等。对社会捐赠，要按照危机事件的不同类型，由有关政府部门和非政府部门组织分渠道、按制度管理。

二是应急物资支持。高校还应当保证应急处理所需的必需物品。例如，在突发性公共卫生事件中，要确保医疗卫生、救护设备、救治物品等常用物资的供应，以免延误时机。因此有关部门如医院、保卫处、车队等应有专人值班，以应对危机事件的发生。

应急物资按用途可分为防护救助、食宿消毒、应急交通、动力照明、通信广播、设备工具和一般工程材料七类物资类别，并将设备与装备包括在内[①]。高校应建立健全物资储备保障制度，完善重要应急物资的储备、调动和紧急配送体系。救灾物资储存、调配和紧急配送系统，积极培育和发展经济动员能力，确保救灾所需的物资器材和生活用品的应急供应。在保证一定数量的必需救灾物资储存基础上，积极探索由实物储备向生产潜力信息储备，通过建立应急生产启动运行机制，实现救灾物资动态储备；要加强对储备物资的管理，防止储备物资被盗用、挪用、流散和失效，一旦出现上述情况，要及时予以补充和更新。必要时，可以根据法律和有关

---

① 石奎. 高校面对危机的应急机制［J］. 中国西部科技，2004（8）：12-15.

规定，及时动员和征用民间的物资、器材，可借鉴国外做法，印刷专门的紧急征用卡，事后凭卡给予赔偿或补偿。

社会资源是应对危机事件的保证，能否有效整合可运用的所有社会资源是高校危机管理的关键项目。加强后勤保障体系建设，一方面要尽快革除原有体制的"条块分割"和"各自为政"的流弊，强化对于有组织资源的整合，包括全国的物资供给、急需资源的物流管理、全国各部门的运作配合、所有相关科研机构的紧密合作和资源共享等。另一方面，对分散于社会中的资源，要建立目录，保持联系，以便可临时求助解调或紧急征用。

（三）工程防御与技术保障系统

1. 工程防御系统

工程防御系统主要指土木工程学科中，建立和发展用以提高工程结构和工程系统抵御自然灾害和人为灾害的工程措施，最大限度地减轻未来灾害可能造成的破坏，保证人民生命和财产的安全。通俗举例，就是为了防止地震灾害，在建筑物设计、建造阶段，就提高建筑物的防震等级，使其在地震中不被震坏，保护人民生命财产安全。

图 4-4 某地的人防工程

高校运行管理中，领导者要有危机管理意识，使校内建筑物、操场等有应急因素考量。如校内必须建有一定规模的操场空地，当作应急避难场所；教学楼、宿舍楼、体育馆等大型结构物抗风与抗震的级别要高于居民楼一般水平；建筑物内要尽量安装消防设施，留有逃生通道；校园内道路要设置必要的停车位和紧急疏散通道；水塘湖泊要有护栏等防溺水措施；道路边坡要有加固围墙，防止滑坡、崩塌、泥石流等山地灾害；根据人防工程需要还要设置必要的防空防爆设施，如地下结构减震、隔震，地下工程防火，施工灾害的防御等。

2. 技术保障系统

增强技术保障要积极发挥科研的重要作用，加强先进的救灾技术、装备研究，当前尤其要加强信息传输、高层建筑火灾事故、环境灾害、海洋灾害等救灾技术和装备的研制和开发。高校要加强应急处置工作基础工程的研究，加强先进的救灾技术、装备研究，加强应急防护救助技术装备研发和配置。目前高校技术预警系统主要有两类，分别是电子预警系统和指标预警系统。电子预警系统一般如高校在学生生活区周边安装了红外线报警装置、摄像头、探头，在宿舍内安装消防自动报警装置，通过这些系统适时进行监测。指标预警系统先设定危机事件的一系列预警指标，然后根据这些指标去分析所获得的信息，以此判断事件是否会发生。依据预警对象的情况建立一套有监测功能的预警指标体系，并通过分析预警指标，确定预警对象与危机事件发展之间的因果关系，从而进行对危机事件的预测[①]。

信息、通信保障是危机事件管理体系最基础的一项工作，包括信息的收集、传输和处理等环节。良好的信息、通信保障能在危机事件发生之前，识别各种征兆性现象，对事件发生的概率和可能导致的后果进行正确的判断，能为应急处置的决策、指挥、组织和协调提供真实可靠的信息依据，并引导师生提高对危机的心理承受能力，增强对高校处置危机事件的信心，积极参与应对行动。高校当前必须尽快着手建立公共危机事件信息综合平台，加强危机事件预警系统建设，开发和建立灾害环境信息和救援力量信息数据库。建立健全各种预警指数和等级标准，规范灾情信息的获取、分析、发布、报送格式和程序。加强网络通信，包括计算机、网络、通信、电子等设备，维护危机管理部门的网络和对外的通信。高校要在整合各救灾职能部门专业通

---

① 曹静. 高校公共危机事件处置体制机制研究 [D]. 合肥：合肥工业大学，2009.

信网的基础上，建立跨部门、多手段、多路由，有线和无线相结合，微波和卫星相结合的反应快速、灵活机动、稳定可靠的应急通信系统。加强地理信息系统（GIS）、全球定位系统（GPS）、卫星遥感系统（RS）等先进技术的开发、研制和配备，不断开发和更新紧急指挥决策支持系统的软硬件技术。

图 4-5　应急通信车

技术人员保障主要是指公安、消防、医救、民防队伍等专业队伍为主体、群众性队伍为辅助的应急抢险救援队伍网络。发生特大、特殊灾害及其威胁时，军队和武警部队也应能及时参与到志愿抢险高校的救灾工作中来。公安、消防、医救、民防等综合抢险救援队伍，由政府部门负责组建和管理，业务范围涵盖高校。要进一步加大校内消防队伍建设力度，提高装备水平，增强实战能力，强化其在现场抢险救援工作中的地位和作用。校内各类抢险救援队伍要合理部署和配置，配备先进的各类救援装备、器材和通信、交通工具，制订各类应急处置专业技术方案，并积极开展专业技能培训和演练。定期组织跨部门、跨行业的综合性减灾演练，以加强组织协同和各专业保障，提高队伍快速反应和协同作战能力，确保队伍遂行抢险救援任务。

（四）紧急避难与救助救援系统

2004年3月22日，北京市质量技术监督局颁布《北京市〈地震应急避难场所标志〉地方标准》，并于2004年5月1日实施。并且在2004年北京市地震局与北京市市政管理委员会，共同建设了18处应急避难场所，面积达282万平方米，可供140万人应急避难。2004年12月中国地震局印发了《关于推进地震应急避难场所的意见》（中震发救〔2004〕188号），对应急避难场所的规划原则、建设思路、管理要求提出了建议，2007年，北京市市规划委公布了《北京中心城地震及应急避难场所（室外）规划纲要》，纲要提出，北京要加快应急避难场所及其配套设施建设，每年安排一定数量的场所建设任务。尤其是在经历了2008年南方大雪灾和"5·12"汶川大地震后，政府、专家以及公众都认识到建立应急避难场所的重要性和迫切性。在参照北京建设情况的基础上，各个城市纷纷出台了一系列相关的法规和纲要，成为重要的法律保障。

1. 紧急避难系统

紧急避难场所的特点首先是安全，应该在远离危险源的地方，可避免避难人员遭受第二次伤害。更要方便，应急避难场所应做到设施齐全，方便避难人员生活。例如，地震避难场所就应该内设应急指挥、应急供电、应急供水、应急帐篷、应急医疗、应急仓库、应急厕所等设施，以满足危机事件应急避难、紧急疏散的要求。还有一个特点就是要就近，应急避难场所的规划要考虑周围避难人员的数量，一般以步行5~10分钟到达为宜，方便其避难。

图4-6 某学校操场作为应急避难场所

激励地方和高校建设应急避难场所，应将应急避难场所的规划建设列入省、市、区、县总规划中去，落实到年度计划（预算）中去，可以实行专项拨款政策，并将此建设纳入年度考核中去，签订责任状，确保责任落实到位。至于标准方面，应颁布明确的应急设施和设备建设标准，使功能统一。

应急避难场所的选址，应进行全面风险分析与评估，并根据具体地区与自然、人文与基础设施等条件，通过问卷调查、专家评估、访谈等方式，选取最优方案选址。山区和农村的居民居住比较分散，选择学校作为应急避难场所优势比较明显，因为中小学校一般按居民人口分布情况建设，疏散距离合理，各种生活设施也较完备，是较为理想的避难场所。因此在新建中小学时，应综合考虑应急避难的要求，使其起到避难应急的作用。除此之外，城市内的火车站、广场、机场等重要交通枢纽周边适当多设置室内应急避难场所，并兼作交通滞留事件及重大天气灾害的安置场所。应急避难场所建完之后，应对其进行评估验收，并且每年应定期进行检查，评价标准可以分为基本要求、安全要求、管理要求三部分。检查应急物资重点是物资储备情况和管理情况，以确保场所内各种应急设施、设备完好，能够在危急时刻切实发挥作用。

另外，建立学校防灾体验中心，集防灾教育、防灾训练功能于一体，免费向公众开放，加大师生教育体验。另外，可以建立多支由师生组成的防灾减灾志愿者队伍站，平常定期进行的培训，危机事件时作为应急救援志愿者。

2. 救助救援系统

作为危机管理体系的一部分，应急救援组织面对的各种突发性危机造成的生命灾难，包括突发性疾病、气象地质灾害、恐怖事件和意外事件、公共卫生事件等，它们构成了该类组织的社会工作环境。根据灾难发生的"第一目击者"[①] 往往先于专业急救队伍到达现场的原理，世界各国都倡导动员社会力量、全民参与应急体系，增强全社会的应急能力。应急救援组织应该联合政府、社会各类非政府组织、应急救援部门、单位、行业及公民个人进行社会动员，整合社会应急力量，通过建立良好的信息沟通网络，进行有效的急救行动，从而实现应急响应的组织过程。2007 年，我国通过

---

① 叶云风，董晓梅，王生涌，等. 国内外公众自救互救技能培训研究进展 [J]. 伤害医学（电子版），2015，4（1）：37-44.

的《中华人民共和国危机事件应对法》总则第六条规定："国家建立有效的社会动员机制,增强全民的公共安全和防范风险的意识,提高全社会的避险救助能力。"[①] 可见,危机事件的应对不仅仅是政府的职能,其需要更多的社会力量。自汶川地震后,在危机事件的应对过程中涌现出了诸如中国红十字会、蓝天救援队等许多非营利性社会应急救护救援组织,并且在物资、资金、技术等方面都发挥了相当的辅助应急作用。

应急救援社会组织是指以应急救护救援为主要任务的多方参与治理的志愿者组织、事业组织、专业组织、人民团体和一般性社团,可视为组织领域的行政联合,以应急指挥为中心,有序开展救援活动,有效发挥作用,如表4-3所示,为应急救援组织系统服务[②]。

表4-3 应急救援组织的作用

组织	工作分类	工作目标	意义
政府	危机管理主责任人	制度设置和控制	制定合法性规则和资源分配规则,树立共同拥有的文化准则和体系
前应急救援组织	基础组织	理念倡导、价值灌输、专业知识宣传、动员群众	内化维护本领域共同拥有的文化准则和意义体系
	应急救护培训组织	培养拥有专业急救技术的社会成员	奖励、承认
救援行动组织	现场行动组织（危机情形）	现场紧急搜索、救援行动组织	突发的不确定性
后心理救援组织	效果体现组织（后危机情形）	急救中心、心理干预机构	立即接待紧急介入治疗

高校要广泛建立应急救助救援组织,开展急救知识培训。应急救助救援组织或社团要发挥其数量众多、分布广泛、扎根社区、面对大众的优势,为广大师生开展应急教育、培训、宣传和危机救援活动。按照应急救援网络化建设的要求,在非危机状态时,开展培训、演练,在危机事件发生状态时,积极开展救援救助,救死扶伤。高校的社区化救援组织具有熟悉地

---

① 中华人民共和国主席令第六十九号 [DB/OL]. http：//www.govcn/ziliaoflfh2-08/30/content_732593htm.
② 时立荣,常亮,周芹. 应急救援社会组织联动协同关系研究 [J]. 江淮论坛,2017（06）：90-94.

理环境、通晓本地方言、距离受灾地区近、后勤自给保障便利等优势，可以配合政府救援系统发挥更大的作用。

完整的急救行动过程即是系统的行动。根据突发灾难过程的事前、事中和事后的接续性，处于共同任务环境之中的应急救援社会组织可以分为三大类别，如表4-4所示，它们分别具有不同的功能，履行不同的职能。

表4-4 应急救护救援组织分类

目标	抢救生命		
系统过程	事件前	事件中	事件后
组织类型	应急救护培训教育类	应急救援类	应急心理干预类
功能	预防	行动救助	善后：哀痛愈合
职能	培训、教育、宣传	搜救、转运	心理慰藉、疏导治疗
案例	中国红十字应急救护培训中心、上海音速青年志愿服务中心	蓝天救援联盟、中国地震应急救援专业委员会、急救中心	中国红十字心理救援队、天津市心理救援队

应急救护救援组织是来自公共领域的应急力量，包括各种应急培训机构、防灾减灾宣传倡导组织、各类救援行动组织、备灾供给保障组织、心理救援机构甚至灾后生产恢复救助组织等。对应应急救助过程，可分为应急救护培训教育组织、应急救援组织和应急心理干预组织三类。三种不同的组织具有共同的整体目标，都是为了抢救生命和把身心伤害降到最低。

图4-7 桂林蓝天救援队

在应急组织系统功能上,他们分别发挥着急救预防功能、紧急救援功能和善后伤痛治疗功能。由功能而来,三类组织各司其职,分别承担着应急救护知识技能培训、专业搜索救援及伤员转运、伤后心理康复干预等不同的工作职责。应急救护教育组织的核心工作是急救理念倡导、防灾避险知识普及和急救技术培训,教与学的转化能力是其核心技术;应急救援组织的核心工作是现场救援行动,专业核心技术在于专门搜索技巧和救援水平;应急心理干预组织的核心任务是危机心理救援,临床治疗的心理危机介入程度和有效治愈是其技术核心。

二、建立高效的危机管理机制

将危机管理的概念引入高校管理中,建立高效的危机管理机制是构建和谐校园的迫切需要。高校构建和谐校园是一个漫长的过程,是不断发现矛盾,解决矛盾的过程,是从相对不和谐走向和谐的过程,也是一个动态的不断适应变化着的社会发展需求的过程。为更好地满足高校的应急管理需求,可参照"五制一体"的危机管理机制,如图4-8所示。

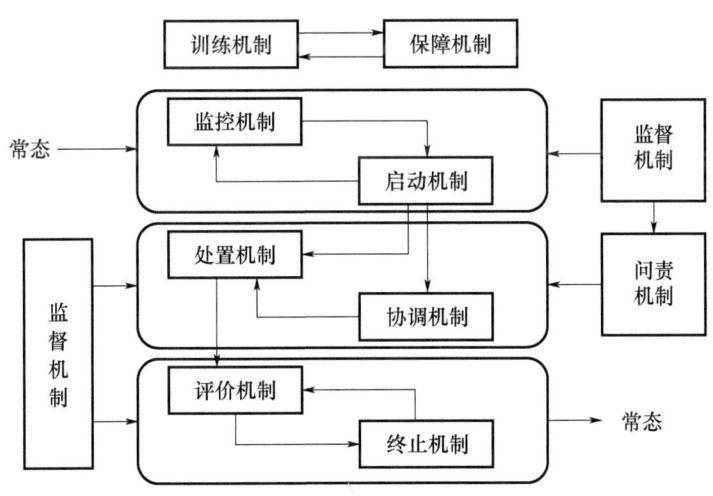

图4-8 危机管理机制的构成

(一) 监控与启动机制

1. 监控机制

在危机管理机制中，监控机制不仅在预测、预警中发挥重要作用，而且在危机事件的应对过程中，监控机制的运行还能实时监控危机事件的发展、未来趋势，为应急决策提供依据。防患于未然是现代危机管理的重要所在，监控系统可以定义为由监控主体、监控对象和监控介质组成的用于监控目的的系统。其中，监控主体是实施监控的个人或组织。监控对象可以分为直接对象和间接对象，所谓直接对象指能够直接反映目标的监控对象，而间接对象是指间接反映监控目标的监控对象。监控目的决定了监控机制的设计方式，反过来，监控机制设计的有效性要由监控目的来检验；监控主体通过"相互关系和运行方式"对监控对象实施监控，并且借助于监控介质。

2. 监控与预警系统

预警系统的完善与否关系着高校危机管理的水平，在高校危机管理的中，监控与预警系统所监视的是一个特殊的环境，从而对每个细小的不良变化都会有所反应。监视预警系统的主要功能是尽可能早的发现危机，而危机管理的理想状态就是将一切具有可能发展成危机事件的情况消灭在潜伏期，减少危机事件发生的可能性，其次在危机始发时能够及时反应，并做出相应积极反应并激活抑制系统。建立危机事件预警系统主要作用在于能尽早发现危机的来临，从而及早采取行动；有助于学校管理者及时收集与评判有关学校突发事件的各种信息，提前发出预报。

监控预警系统主要可以分为动态系统与静态系统，无论是动态监控预警系统还是静态监控预警系统都可以通过不同的方式收集信息，而收集信息的准确与否直接关系到整个危机管理与应急响应工作的质量，通过对获取的原始信息进行筛选、分析、研判、剔除，从而尽可能准确地判断事件的敏感程度和事态发展的可控程度，并做出形影的应急响应级别和初步处置方案。

3. 监控机制的设计原则

（1）目的性。监控目的决定监控机制的设计，决定了监控机制的组成和运行模式。在危机事件发生之前，监控机制的设计是为了预测、预警，防止突发事件的发生或者减少突发事件发生带来的损失。危机事件发生后，则是为了识别灾情，了解危机事件的发展和未来趋势，推测已经发生的事件会不会导致次生灾害的发生。

（2）及时性。在危机事件发生前，监控机制应能及时、尽早地识别危机事件发生的早期信号、征兆，以避免事件发生或减少损失；一旦危机事件发生，监控机制应能及时、快速报告事件发展的情况，为应急处置提供依据。因此，当事件爆发时，学校管理者应正确理解事件的来龙去脉，根据不同的突发状况采取不同的应对方式。

（3）稳健性。由于危机管理监控机制中监控的对象是突发事件，突发事件一旦发生就可能造成巨大的损失，因此，突发事件的特性要求相应的监控机制运行不能因某一个环节的错误而中断。例如，监控信息的报送是监控机制的一个环节，如果监测人员没有察觉到某个信息，机制的运行就此终止，就可能导致不可挽回的损失，因此，在设计时需要考虑校测信息传送的多渠道方式。

（4）高效性。监控信息规模的扩大导致预警系统的结构极其复杂，预警系统在收集监控数据的过程中，要随时处于高效率的采集状态，为预警系统安全运行、准确预测提供稳定的数据信息支持，监控信息是发现危机信号的主要依据，是预警系统稳定运行的基础，因此，保证信息收集的高效性是准确预警危机的基础。

4. 监控机制的组成要素

监控机制的基本组成要素包含监控结果的预设、监控时间、监测点设置、监控方式和信息报送，如表4-5所示。任何一套监控机制至少具备以上五个要素。监控结果的预设分为定量和定性，定量结果的预设，例如污染物浓度、洪水覆盖面积、台风何时到达等，而定性结果的预设，例如污染物种类、危机事件的发展趋势或是否可能发生危机事件等。监控时间分为连续时间和离散时间。连续时间指进行一天24小时的连续监控；而离散时间监控可以分为周期性监控和随机监控，周期性监控是指每隔一定的时间进行采样监控，例如每隔1小时进行一次采样监控，随机监控是指选择随机时间进行的监控，如突发公共卫生事件的监测就是随机监控，在一定时期内，由于病人的就诊是随机的，各个监测点（如医院门诊等）信息的报告也是随机的。监测点设置可以分为单点监控和多点监控。监控方式可以分为人工直接监控、人工间接监控和人机共同监控。人工直接监控是指通过人员到达监控现场无须借助任何介质进行的直接监控。虽然当前各种监控技术已经很发达，但在某些情况，人员的直接监控是必不可少的。人工直接监控则指人员借助各种介质（技术或设备）进行监控。在很多情形下，往往需要两种方式的有机结合，从而更好地达到监控目的，因此，可以采用人机共同监控的方式。信息报送方式不可或缺，分为主动方式和被动方式。

表4-5 监控与预警机制的基本组成要素

基本要素	分类		
监控结果的预设	定性：污染物种类、发展趋势，是否可能发生演化事件		
	定量：污染物浓度、洪水覆盖面积、台风何时到达等		
监控时间	连续时间监控	离散时间监控	
		周期性监控	随机时间监控
监测点设置	单点监控		
	多点监控		
监控方式	人工直接监控	人工间接监控	人机共同监控
信息报送	动态预警方式：书面报告、短信等		
	静态预警方式：报警信号等		

做好危机事件的监控工作，防止连环危机事件的爆发。危机事件发生时，学校除了需要积极采取行动进行解决外，还应做好危机事件的相关检测工作，了解危机事件的起因，观察是否会有连环反应事件。学校在解决危机事件时，要密切注意危机事件的起因和发展变化，预防危机事件的连环爆发。同时，还要检测危机事件是否顺利解决，其影响是否在减弱，特别要注意观察重大危机事件所引起的学生心理的变化，预防学生群体可能产生的各种心理行为及可能的发展趋势，以便及时采取针对措施。

5. 监控与预警机制的构建

理论与实践不断证明，促进管理、增强组织沟通、提升品质都可以从不同程度地降低危机发生的可能性，有效的危机管理应该在于监视与预警机制的构建上，在提高教育程度的同时，更强调做好准备来反映和恢复危机，以此来缩减危机及其根源。对于高校而言，应针对学校的具体情况从四个方面入手制定相应的预警机制。①在危机的监控预警环境上，要构建完备的危机收集与处理机制，包括识别环境中有利于应对危机的方法，制订相应的目标与计划来满足危机预警的需要，从而提高危机预警的反应速度与精度；②在危机的监控预警结构上，要准确梳理应对危机的不同反应机构之间的权责关系，保证预警信息准确且顺利地被不同反应机构接收，促使危机预警工作的连贯性；③在危机的监控预警系统上，要确保预警信息与其反应作业协同与流转的高效性，保证预警信息不会与其他信息彼此干扰；④在危机监控预警的人员管理上，要保证相应人员的专业性，人员掌握危机的处理方式与方法，在发生危机时，就能通过采取及时而准确的行动，来降低潜在的不利冲击，从而尽可能地避免突发事件的发生。

6. 启动机制

在危机事件的处置中，对于应急启动的描述往往用"立即启动应急预案"来描述，在事件处置的实际过程中，应急运行包含许多关键性的动作，包括启动预案、发布预警、制定工作方案等一系列工作。高校平时就成立应急管理小组，制订应急管理计划和处理程序。其成员应包含学校管理者、保安人员、专业教师、各系教师代表、校医和学生代表等，最好还有法律、管理、心理咨询、宣传等专业人员。当危机事件来临时，立即召开会议，商讨应对策略，果断启动应急管理预案，一旦决定启动预案，分析备选方案，执行最优方案，并明确相关部门和人员的责、权、利，使之尽快落实各项措施，要做到全面动员，全面防范，迅速进入"战时状态"。预警预报系统是指挥保障系统基础，良好的预警预报系统是突发事件特别是重大事件的关键环节。特别重大突发事件的指挥人员应具有应急管理的理论知识和一定实践经验，能够在最短的时间内，判断问题的性质、范围、破坏程度和后遗效应等，确定目标，快速拟订各种可行的处理方案，经科学的分析与评价，筛选出满意的方案并加以阻止实施和跟踪检验。决策一旦形成，就应迅速调集必要的人力、物力、财力，使其在时间和空间上得到合理、有效的布置和安排，组织协调各部门、各单位的行动，确保选定的决策方案不失时机地得到落实和执行，并注意及时纠正决策过程中的失误，直至危机彻底解决为止，如图 4-9 所示为应急管理启动机制的示意图。

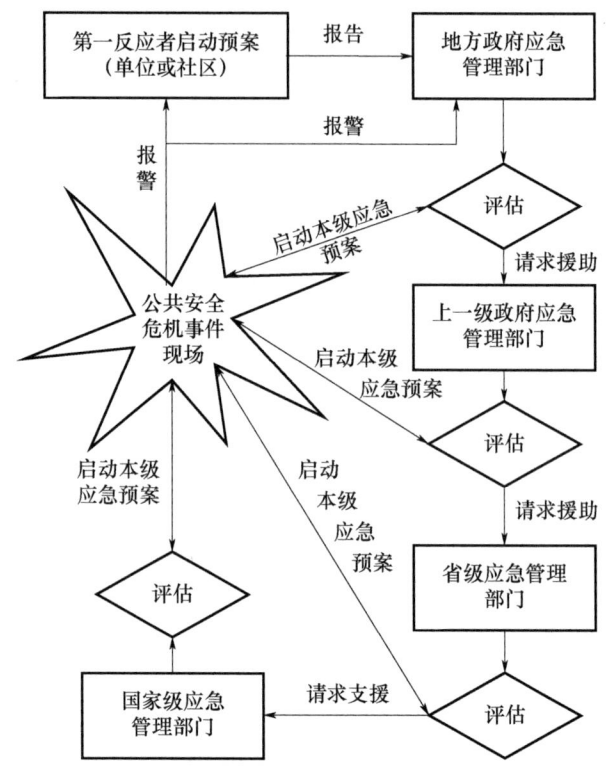

图 4-9 应急管理启动示意图

觉察到危机即将来临时，高校管理人员首先是应迅速启动本校已经制订好的应对机制，全校工作立即进入应对状态，尤其是对于某些大型的突发事件（如非典），一切工作服从于应急。其次是做好师生及家长的宣传和指导工作，防止出现心理恐慌局面。再次是联系和动员一切可能的力量，如政府部门或社会组织，协助学校妥善而迅速地处理。启动应急机制的程序是：①正确判断事件性质；②果断启动应急机制；③首先保障学生安全；④执行正确通报程序；⑤采取防止恐慌的措施。另外，应对危机事件过程中，光靠校领导者一个人的处理显然是不行的，必须要加强高校各部门人员的协同合作。各部门人员要具备高度的责任感与集体荣誉感，依据事先制定的应对职责充分发挥各自的特殊作用，服从应急管理小组的指挥，发扬不怕吃苦、敢于面对危险、团结协作的精神，坚决避免推卸责任、互相指责等现象的发生。

需要指出的是，高校危机事件的报告与按照程序启动应急预案有所区别。在发生公共安全危机事件之后，按照一定的程序上报各级政府的有关部门，对于上级政府部门及时掌握信息，了解情况，做出宏观决策都是非常必要的。即使所发生的危机事件不需要动用上一级政府或国家的资源，也要按照规定逐级上报，但如果要启动上一级政府的应急预案就需要慎重考虑。在一般情况之下，请求动用上级政府的应急资源时需要考虑的因素有：其一，公共安全事件的危害范围已经超出本级政府的管辖范围，如有毒物质、放射性物质已经扩散到相邻的地区；其二，应急资源严重缺乏，不足以控制灾难性事件的蔓延扩大，如人力资源、技术资源、装备资源等不足；其三，需要特殊的专家与技术支援；其四，需要动用上一级政府的权力以作出特殊的决定，如宣布进入紧急状态等；其五，有关危机事件的重要信息源掌握在上一级的政府的手中；其六，本级政府没有制定相应的危机事件应急预案。上述情况中无论是哪一种情况出现，都应当进行适当的评估，以避免反应过度与反应不足两种情况出现。

(二) 训练与保障机制

高校危机管理的基础环节是提高师生的自我防护的知识与技能，努力提高师生防灾、减灾和保护生命健康安全的意识和基本技能，这对于学校应对危机事件以及减少危机事件的连环反应及负面影响至关重要。与此同时，有效的后勤保障与组织管理机也是构建高校安全的有力后盾。

1. FPC 模型

FPC 模型是由熟悉度（Familiarity）、预见度（Predictability）、能力（Capability）这三个维度组成的，这构成了有效危机反应措施的整合体。熟悉度是指处于危机中的人对于危机情景的熟悉程度，预见度是指危机反应过程的预见程度，能力则是面对危机发生时参与处理事件的能力。这三个核心变量影响了危机突发时的走向与危机管理计划执行能力的高低。若在危机发生时，参与者对于三个维度的答案值较高，则处理危机的履行绩效就会高，反之则会相应降低。熟悉度、预见度以及能力取决于卷入危机的人所拥有的经验以及应变能力。然而经验的获取有很多方式，而处理应对危机的最佳经验就是曾经身临其境地经历过危机的发生，经验可以从观察他人如何处理危机,间接地通过"体验学习法"掌握危机中的有效处理方式,从而提高参与者的三种能力,进而提高危机处理的履行绩效。对于学校而言,建立高校危机应对训练机制,这对于学校应对危机事件及减少危机事件的负面影响至关重要。

2. 训练机制

建立训练机制确定的首要任务是确定训练对象,由高校危机管理的特点出发,训练对象应包括:教师、学生、后勤人员、保卫人员、管理人员等所有学校人员。对于不同的培训对象,培训内容应有所侧重。进行任何训练对于学校而言都有积极的影响,它可以提高学校参与者对危机的熟悉度和提高处理危机的能力,有效的训练可以降低实际操作过程中人为的错误,同时降低实际操作过程中错误,提高危机处理的效率。①通过参与训练,可以使每个训练对象熟悉他们在危机中的任务和位置。②通过训练可以培养参训人员之间的默契。③通过训练有利于管理人员在处理危机时节省更多的时间。

然而,高校危机事件很多时候在未能避免的情况下发生时,高校危机训练机制是否完备、有效,是处理危机事件的关键所在。学校管理人员在没有根据组织成员的水平和能力制订相应的训练计划时,也会导致一系列的问题,这是高校危机训练组织者需要避免的。

(1)在训练中仅描述一种形式的危机情境即危机仅以一种形式发生。在没有突发事件发生的情况下,参加者对危机发生了什么和如何发生茫然不知。这种想法和习惯在危机情境变化时会使危机中师生的反应能力变得迟钝。

(2)学校管理者和师生把训练视为对打断他们正常工作的一种累赘,因此,训练有可能流于形式。对于危机反应的学习效果就会相应降低,处理问题的能力也得不到提高。学校管理人员需要保证训练中的危机案例是至关重要的,不能使训练流于形式,可以将训练者置身于一个假设性的危机事件中,让他们构思小组的构成及各个成员的职责分配;或者给他们提供一个危机情境,并给他们配以各种角色,让他们学会在危机事件中集体思考、协同行动。

(3)训练或演习脉络清晰,并且和结果完全符合。但是这就意味着训练失去了不确定性,当危机真正到来的时候,就会缺乏应对突发事件的反应能力。当师生在严密、严格的训练中接受训练后,在处理现实危机时会变得过于自信。然而演习中扮演的角色和实际发生的情况是不一致的。

3. 训练机制中应急预案的编制

通过制定突发危机事件的应急预案，建立健全突发危机事件的应急机制，提高学校应对突发性危机事件的能力，在切实加强校园环境风险源的监控和防范措施，有效降低事件发生概率的前提下，并制定相应的措施，对突发危机事件进行有组织的救援，控制危机事件的蔓延，减小影响，最大限度地减少突发危机事件带来的伤害。应急预案的编制流程图如图4-10所示。

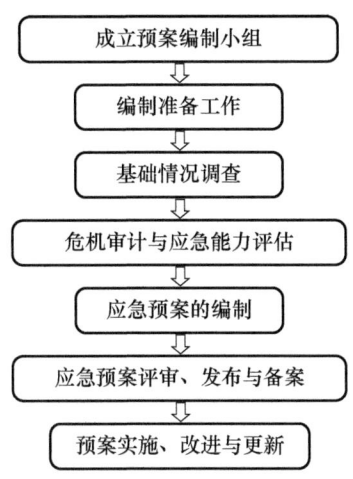

图4-10 突发危机事件应急预案编制程序

预案包括"八要素"，包含总则，组织指挥体系与职责，预防与预警，应急响应，善后处置，应急保障，宣传、培训与演练，附则等基本内容，具体见表4-6。

表4-6 危机应急预案内容的基本要素

要素	基本内容
总则	目的、原则、法律法规以及适应范围等原则性问题
组织指挥体系与职责	包含突发危机事件的应急组织体系的框架、组成机构的组成及职责
预防与预警	预警与预警系统、预警级别及预警行动和支持系统
应急响应	信息处理、分级响应、指挥协调、现场处置、人员救治及事故调查
善后处置	事后评估与恢复重建等
应急保障	人力资源、资金、装备、物资、通信、交通运输等技术保障
宣传、培训与演练	针对原内容的宣传、培训和演练做出明确的规定
附则	预案中涉及的名词术语定义、预案的发布实施及更新管理等内容

4. 保障机制

在危机管理中，选择合适的响应策略是防止危机进一步发酵引发连环反应的重要一环，尤其是出现信息不明、时间紧迫以及已经确定危机已经发生且引发一定的损失时，这就要求危机管理者在危机事件发生以前做好足够的后勤保障，通过分析评估危机事件发生时的具体情况来争取获得更多的信息、更多的时间以及更低的损失。对于学校的危机管理过程中，主要从三个方面来保障：一是树立危机意识，在思想上积极引领师生绷紧和谐稳定的文明弦；二是拟订危机处置的预案，争取在危机事件发生时获得更充分的时间，更好地部署以适应情况的变化以及危机事件发生时给予及时的支持；三是构筑危机预警系统，预警可以及时捕捉危机征兆，是危机防范的前哨，具体方法包括建立完善高校内部信息反馈体系等。

5. 保障机制中应急资源的准备

（1）应急资源。应急资源主要指应急物资、资金、人员、场所、设施、设备等应急处置中需要使用的各项资源。应急资源是突发危机事件有效应对的重要保障。通过对以应急资源的合理配置、有效整合，避免资源缺乏不足或存放不合理、管理混乱等问题。一方面，能够确保资源在需要时尽快投入使用，保证突发危机事件的快速与高效处置；另一方面，从经济角度出发，也能够实现资源使用的最优化。

（2）资金保障。应对突发危机事件，首先必须有充足的资金保障。应对突发危机事件的资金，一般由财政拨款、社会捐助及政策、商业保险三部分组成。因此，学校应将危机应急资金纳入学校的制度保障，按照事权与财权划分，分级响应、分级承担的原则，与危机管理的需求相呼应，合理安排应急经费。

（3）人才队伍建设。通过危机管理专家队伍与研究的完善，加强突发危机事件处置的理论支撑与技术支持，对于防范突发危机事件的发生，科学应对危机事件具有积极意义。同时也应加强救援队伍的建设，通过培训与学习使得学校救援队伍团队更具专业性。

（三）处置与协调机制

1. 处置与协调机制内涵

危机管理处置机制是指应急管理者通过信息搜集、专家咨询，制定与选择应急方案，实现科学果断、综合协调的应急决策和处置，达到以最小的代价有效地处置突发的危机事件。

危机管理协调机制是在处置机制启动后立即启动的机制，是危机管理机制中的核心机制。具体是指通过整合危机管理过程中的各种组织、人员、信息以及物资，达成危机管理体系的纵向信息畅通以及横向部门协调，实现危机管理各职能部门的统一指挥和相互协调，最终提高应急管理的效率、达到应急管理的目的。

在危机管理中，处置机制与协调机制是密不可分的，因为在突发事件处理过程中，往往涉及多个部门和人员，其中协调要起到很大的作用。在处置机制启动的同时，协调机制也要立即启动。

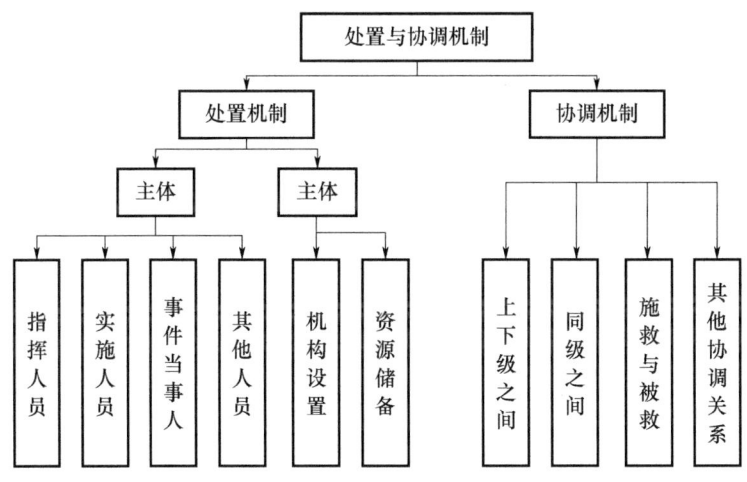

图4-11 处置机制与协调机制框架

2. 处置机制

危机事件发生以后，需要迅速按照处置机制进行处置。处置机制从时间上可以按照危机事件的发生发展过程来分事前处置、事中处置和事后处置；从空间上分可以分为现场实施与幕后指挥；还可以按照参与事件的人员身份进行分类。从图4-11可以看出，按参与应急管理的主体来分处置机制的主要构成组要有指挥人员、实施人员、事件当事人、其他人员（媒体、志愿者）。

（1）指挥人员

危机事件发生后，立即成立危机事件处置指挥组，处置危机事件领导小组成员为指挥成员。主要职责是全面指挥协调危机事件外置工作。指挥人员分为上级领导幕后指挥和现场指挥。上级领导幕后指挥在对危机事件进行详细了解后，对事件做出如何处理的决定，调动相关人员，设备进行现场处理，并对事件发生进程进行实时观察与监督，随时改进处置方法进行总体的指挥调度。现场指挥的职责就是根据事件发生特点以及当时人员受伤及环境情况进行合理分配人员设备，采用尽可能高效的处理方法减少危机事件造成的影响。

（2）实施人员

实施人员包括现场处理人员以及后勤管理人员，其中现场处理人员一般都是具有特定技能的人员（比如发生公共卫生事件时，赶赴现场的都是医疗卫生人员），或者因其人数或身体素质比较适合解决事件的要求而赶赴现场（比如抗洪救灾时的军队指战员等）。

实施人员的责任是在危机事件发生后，根据上级指示，听从指挥，进行现场处理，包括人员与公共财产的营救及保护，以及人员的事后安置等。后勤管理人员职责是保障危机事件处理时需要的设备、资源以及其他方面的需要得到及时满足。幕后技术支持主要是指通过通信及网络技术对事件进行分析、建模，从而提出合理的解决方案，以及直接运用高科技进行危机事件的处理。

（3）事件当事人

事件当事人即危机事件直接影响的人员，影响包括人身伤害或者财产损失等。这部分人员对危机事件的原因、事发地的详细状况有比较清楚地认识和了解。如火灾中的受伤人员，泥石流或地震中遭受损失的灾民，交通事故中的伤员及肇事者等。危机事件发生后或者在事件未发生但能够预见到发生时，当事人应当立即向可以解决问题的相关部门或人员进行报告，以便及早预防，及早采取措施，使事件影响降至最低程度。当事人在事件发生过程中，应当积极配合事件处理者，做好本职工作，并尽可能协助处理事件。在大规模公共事件,比如洪灾、火灾中,当事人应该积极采取自救措施,尽量不要慌张,积极配合营救者的工作。

(4) 其他人员

危机事件发生后,除了事件发生当事人、事件处理中的指挥者、实施者之外,还有一些其他人员如新闻工作者和志愿者等,也起到了很大的作用。新闻工作者在第一时间通过不同的媒介把事件详细地报道出来,让不同地方、不同行业的人都可以了解到危机事件。作为新闻工作者,有责任也有义务保证新闻的准确性与客观性。志愿者在危机事件处置中也扮演了很重要的角色,他们一方面能提供人力,另一方面可以提供一些必要的技术支持。

3. 协调机制

危机事件的处置,往往牵涉社会的多个方面,包括人员的身份、不同的组织等,这就要求危机管理中要建立起一个良好的协调机制,以对事件中的人员及不同组织实现协调配合。高校危机管理处置一般会涉及政府的要求,有受害人的要求,也有新闻媒体的要求,以及参与各部门、单位自身的要求等,而且要求目标常常不一致,互相产生冲突,需要立即予以安排的工作头绪也很多。在紧急情况之下,哪个部门应当做什么工作、最适合做什么工作,如何保证每一个参与应急的组织机构都有适当的工作去做、每一项具体工作都有人去做,出现问题向谁请示、由谁解决等,这些问题在理论上似乎都容易得到解决,而在实践中并不是一件容易的事情。

应急机构的主要工作是协调而不是控制。首先要明确应急体系框架、组织机构及各自的职责。这就需要协调者在制定应急预案的指导原则时就明确应急体系的框架结构和参与应急处置机构的工作职责,把政府有关部门、非政府组织以及志愿者等可用的应急资源安排到应急体系框架之中。其次要合理配置应急资源。对于重大的高校安全危机事件,需要动用较多的应急资源,包括人力资源、物质资源、信息资源、权力资源和经费资源等。实践中既要避免资源的重复建设而造成浪费,也要避免应急职能的交叉重叠或资源不足。

在高校危机处置过程中,信息的获取与沟通起着关键性的作用,无论是配置应急资源,还是做出重要的决策,都离不开信息的收集、分析与沟通。危机事件一旦发生之后,事件的当事者或有关单位在立即报告高校领导,同时,高校应急管理部门也应根据预案报告地方应急协调管理部门和上级教育主管部门,确保事件信息要在快速协调下传达到该知晓的机构和人员那里。高校在研判危机事件的严重程度后,可以请求协助或支援。协调机构认为有必要时,可以要求有关组织和个人予以协助,有关组织和个人有义务协助,被要求人一般不得拒绝。在应急资源不可能解决所有问题时,高校还可以请求上一级教育主管部门和政府应急机构来帮助其共同处置灾难性事故与事件。在特殊情况下,还可以请求军队予以协助。上级协调部门要随时了解、掌握下级的请求,积极协调资源。

协调机制的具体内容与危机事件的大小和其所涉及的领域都密切相关。大体上包括上下级的协调,同级之间的协调,施救者与被救者之间的协调,其他协调关系等。

(1) 上下级之间的协调

对于上下级来说,上级通常处于指挥者的位置。其任务是从整体出发,统观全局,对事件的处置发出宏观的命令,具体处理交由下级人员完成。而处于下级的组织及个人则应当严格遵守上级命令,具体实施救援及其他行动,并将事件处置过程及结果和事件的详细发展情况向上级报告,以便上级做出下一步指示。

在重大危机事件中,指挥人员通常分为很多层级,层与层之间就是一个上下级的关系。但所谓的上下级也不是绝对的,同一个级别的人员通常是同时扮演了上级和下级两个角色,在处理过程中,通常是既要向上汇报也要向下发出命令。

(2) 同级之间的协调

在危机事件中,同级之间应当首先明确自己的责任,做好本职工作,同时积极辅助其他人员完成事件处置工作。比如同为施救者,消防队队员和解放军战士,医护人员、志愿者之间要有明确的分工,要实现信息共享,职责分担,各司其职,互为补充。

(3) 施救者与被救者之间的协调

危机事件中施救者与被救者之间的协调作用是不言而喻的,施救者采取合理的方法进行事件处置,被救者需要积极配合。对于被救者来说,他们是事件的受害者,在事件发生后,通常需要接受外界的帮助,此时他们彼此的处境类似，包括外界环境与心理变化，应该做到互相帮助，互相体谅，在身体与心理上尽快从危机事件的影响中摆脱出来。施救者又可以分为指挥人员与具体施救人员，施救者除了要给予被救者物质上的帮助外，往往还需要给予心理上的救助，此时被救者在受灾后，应该积极主动接受救助，并且尽可能为施救者提供必要的帮助。

（4）其他协调关系

除了以上几种比较明显的协调关系外，还包括其他很多关系，例如，与危机事件没有直接关系的组织或个人，通过网络媒体对危机事件的失实报道进行传播，就需要相关方参与协调，避免以讹传讹。

（四）评价与终止机制

1. 评价机制

高校危机管理评价也是一个动态循环的评价过程，即通过对高校危机事件的日常应急管理能力评价、事中的应急响应能力评价以及事后的恢复能力评价，获得高校危机管理能力的评价结果，并对其加以改进和完善，逐步提高高校危机管理能力的水平。在危机管理评价之前，首先要进行危机事件的原因调查，主要包括事件基本情况的调查、事件成因调查以及事件的影响调查。事件的基本情况调查在信息收集阶段基本完成，但是危机事件较为复杂、紧急、或原因不明时，危机事件发生以后需要对事件的基本情况进行有效的梳理，主要包括事件发生的地点、时间、事件发生的直接原因，周边的环境及舆论公关情况等；事件成因的调查是指在调查了解事件发生的直接原因的基础上，挖掘和分析事件发生的纵深原因，准确把握危机事件发生的本质，为决策者评价提供方案；事件的影响调查主要是针对危机事件的影响具有长期性的特点，需要及时调查评估，进而提供科学决策信息。

与此同时，完善危机评估指标，使危机评估机制规范化。建立明确的、量化的、有弹性的绩效指标，由专家组成评估小组，进行事故分析、技术鉴定和结果评估，客观、科学地分析事件根源，评价危机管理中的不足，有针对性地改进，提升缩减损害能力。高校危机管理指标体系由预防能力、处置能力、恢复能力和学习能力四部分组成，各评价项目和评价因素都是通过具体的指标来显示的，如表4-7所示。

表4-7 高校危机管理能力评价指标体系

评价目标（O）	一级指标（A）	二级指标（B）	三级指标（C）
高校危机管理能力	预防能力指标（A_1）	组织机构（B_1）	机构设置（C_1）
			职责分工（C_2）
			专家队伍建设（C_3）
		风险预警与控制（B_2）	应急预案（C_4）
			潜在事故的信息收集（C_5）
			分析与预测（C_6）
			风险预估（C_7）
			预警实施（C_8）
		培训与演习（B_3）	培训和演练计划（C_9）
			人员培训程度（C_{10}）
			宣传和教育（C_{11}）
		设备物资（B_4）	设施设备（C_{12}）
			资金保障（C_{13}）
			物资储备（C_{14}）
	应急处置能力的指标（A_2）	应急人员（B_5）	领导机构（C_{15}）
			反应人员（C_{16}）
		应急指挥（B_6）	先期处置（C_{17}）
			紧急决策（C_{18}）
			预案启动与执行（C_{19}）
		应急控制（B_7）	疏散与救援（C_{20}）
			控制措施（C_{21}）
			损坏动态评估（C_{22}）
		应急协调（B_8）	人员沟通与协作（C_{23}）
			物资供应（C_{24}）
			信息采集和传递（C_{25}）
	恢复能力的指标（A_3）	善后处置（B_9）	调查评估（C_{26}）
			责任处理（C_{27}）
		恢复建设（B_{10}）	恢复计划（C_{28}）
			设施与制度重建（C_{29}）
			心理干预与辅导（C_{30}）
	学习能力的指标（A_4）	个案学习（B_{11}）	时间原因及处置过程总结（C_{31}）
			经验学习（C_{32}）
		总体学习（B_{12}）	信息学习与共享（C_{33}）
			案例收集与整理（C_{34}）

(1) 预防能力评价

B_1 组织机构方面

机构设置评价：是否建立了高校危机管理机构，机构设置的合理程度。

职责分工评价：是否有职责分工，分工的科学合理程度。

专家队伍评价：是否组建了高校应急专家队伍，专家队伍组建的合理程度。

B_2 风险预警与控制方面

应急预案：是否制定各类应急预案，应急预案的有效合理程度如何。

潜在隐患的信息收集：是否能够具备潜在隐患的信息收集，信息收集的对象、方式以及过程合理程度。

分析与预测能力：高校应急信息收集后是否能够进行科学的分析和预测，分析和预测的合理程度。

风险评估：高校是否具备应急风险评估系统，风险评估数据的合理程度。

预警实施：是否设置高校危机预警实施机构，预警实施的合理程度。

B_3 培训与演习

培训和演练计划：是否制订并开展校园危机培训和演练计划，培训和演练计划的合理程度。

人员培训程度：是否对高校应急人员进行培训，培训的合理程度。

宣传与教育：高校是否开设有关危机管理的课程，宣传教育内容的合理程度、学时的满足程度，教育效果的内化程度。

B_4 设备物资

设施设备：是否购置高校应急设施设备，设施设备是否充足完善。

资金保障：是否具备必要的应急资金投入，资金保障是否安全合理。

物资储备：是否购置必要的物资储备，物资储备是否到位合理。

(2) 应急处置能力评价

B_5 应急人员

领导机构：是否建立校园应急领导机构，其管辖能力赋予的合理程度。

应急反应人员：事发后，高校应急管理机构的工作人员是否按程序启动应急系统，其应急能力的强弱程度。

B_6 应急指挥

先期处置：事发后，高校应急先期处置是否迅速到位，其处置方式、方法是否合理全面。

紧急决策：事发后，高校是否作出非常规应急决策，其紧急决策的有效合理程度。

预案启动与执行：事发后，按照分级响应的原则，是否开展预案的启动与执行，其启动及执行的合理程度。

B_7 应急控制

疏散与救援：事发后，应急管理人员是否组织事发现场周围的师生员工进行有效的应急疏散，其疏散和救援处置力度的合理程度。

控制措施：在进行突发事件处置时可能会遇到事态恶化、难以遏制的情形，高校应急指挥中心是否开展控制措施，其措施的有效合理程度。

损害动态评估：是否对高校应急的损害程度进行动态评估，其评估的合理程度。

B_8 应急协调

人员沟通与协作：应急管理人员的沟通、调拨和协作是否开展，其沟通协作的流畅程度。

物资供应保障：应急处置中，应急管理物资的供应是否存在，其效率高低程度、满足应急需要的程度。

信息采集和传递：在应急处置中，应急系统的管理人员是否对信息进行采集并及时传递给师生员工，其信息采集与传递的全面、及时、真实、一致程度。

（3）恢复能力评价

B_9 善后处置

调查评估：事发后，是否开展调查，总结教训以弥补应急管理的缺陷和不足，其调查评估的全面、及时以及合理程度。

责任处理：调查评估过后，高校是否执行应急问责制，其责任处置的客观、公正、合理程度。

B_{10} 恢复建设

恢复计划：是否建立危机事件恢复重建领导小组，是否制订具有针对性的恢复重建计划，其恢复计划的合理程度。

设施与制度重建：恢复阶段是否快速恢复学校基础设施及相关设备建设，保证正常的学校秩序，其设施与制度重建的完善程度。

心理干预与辅导：应急管理部门是否建立心理咨询队伍，利用专业认识的科学知识和技能，排解心理脆弱者的精神压力，其心理干预与辅导的合理程度。

（4）学习能力评价

B_{11} 个案学习

事件原因及处置过程总结：通过对危机事件的起因、性质、影响、处置过程回顾和探讨，是否总结出调查评估报告，其总结报告的客观合理程度。

经验学习：根据危机事件的处置，是否对相应防范措施与处置类似事件经验的学习，经验学习的合理程度。

B_{12} 总体学习

信息学习与共享：是否对应急管理的各种原始数据和信息资料进行系统的统计与分析，并对各类案例防范与应付措施的总结学习，案例档案信息是否共享与交流，以及信息学习与共享的合理程度。

案例收集与整理：是否将校内各种案例的收集归档，并对校外相关典型案例的收集归档，对案例进行分类、统计和分析，总结各种案例的防范处置措施，其收集与整理的全面程度，也可以归类为大数据的挖掘能力。

2. 终止机制

应急状态的终止作为应急过程的最后一环，必不可少。根据已有的危机事件应对经验，如果缺失或错误终止带来的主要问题有灾情的反复、资源的浪费、引发新的灾情，以及救灾组织不撤离等。应急状态终止时，基本会是当前的灾害发展已经被遏制，或者被限制在一定的范围内，一般性的应对措施就足以完成对事件的控制，并有望在比较短的时间内消除事件，进入全面恢复阶段。终止机制的重点在于规范应急状态的终止活动，包括释放或回收应急资源，撤出或重新安排救援人员，撤销临时机构等，是战时状态转换为平时状态，从而确保应急管理的效果。

终止机制的实施需要多方参与者来完成各自的角色，可归纳为政府

(高校)、专家、公众三种。应急状态是否终止由政府(高校)、专家、公众三方决定。

（1）担任决策者角色的政府（高校）。高校是有对部分类别的危机事件有决定权的组织机构。在整个应急过程中，统一调配资源，统一指挥，作出各种决策。在保证应急管理效果的前提下，可根据专家评估以及公众反应，做出终止决策并且参与整个终止活动。

（2）担任战略家角色的专家。专家从专业角度对现状进行分析，提出专业性的建议，支持政府做出决策，具有极重要的参考价值。专家可针对不同的危机事件制定相应的终止指标，并实时进行评价，将评价结果上交决策者。现在有许多专家被包含在组织机构中，提高了专家的地位。

（3）决定因素——公众。不论是政府决策，还是专家评价，都离不开公众的反映。公众既没有决策权，也几乎没有专业的评价能力，但公众对危机事件的反应却起着决定性的作用，有话语权。若公众对该事件的反应依然负面、强烈，政府便不应草率做出终止的决策。专家评价时也会将公众反映作为重要标准。

通过政府（高校）、专家、公众三方评价，确定终止后，即可开始执行终止程序。过程短暂，其中的程序却必不可少，终止的执行程序如图4－11所示。

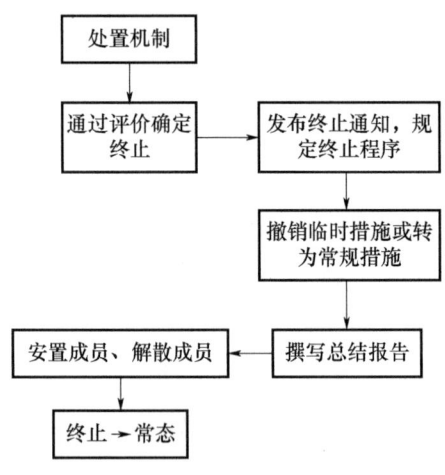

图4－11 终止流程图示

确定启动终止机制后，首先由政府（高校）发布终止通知，规定终止活动的执行程序并通知各级相关机构。撤销临时措施或者将其转化为常规措施，比如交通事故，处理完后将警务人员撤离，并在发生交通事故地点设立标示牌。因突发事件而调用的资源，终止前应及时回收。在组织解散前，应撰写关于此次突发事件以及应对过程的总结报告，组织解散时，须认真对待成员的安置。终止机制就是将应急状态转化为常态的过程。应急组织机构参与整个过程，其成立的目标就是解除突发事件带来的险情，并使各方面恢复常态，也就是说，终止意味着组织目标的完成，终止机制的最后一步便是临时应急机构的解散，但如应急领导小组办公室这样的常设机构是不能解散的。

（五）监督与问责机制

高校应急管理办公室或其指定的职能部门负责监督、检查和考核高校所属各部门应急工作的开展情况。监督、检查的内容包括：①管理人员对事故应急工作的认识；②应急管理情况；③应急预案的编制、更新情况；④应急教育、培训情况；⑤危机事件应急演练情况。

监督、检查的形式分为一般性检查和专业性检查。①一般性检查是一种经常性、普遍性的检查，目的是对事故应急工作的开展情况做一般性的了解。一般性检查又可分为定期性检查和突击检查。②专业性检查是针对与事故应急有关的专项工作所进行的检查，如应急演练检查等。专业性检查也可分为定期检查和突击检查。

高校所属各部门每半年至少开展 1 次定期的一般性检查。高校每年进行 1 次定期的专业性检查或 1 次突击的专业性检查。

高校危机事件应急管理小组对在应急工作中表现优秀的集体和个人，根据有关规定给予奖励，比如那些出色完成应急处置任务，成绩显著的；防止或抢救事故灾难有功，使国家、集体和人民的生命财产免受损失或者减少损失的；对应急救援工作提出重大建议，实施效果显著的；有其他特殊贡献的等。

实行严格的危机防范和应急处理责任制，切实履行各自的职责。如果在危机中发生了重大问题，造成严重损失，首先应追究主要负责人的责任。

危机事件发生后，我们往往仅对当事人、闹事者给予处理。而对事件本身却忽视评估和分析，对事件处理过程中表现不力的不忍心处理，而对处理过程中表现突出的也不予表彰奖励。前车之鉴，后事之师。危机事件处理完毕后，一定要分析事件发生的原因、评估处理过程程序以及造成危害等，并要编成案例，对全校师生员工进行宣传，以改进工作，奖优罚劣，把危机化为机遇，把坏事变为好事。

在危机事件应急工作中有迟报、谎报、瞒报和漏报危机事件重要情况或应急管理工作中有其他失职、渎职行为的，按照法律、法规及有关规定，对有关责任人员视情节和危害后果，给予行政处分；构成犯罪的，由司法机关依法追究刑事责任，如应急过程中不按规定履行应急义务的；不按照规定报告、通报事故灾难真实情况的；拒不执行危机事件应急管理规定和应急预案，不服从命令和指挥，或者在应急响应时临阵脱逃的；盗窃、挪用、贪污应急工作资金或者物资的；阻碍应急工作人员执行任务或者进行破坏活动的；散布谣言，扰乱高校正常工作生活秩序的等。

三、编制有效的危机管理预案

危机管理预案指提供应付、处理危机事件所需要的人力、组织、方法及措施的一整套方案。危机管理预案有助于减少决策时间和决策压力、减轻与危机事件相关的人们的心理紧张感、合理配置危机管理所需要的资源；同时，危机管理预案的存在可以使危机管理包括危机预测、危机预报、危机反应和危机恢复等行为更加科学合理[1]。其中，危机预测和危机预报是危机事件前管理的基础，其工作包括危机事件发生概率、时间、地点的预测以及危机事件危害程度预测。

预案的编制应基于危机事件发生、发展的过程，只有弄清楚危机事件本身的规律和特点，才能使预案的编制更具有针对性和可操作性。一般来

---

[1] 雷寂，张庆霞. 高校危机管理预案体系构建研究 [J]. 兰州交通大学学报，2009，28（5）：156-159.

说，高校应该制订以下几类危机预案[①]：①社会安全类；②自然灾害类；③事故灾难类；④公共卫生类。还有一种预案分类系统是应急组织管理指挥系统、应急救援保障体系、综合协调的信息系统、备灾保障供应体系、救援应急队伍等。

（一）预案的编制与生成

应急预案是预案体系的重要组成部分，它不是简单孤立的一套文案，而是一套完整立体的体系。因此会针对不同类的危机事件的特性，制订相对应的专项应急预案和现场处置方案，甚至在预案中需要明确危机事件的每个过程中相关人员的职责。

1. 预案的级别及分类

根据可能的事故后果的影响范围、地点及应急方式，在我国建立事故应急救援体系时，可将事故应急预案分成 5 种级别。

（1）Ⅰ级（企业级）。事故的有害影响局限在一个单位（如某个工厂、火车站、仓库、农场、煤气或石油输送加压站/终端站等）的界区之内，并且可被现场的操作者遏制和控制在该区域内。这类事故可能需要投入整个单位的力量来控制，但其影响预期不会扩大到社区（公共区）。

（2）Ⅱ级（县、市/社区级）。所涉及的事故及其影响可扩大到公共区（社区），但可被该县（市、区）或社区的力量，加上所涉及的工厂或工业部门的力量所控制。

（3）Ⅲ级（地区/市级）。事故影响范围大，后果严重，或是发生在两个县或县级市管辖区边界上的事故。应急救援需动用地区的力量。

（4）Ⅳ级（省级）。对可能发生的特大火灾、爆炸、毒物泄漏事故，特大危险品运输事故以及属省级特大事故隐患、省级重大危险源应建立省级事故应急反应预案。它可能是一种规模极大的灾难事故，也可能是一种需要用事故发生的城市或地区所没有的特殊技术和设备进行处理的特殊事故。这类意外事故需用全省范围内的力量来控制。

[①] 吴宗之，刘茂. 重大事故应急预案分级、分类体系及其基本内容［J］. 中国安全科学学报，2003（01）：18-21.

（5）Ⅴ级（国家级）。对事故后果超过省、自治区、直辖市边界以及列为国家级事故隐患、重大危险源的设施或场所，应制定国家级应急预案。

高校一旦发生危机事件，就应即刻实施应急程序，如需上级援助，应同时报告当地县（市）或社区政府事故应急主管部门，根据预测的事故影响程度和范围，需投入的应急人力、物力和财力逐级启动事故应急预案。

高校组织管理体系和规模较大，涉及安全生产的风险种类多[①]，不同二级单位可能发生的危机事件的种类有所不同[②]。高校危机管理几乎涉及学校的方方面面，其关注的对象包括高校以及全校师生员工，故预案的内容应是较为全面的。从现实需要来看，高校危机管理预案体系应该包括综合预案、专项预案、部门预案、现场处置方案。

（1）危机管理综合应急预案。综合应急预案是指从总体上阐述突发危机事件的基本应急方针、政策，应急组织结构及相关应急职责，应急行动、措施和保障等基本要求和程序。其中涉及应急组织结构的构架及相关应急过程中相关部门人员的职责，包括具体的危机化解行动和保障措施等的基本要求和相应的流程，属于综合性的执行文件。

（2）危机管理专项应急预案。主要指根据不同的危机事件的分类（如高校学生集体食物中毒、危险化学品泄漏等事故）、危险源和应急保障而制订的计划或方案，专项应急预案是综合应急预案的有效补充和细分，因此往往被放到综合应急预案的尾部成为其附件。此预案会根据该类危机事件的具体分类而制定，对应急方案中的组织结构、救援程序、应急措施都制订得更为详尽。

（3）危机管理部门应急方案。部门应急方案，主要指根据不同的部门院系而分类的危机事件，部门应急方案同样是综合应急预案的有效补充和细分，此预案会根据该类危机事件涉及的部门职能不同而制定，对应急方案中的组织结构、救援程序、应急措施都制订得更为详尽。根据风险评估及危险性控制措施逐一编制，力求具体、简单、针对性强、执行性强。

---

① 史天贵，李春光，许晨昱，等．高校安全生产体系构建与实施的探讨［J］．实验技术与管理，2014，31（6）：1-5.
② 姚朋君，范强锐，马涛，等．高校安全生产突发事件应急预案体系构建［J］．实验室研究与探索，2015，34（04）：282-285.

（4）危机管理现场处置方案。现场处置方案是针对具体的装置、场所或设施、岗位所制定的应急处置措施。现场处置方案应具体、简单、针对性强。现场处置方案应根据风险评估及危险性控制措施逐一编制，做到事故相关人员应知应会，熟练掌握，并通过应急演练，做到迅速反应、正确处置。如线路作业人员应对突发雷电灾害现场处置方案，电焊工密闭空间焊接作业引发火灾现场处置方案等。

2. 高校危机管理预案制订原则

（1）合法性原则

法律是保护师生员工生命、财产安全的有力武器，法律是危机管理有效开展的重要保障。因此，在编制预案时，应充分尊重法律，以法律为准绳[①]。预案整个编制要符合《中华人民共和国宪法》《中华人民共和国突发事件应对法》《国家突发公共事件总体应急预案》《国务院有关部门和单位制订与修订突发公共事件应急预案框架指南》等我国相关法律、法规，以及有关部门和上级单位规范性文件的要求。一定要把握和结合《预案》的精神实质，在已有的相对完善的政府部门应急预案的框架内和基础上进行编制。要避免闭门造车，避免分类不清，避免遗漏内容[②]。

（2）科学性原则

当今社会已进入知识经济时代，各项工作都应尊重科学，依靠科学，以科学为指导，做到科学管理。同时要加强监督检查，引进第三者协商制度和决策评估制度，使危机管理工作做到标准化和程序化。在编制应急预案时，必须遵循"以人为本"的原则，以有效保障师生员工的生命、财产安全为根本，从而最大限度地保护好师生员工的生命和财产安全。

（3）可行性原则

高校危机管理预案的编制不是务虚工作，编制的目的不是应付检查、完善评价指标，而是为了在开展安全工作的全过程提供有力抓手。必须根据高校自身的校园情况，结合过往已发生的危机事件的经验教训，制订具有可行性的危机管理预案。危机管理预案要依据产生重大事故危险源的可

[①] 芮鸿岩. 高校突发公共事件应急预案编制 [J]. 扬州大学学报（高教研究版），2010，14（04）：11-13+40.

[②] 孙少平. 论高校突发事件应急预案的制定和应用 [J]. 中国职工教育，2014（22）：141.

能性做好必要的应急评估。评估该危机事件可能发生的事故类型、影响范围、损失轻重等，结合学校的实际情况应急管理人员和物资情况而制订的应急措施。危机管理预案应量详细地描述突发公共事件的事前、事中、事后不同时期的各项事宜项及相应的执行人员，从应急管理小组的组织构架，到具体的领导和执行、配合人，都要确保整个应急响应程序和保障措施等符合能快速启动并执行的基本功能要求，并确保其切实可行。同时，每次危机管理预案演习或突发事件发生后，对危机管理预案的实际应用都要进行信息反馈、评估、修订，使危机管理预案能符合实际所需，发挥其应有的功能和作用。

（4）协调性原则

高校危机管理预案涉及多个领域的内容。预案的编制不简单是一份书面文案，而是透过书面文件，反映出危机管理预案所依据的客观事实和科学规律，以及对事实的科学反映。危机管理预案制订过程，不同于高校领导对其他制度的讨论和制订。在危机管理中，学校领导依旧起到领导的关键作用，而具体执行细则，则需要邀请学校和社会的专家参与，既包括该项预案业务领域的专家，诸如保卫科、后勤科等，更需要社会上的各类应对危机经验丰富的专家，以及社会各组织各部门的主要负责人。这需要高校危机管理预案从制订到实施，都需要很好的协调性，实现科学民主决策。危机管理预案中的组织构架、信息报告和应急处置方案等具体内容尤其要体现科学性和协作性[①]。

3. 高校危机管理预案编制程序与构架

任何一个组织全面科学的危机管理预案编制主要遵循以下步骤：成立危机管理预案编制小组、评估事件风险及应急能力、编制危机管理预案、评审危机管理预案、发布危机管理预案、演习危机管理预案、实施危机管理预案。高校尽管作为社会一个较为特殊的社会组织，也同样应遵循基本的程序和构架。危机管理预案编制的工作流程如图 4-12 所示[②]。

[①] 李洋. 电子科大成都学院构建突发性公共事件应急预案的完善对策研究 [D]. 成都：电子科技大学，2012.

[②] 徐震. 高等师范院校学生突发事件应急管理预案体系建设研究 [D]. 昆明：云南师范大学，2013.

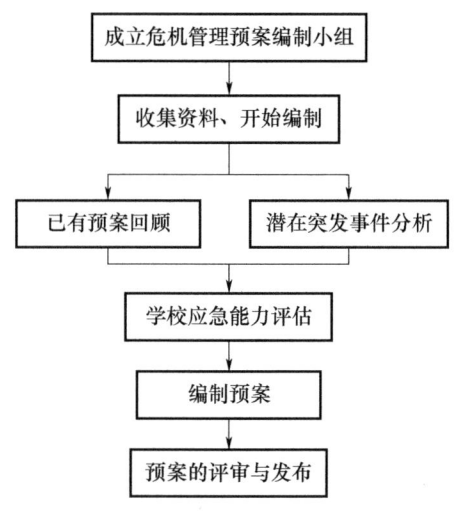

图 4-12 危机管理预案编制流程图

(1) 成立危机管理预案编制小组

成立危机管理预案编制小组是将社会各有关职能部门、各类专业技术有效结合起来的最佳方式，可有效地保证危机管理预案的可行性和完整性，而且为危机管理各方提供了一个非常重要的协作与交流机会，有利于统一各方不同观点和意见。预案编制小组的成员主要负责危机管理预案的编制，可以由学校设立专人长期负责、也可由学校部门或院系中的负责人兼任。小组成员应具有不同部门、院系的代表性，且需要有一定的应急管理专业知识，团队精神，强烈的责任感等素养。危机管理预案的编制、维护乃至实施都应该有学校各级各部门的广泛参与，广泛征求学校各部门的意见，包括学校各职能部门、社区代表、学生代表、教工代表、学校主管部门、政府应急管理部门、学校所在行政辖区负责人、消防、公安、环保、卫生、市政、医院、医疗急救、卫生防疫、交通和运输管理部门、广播、电视等新闻、技术专家和法律顾问等。

(2) 资料收集

危机管理预案编制小组成立之后，应开始着手分析和评估本学校的应急能力和潜在的学生危机事件。首要任务是收集预案编制所需的各种资料，也就是收集本学校可能发生的学生危机事件信息，然后进行分析，从而确定学校应急救援措施。这是编制危机管理预案的关键环节。需要收集的资料具体包括如下方面：

① 相关法律法规。任何学校在学生危机事件管理中必须遵守相应的法律法规，因此要收集所在地区相应的法律法规及相关规定是必要前提。

② 其他学校或部门的危机管理预案。在正式开始编制预案之前，收集并参考已有的预案是十分必要的，这些预案包括本校已有的危机管理预案、其他学校的预案和教育主管部门的危机管理预案。熟悉这些预案既可以及时发现自己可能忽视的信息，又可以确保在别的学校发生危机事件时，及时有效地做好应急工作。

③ 政府相关危机管理预案。学校学生危机管理预案的编制，可以参考政府相关危机管理预案，在政府相关预案的指导下，针对本校实际情况，开展预案编制工作。

④ 国内外高校学生危机事件的案例分析。预案编制小组还应收集国内外其他高校学生危机事件的案例并对其进行分析，吸收成功的经验，借鉴其不足之处。

（3）风险和应急能力评估

危机管理预案编制小组，需要根据学校的现状和发展的情况，以及过往发生的危机事件的经验和教训，对其进行风险评估，通过评估尽所能全面地掌握危机事件的潜在风险等信息，随后对学校处理危机事件时的基本能力进行评估。初始评估工作在进行时，尤其需要跟此类危机事件相关的部门及重要岗位员工深入交流交换意见。如表 4-7 所示，为高校内、外应急资源评估表[①]。

表 4-7 高校内、外应急资源评估表

评估项目	评估内容
人力资源	a. 能够调动多少应急人员，包括教职工及学生； b. 应急人员是否经过培训，应急人员的应急救援能力； c. 需要多少时间能够投入应急行动

---

① 应急救援系列丛书编委会. 企业、政府应急预案编制实务 [M]. 北京：中国石化出版社，2007：31-33.

续表

评估项目	评估内容
通信设备	a. 通报设备：有无广播系统和警报系统； b. 广播和警报系统有无盲区； c. 当某系统失效时有无替代系统； d. 有无多种通信工具
防护工具	a. 有多少和何种类的防护工具； b. 有何种类型的防护自卫器械（棍棒、绳索）
消防设施和器材	a. 有无消防水系统，有无替代水源； b. 室内有无消防栓设施及自动喷水灭火系统； c. 有无火灾自动报警系统； d. 有多少和何种类型的灭火器； e. 有无防烟、排烟设施、防火门、防火卷帘和消防供电设施； f. 消防通道是否畅通
医疗设施	a. 有无医疗机构，有多少医疗人员； b. 医疗急救装备如何，是否有担架、急救箱、氧气袋等
车辆	a. 车队有多少和何种类型车辆； b. 承载、疏散人员及运输物资和设备的能力； c. 在紧急状态中，能借用和租用的车辆
监控装置	a. 有多少和何种类的监控装置； b. 是否在关键位置都安装了监控设备
照明	a. 学校各建筑、各区域有无充足照明； b. 有无应急照明设备； c. 有无自备发动机
排险装备	是否有梯子、抽水泵、移动照明灯、防爆电筒、扩音设备等
警戒设施和人员	a. 是否有实施管制的设备（路障等）； b. 是否有足够的境界保安人员维护秩序
公安部门	a. 最近的派出所的位置，离学校的距离； b. 报警后，警方大约需多少时间到达现场
消防部门	a. 最近的消防队的位置，离学校的距离； b. 报警后，消防队大约需多少时间到达现场
医疗救护	a. 最近的医院的位置，离学校的距离及医院规模； b. 报警后，救护车大约需多少时间到达现场

（4）组织编写预案

危机管理预案编制工作必须在学校应急能力、潜在学生危机事件的分析基础上进行，同时也要符合法律法规的要求。编制危机管理预案时必须采取范例的格式，并且尽可能多地参考预案编制指南和其他同类危机管理预案，争取最大程度上减少编制工作量和避免出现预案内容重复和交叉的情况。在整体上预案编制小组要合理组织预案的结构体系，使每个部分的结构设置要具有科学性和逻辑性，以便更好地协调与应对。危机管理预案编制小组在撰写危机管理预案格式时需考虑：确保危机管理预案每个部分都采用相似的逻辑结构来确保危机管理预案内容整体的一致性。危机管理预案各个章节及其内容要逻辑关系清晰，措辞严密准确。除了危机管理预案的章节、文字需要规范和思考外，各种危机管理预案的格式应尽所能保持与上级机构一致，以便各级危机管理预案在执行和实施时，能更好地协调和对应，不发生应急管理文案不规范造成的信息折损。

某高校危机管理预案框架指南

1. **总则**
    1.1 编制目的
    明确预案编制的目的、要达到的目标和作用等。
    1.2 编制依据
    明确预案编制所依据的国家法律法规、有关行业技术规范标准以及有关制度和管理办法等。
    1.3 工作原则
    明确危机管理工作应遵循的主要原则，内容应简明扼要，满足预防与应急准备、监测与预警、应急处置与救援、事后恢复与重建等要求。
    1.4 适用范围
    明确预案适用的对象、行政区域、范围等。
2. **组织机构和职责**
    2.1 领导机构
    明确危机管理指挥机构及其相应职责，明确专项危机管理指挥机构成员单位及相应职责。专项危机管理指挥机构成员名单应作为附件具体明确。
    2.2 办事机构
    明确危机管理指挥机构下设办事机构及其相应职责。
    2.3 现场处置机构
    根据危机类型和危机管理工作需要，建立以事发高校为主，有关部门协调配合的领导责任制和现场危机管理指挥机构，并明确现场指挥机构的工作任务及职责。
    2.4 危机管理专家组
    明确危机管理专家组的工作任务及职责，专家组成员名单、特长和联系方式等应作为附件具体明确。
3. **运行机制**
    3.1 预防、监测与预警

续表

3.1.1 预防与应急准备
针对危机管理工作现状，体现危机事件应对工作"预防为主、预防与应急相结合"的原则，明确提升城市防灾减灾能力，预防和减少危机事件发生的方法和措施。

3.1.2 监测活动
建立健全专业监测与社会监测相结合的危机事件监测体系，明确监测机构、监测网络和监测内容，明确对危机事件风险隐患进行调查、登记和风险评估的方法手段。

3.1.3 预警分级
按照国家和省市、地方政府有关预案的规定确定预警分级，依据危机事件严重性和紧急程度，可分为一般（Ⅳ级）、较大（Ⅲ级）、重大（Ⅱ级）和特别重大（Ⅰ级）四级预警，并依次用蓝色、黄色、橙色和红色表示。

3.1.4 预警程序
按照确定的预警级别，明确危机事件即将发生或发生的可能性增大时，负责评估并提出预警建议的职能部门，明确发布、调整以及解除预警的权限、程序和方法。

3.2 应急处置

3.2.1 信息报告和共享
拓宽信息渠道，主动收集和研判本行政区域内外和境外可能造成影响的相关危机事件信息。按照早发现、早报告、早处置的原则，明确报告和共享危机事件信息的渠道、时限、范围、程序、监督管理等要求。

3.2.2 先期处置
在履行统一领导职责或组织事件处置的有关部门和单位介入之前，事发单位或部门和事发地的相关单位或院系等应当在事件发生后第一时间内组织各方面力量抢险救援、管控现场，保护师生生命财产安全，防范事态扩大。

3.2.3 分级响应
明确危机事件分级响应等级标准，预案启动的条件、程序和权限，相应级别指挥机构的工作职责和权限。按危机事件可控性、严重程度和影响范围，原则上可按一般（Ⅳ级）、较大（Ⅲ级）、重大（Ⅱ级）、特别重大（Ⅰ级）四级启动相应预案。危机事件的实际级别与预警级别密切相关，但可能有所不同，应根据实际情况确定。明确危机事件发生后通报的部门、程序、时限等。对于跨国（境）、跨区域的重大危机事件，可针对各种不同情况制定相应的分级响应程序和措施。要避免危机事件可能造成的次生、衍生和耦合事件。

3.2.4 基本危机管理
明确信息研判、应急启动、抢险救助、医疗救护、卫生防疫、交通管制、现场监控、人员疏散、安全防护、社会动员、损失评估、现场应急结束等程序和要求，明确基本危机管理程序中各相关机构、责任人、组织方式、队伍调遣、物资使用、征用、调用等要求。应急、恢复与减灾行动能同时进行的，应同时进行。

3.2.5 扩大危机管理
事态难以控制或有扩大、发展趋势时，明确有关危机管理机构的行动程序与要求。

3.3 信息发布
明确向公众和新闻媒体通报事件信息的机构、程序、方式、发布原则、时限和相关要求。

3.4 应急结束
明确应急结束的决策机制和发布程序，要注意区别于现场抢救活动的结束。

3.5 恢复与重建

3.5.1 善后处置
明确人员的救助、补偿、抚慰、抚恤、安置，物资和劳务的征用补偿，预防和处置因危机事件引发的矛盾和纠纷，做好疫病防治和环境污染消除等工作的内容和程序。

3.5.2 社会救助
明确政府救济、司法救济的程序、方案；组织协调社会、个人或境外机构社会救助的程序和要求，并明确捐赠资金和物资的监督与管理等事项；有条件的，可明确社会心理援助的单位和方案。

3.5.3 调查与评估
明确开展危机事件调查评估的承办机构、相关要求和审核、报告制度。

续表

3.5.4 恢复重建

危机事件处置工作结束后，结合调查评估情况，组织开展恢复与重建工作。明确为受害者提供人力、资金、物资和技术支持的相关部门和单位及其工作职责。有条件的，可明确保险机构的职责和任务。

4. 应急保障

4.1 通信保障

建立通信系统维护以及信息采集等制度。明确参与部门的通信方式，并提供备用方案和通信录。明确危机管理期间领导机构、现场指挥部及其他重要场所的通信保障方案。

4.2 现场救援和工程抢险装备保障

建立现场救援和工程抢险装备信息数据库，并明确其类型、数量、性能和存放位置等。建立相应的维护、保养和调用等制度。

4.3 危机管理队伍保障

明确本高校危机管理队伍的建设要求和保障措施。明确专业应急救援、应急专家、应急志愿者等三类应急队伍的职责分工，加强相互之间的协调配合。明确社会应急力量的地位和作用。

4.4 物资保障

明确危机管理救援需要使用的物资和装备的类型、数量、性能、存放位置、管理责任人及其联系方式等内容。明确危机救援物资和装备的生产、供应和储备单位的情况。

4.5 技术保障

依托科研力量，建立危机管理技术信息系统。明确组织开展危机事件预测、预防、预警和应急处置等技术的科学研究机构。

4.6 经费保障

明确危机管理专项经费来源、使用范围、数量和监督管理措施，保障危机管理状态时所需经费及时到位。

4.7 其他保障

根据危机管理工作需求，明确除上述保障以外的其他相关保障措施，包括公共设施保障、基本生活保障、医疗卫生保障、交通运输保障、治安维护、人员防护、法制保障和气象水文信息服务等。

5. 培训演练

5.1 预案演练

明确危机管理预案演练的规模、方式、频次、范围、内容、组织、评估、总结等内容。

5.2 宣传教育

按照法律和有关保密规定，公布有关危机管理预案、联系电话等。广泛宣传危机管理法律法规和预防、避险、自救、互救、减灾等常识。在高校内、所在社区等普遍开展防灾、减灾教育。

5.3 培训

明确各级领导、危机管理和救援人员上岗前和常规性培训等要求。将有关危机管理的课程列为专业（行业）行政干部培训内容。

6. 监督管理

6.1 监督与检查

明确预案监督主体、程序和方法，对危机管理预案实施的全过程进行监督检查。

6.2 责任与奖惩

明确危机事件预防和应对工作实行行政领导负责制和责任追究制，纳入绩效考核，按照有关规定建立奖惩机制。

7. 附则

7.1 名词术语、缩写语和编码的定义与明确说明危机事件类别、等级以及对应的指标定义，统一信息技术、行动方案和相关术语等编码标准。

7.2 预案管理

明确危机管理预案修订、完善、备案、评审与更新制度。明确其方式、方法和承办机构。

续表

> 7.3 制定与解释
> 明确预案制定与解释机构，必要时注明联系人及电话。
> 7.4 发布实施
> 明确预案实施的具体时间。
> 8. 附件
> 　　8.1 危机事件组织指挥体系结构图
> 　　8.2 危机事件应急指挥部成员名单
> 　　8.3 危机事件应急处置流程图
> 　　8.4 相关单位和专家组成员通信录
> 　　8.5 危机管理物资装备一览表
> 　　8.6 部门危机管理预案目录
> 　　明确直接与本危机管理预案相关的或相衔接的部门危机管理预案名称。
> 　　8.7 规范化格式文本
> 　　明确信息发布、信息报送、预案启动、应急结束及各种通报的格式等。

5）评审并发布危机管理预案

为保证高校学生危机事件危机管理预案具有较高的针对性、科学性和可操作性，高校应当在预案编制完成后组织有关人员依据国家有关法律法规、标准、预案编制指南以及学校的具体实际情况等对预案进行评审，只有在通过评审之后才能发布、使用预案。根据参与评审人员和目标的不同，危机管理预案的评审分为内部评审和外部评审，如表4-8所示[①]。

表4-8 危机管理预案评审过程分类表

评审类型		评审人员	评审目标
内部评审		危机管理预案编制小组成员	确保危机管理预案内容完整、语句通畅
外部评审	同级单位评审	同级单位的预案编制人员或具备类似资格或专业背景的人员	听取同级单位评审人员的客观意见，完善危机管理预案
	上级评审	负责对危机管理预案进行监督管理的部门或单位	确认该预案是否符合相关法律法规和上级部门有关规定的要求；确认该预案并与其他危机管理预案协调一致；对该危机管理预案进行认可，并予以备案

---

① 应急救援系列丛书编委会.企业、政府应急预案编制实务[M].北京：中国石化出版社，2007：36.

第一，内部评审。即由本校危机管理预案编制小组成员或本校专业人员及有相关专业背景人员参与的内部评审。高校要在危机管理预案初稿编制完成之后，组织相关人员对其进行初步评审，此阶段评审的目标是确保语句通顺，同时更要保证危机管理预案内容完整，明确危机管理各部门的具体职责及应急程序。

第二，外部评审。是指高校邀请校外相关人员对危机管理预案开展评审的过程，其目的是听取各方意见，并对预案进行修改，使预案更具实用性和可操作性。外部评审可分为同级单位评审和上级评审。同级单位评审是指要求同级单位的相关人员对本校危机管理预案进行评审，其目标是听取他们的客观意见。此类人员可包括：同类高校的预案编制人员或危机管理工作人员，同级单位从事学生危机事件管理的研究人员或具备类似相关专业背景的专家。上级单位评审是指高校把危机管理预案送交负责危机管理预案监督管理的上级单位或教育主管部门进行评审，该步骤应该在同级部门评审之后。上级部门要确认危机管理预案是否符合相关法律法规和上级部门有关规定的要求；确认该危机管理预案并与其他危机管理预案协调一致；最后对该危机管理预案进行认可，并予以备案。当相关负责人和专家通过对危机管理预案的评审并签署后，方能对外发布，并按相关规定提交相关部门备案。

危机管理预案经过评审通过之后，应该由高校相关领导签署发布，以正式文件的形式发放给有关部门或工作人员。危机管理预案是应对学生危机事件的指导性文件，因此，为了确保危机管理预案在学校的全面落实，发放危机管理预案时要规范发放流程，如需要做好发放信息登记（包括发放的日期、数量、发文号、接受部门、接收日期、签收人等）。

（二）预案的启动与终止

我国政府在经历了2003年的"SARS"事件以后，开始注重对突发危机事件的系统应对，同年，在"分级分类"的原则下编写了突发事件危机管理预案体系，2006年1月国务院发布《国家突发公共事件总体应急预案》，2007年8月30日，正式颁布了《中华人民共和国突发事件应对法》，确定了以"预防为主，预防和应对相结合"的应急管理原则。危机管理预案体系是在危机持续时间的信息已知或部分信息已知的情况下构建的，启动时机的基本要求是在危机转变为突发事件发生的时刻点立即启动危机管理预案，强调快速响应，使得突发事件造成的损失可以控制到尽可能小的程度①。在危机管理机制的整个周期中，较为靠前的是启动机制，它的作用相当于一个阀门，决定着危机管理的闸口是否打开，它的内涵，包括对危机风险的识别与评价、要对危机发展规律开展预测、预警，还要确定一个危机开启的阈值，当然不是说开启阀门了，对危机就完成作用了，还要连续检测危机②。

高校学生危机事件发生后，学校相关部门应将事件的现状，发展趋势等及时汇报，请领导尽早做出启动预案的决策，要按照分级响应的原则，展开预案的启动与执行，由于危机突发事件一旦爆发，时间就显得非常紧急，并且事件带来的危害程度也在不断地加深。所以，需要管理者以最快的速度来进行决策和应对。但是决策也事关重大，不同的决策将会直接影响到事件的控制机制的效果。因此，必须要慎重对待。对决策者也就有着更高的要求，要做到对事件的慎思与快速决策有效结合起来。决策者要考虑如何获得更多的时间来获得更多的信息，如何降低损失。在事件爆发时一定要保持清醒冷静的头脑，来选择有效的应变策略和行动方案，缓解事态的发展。决策者要把握全局，要有很强的决策能力、心理承受能力、沟通能力和团队合作精神，能够尽可能地掌握更多的有关突发事件的确切信息，并能做到准确迅速地评估信息。对预案的启动要责任到人，不能出现无人对结果进行监督，无人对执行结果负责的现象。

高校学生危机事件发生以后，一旦决定启动预案，应急管理委员会的管理人员要进行正确而快速地决策，选定备选方案，分析选定方案，执行一个最优的方案。并明确相关部门和人员的责、权、利，使之尽快到位。应急管理人员能够组织事发现场周围的师生员工进行有效的应急疏散，并能够全面、真实收集信息，根据信息对事故发生原因进行合理分析评价，并及时传递、发布信息。对于事件处理分析时能够给予相关人员心理干预和协助。在危机事件处理过程中，危机管理人员能够及时、紧密地与校内

---

① 王春嬉. 突发事件应急预案启动时机的战线策略研究［D］. 西安：西安工业大学，2012.
② 刘斌. 高校危机管理及其应急机制研究［D］. 淄博：山东理工大学，2012.

外相关机构和人员沟通、协作①，危机管理预案启动模式如图4-13所示②。

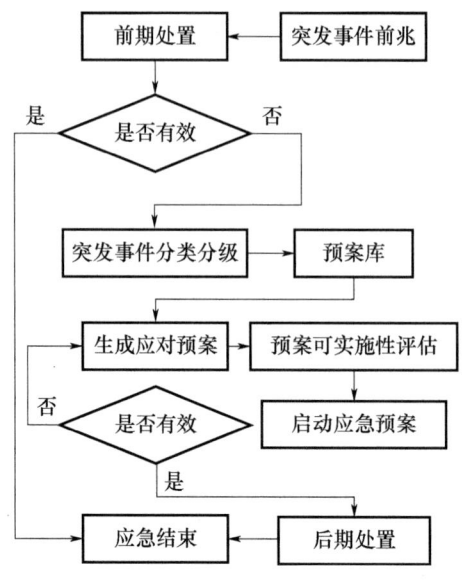

图4-13 危机管理预案启动模式

预案体系的启动是在监控机制有效运行的基础上进行的，当监测的灾害后果参数超过某一给定阈值时或者危机事件的影响范围和程度达到一定条件时，则需要合理启动相应类别和层级的危机管理预案。危机管理预案体系的启动时间由事件类型决定的。从危机事件发生、发展的进程分类可将事件分为突发性事件和渐发性事件。突发性事件的特征是事件发生之初，灾害蔓延速度快且后果十分严重；而渐发性事件是事件发生时影响并不严重，而随着时间的推移后果越来越严重③。

以国家地震管理预案的启动模式为例，它是在地震预防和预警机制框架下，通过信息、监控与报告、预防和预警的行动以及应急响应的级别，把地震的信息进行报送、处理，经过通信、紧急处置等对地震的现场进行

---

① 刘丹柏. 高校学生应急管理能力评价体系构建 [D]. 西安：西北大学，2014.
② 于辉，江智慧. 突发事件下分阶段启动应急预案模型研究 [J]. 管理工程学报，2011，25 (01)：109-114.
③ 汪婧，荣莉莉. 面向灾害后果的应急预案体系启动模式 [J]. 自然灾害学报，2015，24 (03)：1-11.

检测分析以及损失评估,然后将一系列的信息发布,最后宣布应急结束。例如,国家地震管理预案启动模式如图4-14所示。

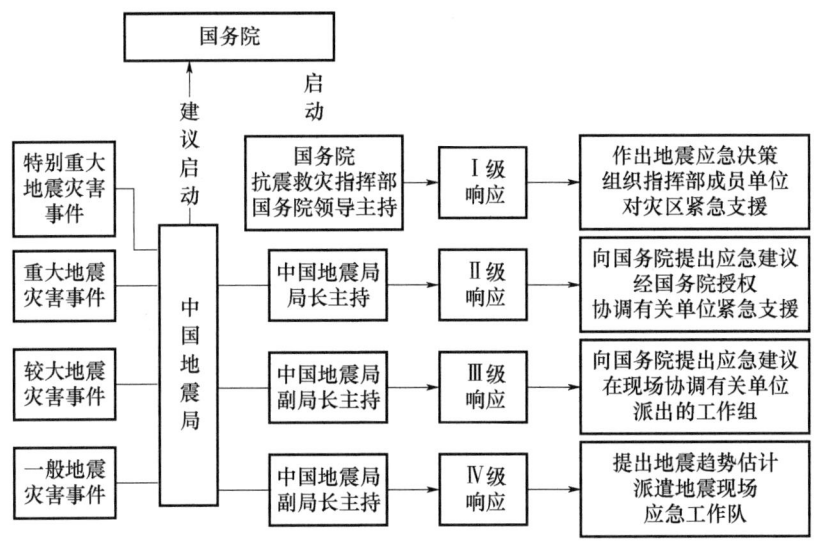

图4-14 国家地震管理预案启动模式

危机事件爆发后,高校危机管理预案启动后就要迅速启动应急指挥。高校学生危机事件的爆发会给高校和高校师生带来各种伤害。在此情境下,应急指挥系统和全体管理人员要立即赶赴事发现场,采取正确的决策与行动,及时控制事态的发展,尽力阻止危机或尽可能地减少事件带来的损害,降低损失。作为突发事件的管理小组,应当全面负责和协调事件的处理。根据事件爆发的规模、特点以及现场处理工作的需要,紧急激活教学机构、学生工作机构、后勤保障机构、医疗卫生机构和安全保卫机构的运作。对参与事件管理的人员因实际需要作适当地减少或增加。特别要注意吸纳有关方面的专家和学者以及在日常生活中居第一线的负责同志及时参与[①]。

预案的启动有条件,但不是一直持续的状态,预案也应该在适当的时候予以暂停或终止。预案的暂停是指该预案应对危机无效或不利,可能因为该预案导致危机越来越不利于减灭。因此,指挥机构应当因地制宜,因时而新,适当地暂停该预案,待进一步研判后,予以更换新的预案。

---

① 曹静. 高校公共突发事件处置体制机制研究[D]. 合肥:合肥工业大学,2009.

预案终止条件一般在预案中有事先的规定，通常会是当前危机发展态势已经被遏制，或者已被限制在一定的范围内，此时，一般性的应对措施就足以完成对危机的控制，并有望在比较短的时间内消除危机，进入全面恢复阶段。特别重大突发危机应急处置工作结束，或者相关危险因素消除后，现场指挥机构也应该予以撤销。

（三）预案的演练与培训

1. 预案的演练

演练是为了应对突发危机事件而按照危机管理预案进行的练习，是预防和处置危机事件的重要措施。通过演练，让人们熟悉危机应对的环节和流程，使人们能在危机事件发生前做到"胸中有数"，做好充分的准备，避免在毫无准备或准备不充分的情况下被动挨打，受到伤害，造成巨大的损失。演练是危机应对准备的一个重要环节，通过演练可以检验预案的可行性和应急反应的准备情况，发现危机管理预案存在的问题，完善应急运行工作机制，提高应急反应能力。因此，各高校应根据本校实际，有针对性地开展突发危机事件应急演练[1]。开展危机管理预案演练，是检验、评价和增强高校危机应对能力的一个重要手段。高校学生危机管理预案的演练是模拟危机事件的场景对危机管理预案进行的实践排练活动。高校突发事件危机管理预案的演练也可以分为三个阶段[2]。

（1）准备阶段

危机管理预案演练的准备是指制订应急演练的计划、开展危机管理预案的宣传教育、调配应急演练的人员和物资。具体工作是指以制定好的危机管理预案为蓝本，根据危机管理预案的规定编制详细的演练计划，对参与演练的人员进行详细的宣传和说明，并对参与演练的人员进行合理的调配，同时，对演练需要的物资进行精细化的管理。把危机管理预案的内容及相关的法规、知识、技巧等进行传播，对象以高校的管理者、广大师生及有工作来往的相关单位为主；在宣传的基础上，还应组织高校管理者、师生

---

[1] 张信华. 高校突发公共事件应急演练[J]. 扬州大学学报（高教研究版），2010，14（04）：14-16.

[2] 邱涛. 高校突发事件应急预案研究[D]. 武汉：中南民族大学，2013.

员工对危机管理预案中规定的各自职责、应对程序和相关技能进行学习。

（2）实际开展阶段

应急演练的实际开展是指按照演练计划，在规定的时间、地点进行演练。同时要保障演练的安全性，保证演练的顺利进行。

（3）总结阶段

应急演练的总结完善是指应急演练结束后，进行的善后处理、学习总结善后处理工作是指应急演练结束后相关物资的回收，现场环境的还原，组织参与人员开展学习总结，以达到提升师生员工对危机管理预案的学习目的，提升师生员工的危机应对能力。同时，对应急演练的开展经验进行总结，分析不足，提高后续开展应急演练的水平。

高校危机管理预案在我国总体危机管理预案体系中属于单位预案，内部性较强，预案内容所涉及的范围主要是校内或周边环境，这是不同于政府预案的地方。因此高校学生危机管理预案都特别强调操作性。预案演练作为检验其操作性的主要方法，重要性不言而喻。

危机管理预案的演练是检验、评价、保持高校危机应对能力的一个重要手段。其作用体现在：通过对危机管理预案内容的演练，提前暴露危机管理预案的问题和缺陷，发现高校自身应急资源和应急能力的不足，明确或再调整应急管理人员岗位职责分工，提高应急管理人员的熟练程度，改善应急人员、应急设施、应急物资和应急资金的关系，提高学校师生员工应对突发事件时的应急能力和信心。

高校的危机管理预案管理是一项动态的工作，需要高校管理者在工作中、演练中、危机事件处置中不断发现问题、解决问题，并将问题进行归纳和方法进行总结，完善或编制成为新的危机管理预案。这对完善预案管理，规范管理程序将有极大的益处。

2. 应急演练科目设计

高校及相关部门要想在各类突发危机事件真正发生前，暴露所制定的危机管理预案和应急程序存在的缺陷，发现危机管理中人力和设备等资源配置上存在的不足，改善各应急部门、机构和人员之间的协调机制，增强师生员工应对危机事件的信心和应急意识，提高应急人员的熟练程度和技术水平，进一步明确各自的岗位与职责，提高各级预案之间的协调性和整体应急反应能力，就需要开展危机管理预案的演练。而要做好应急演练工作，必须科学、合理地设计演练科目。

根据高校学生危机事件的特点及应急管理的规律，高校学生危机事件预案的演练着重从预测预警、应急处置、恢复重建和应急保障等四个方面进行演练，演练科目可分为4大项、21小项，如表4-9所示。

表4-9 演练项目

演练项目	具体内容
预测预警	信息收集与分析
	危机预报
	危机监测
	信息发布与媒体管理
	信息沟通
应急处置	报警
	接警
	先期处置
	应急响应（发出命令、指挥控制）
	应急行动（应急疏散、事件处置、现场救护、紧急救援）
	监测评估
	信息发布
	应急结束
恢复重建	善后处置
	恢复重建
应急保障	通信保障
	物资保障
	财力保障
	医疗卫生保障
	治安维护
	科技支撑

应急演练工作涉及的范围广、对象多，各高校应根据本校、本地实际，设计相关应急演练科目。在设计演练科目时，应着重考虑以下方面[1]：

---

[1] 韩红根. 高校突发公共事件应急预案演练科目设计[J]. 扬州大学学报（高教研究版），2010，14（04）：17-20.

(1) 预测预警。危机预警是高校危机管理工作的第一道防线。设计"预测预警"这一科目，着重是看高校突发危机事件应对的主体如何根据本校有关危机事件过去和现在所发生的数据、情报和资料，运用逻辑推理和科学预测的方法技术，对某些突发危机事件出现的约束性条件、未来发展趋势和演变规律等做出科学的估计与推断，并发出确切的警示信号，使师生员工和有关组织（机构）、人员提前了解事件发展的状态，及时采取相应策略，以防止或消除不利后果。

在进行"预测预警"科目演练时，着重检验危机管理预警系统所具有的信息收集与分析、危机预报、危机监测、信息发布与媒体管理和信息沟通等五大基本职能能否实现。

一是信息收集与分析。着重检验学校是否建立了一个多元化、全方位的信息收集网络，能否将真实的信息以完整的形式收集、汇总起来，加以分析、处理，能否通过快捷、高效的信息网络将事件的信息和事态发展情况传送到应急管理指挥系统和相关部门，从而保证信息的时效性、准确性和全面性，为突发事件处理提供可靠的信息基础。

二是危机预报。危机预报是指在危机监测与评价后，危机管理部门就要做出是否要发出警报的决定。危机预报有两种形式，即常规预报和危机警报，前者与非紧急状态相对应，是一种经常发布的危机预测报告，而后者与紧急状态相对应，只有在确信危机即将发生时发布。本科目着重检验学校是否对所得到的信息进行了鉴别和分类，能否全面、准确、清晰地预测各种危机事件的情况，捕捉其特征，对未来可能发生的事件类型、涉及范围及其危害程度做出估计，并在必要时向学校危机事件应急处置的有关决策者建议发出危机警报，启动应急处置程序。

三是危机监测。着重检验学校是否在确认事件发生后，对引发事件的各种因素和事件的发展进行了严密的监测，能否及时收集事件的有关信息，能否重点监控、掌握能够反映事件严重程度和进展状态的特征性信息，能否对事件演变方向和趋势做出正确的分析和判断，以便使事件处置指挥机构能够及时掌握事件动向，调整对策，使事件处置决策有据可依。

四是信息发布与媒体管理。着重检验学校是否在事件发生后，及时、客观地发布有关信息，能否进行有效的媒体管理，以保障师生员工的知情权，树立权威的信源形象，设立权威的信息传播途径，减少人们的主观猜测和谣言传播，避免不必要的传闻和出现不利的舆论导向，能否调动起各方面的理解支持，能否取得师生员工和社会公众的广泛合作和配合。

五是信息沟通。着重检验学校能否在危机事件处置中，及时、有效地与利益相关者以及有关政府部门、社会团体沟通信息，以取得相关人员和组织（机构）的理解、配合和支持，有效处置危机。在演练处置对抗性危机时，信息沟通主要有两方面内容，即是否建立起冲突双方之间的谈判沟通渠道，能否增进交流沟通，减少误解；能否洞悉对方的动机、实力和决心，使己方能有针对性地拟订有效的处理方案。

（2）应急处置。设置"应急处置"科目，着重是看高校学生危机事件应急管理的主体开展信息报告（报警、接警）、先期处置、应急响应（发出命令、指挥控制）、实施应急行动（应急疏散、事件处置、现场救护、紧急救援）、监测、信息发布和应急结束等应急行动的情况。应急处置是做好高校学生危机事件应急管理的关键，也是应急演练的重点，其中报警、接警、指挥控制、应急疏散和事件处置是重中之重。

在进行"应急处置"科目演练时，着重检验高校危机事件应急管理主体在信息报告、先期处置、应急响应、应急行动、监测与评估、信息发布和应急结束等方面情况。

一是信息报告。着重检验高校学生危机事件应急管理主体报警方法是否正确、报警内容是否准确、报警信息是否畅通、接报警制度是否落实、报警处理是否得当等。报警是危机应对、处置中一项非常重要的工作。及时、快速、准确的报警，可以为应急管理者抢得更多的时间，为人们避免突发事件的侵害赢得更多的时间，也有助于有效控制事件的蔓延和扩大，更好地应对和处置危机，因此要切实做好报警工作。接警着重检验高校有关应急管理组织（机构）是否建立了接报警制度，安排了专人负责接报警工作，有关值班人员在接到相关报警，是否及时、正确地进行处理。

二是先期处置。本科目着重检验高校有关应急管理组织（机构）在危机可能影响到其他人员、甚至是周边企事业或居民区时，能否及时向师生员工和其他社会公众发出警报或公告，确保师生员工和其他社会公众了解有关信息。

三是应急响应。本科目着重检验高校有关危机管理组织（机构）在事件发生时能否正确发出命令，并有效地指挥和控制。

四是应急行动。本科目着重检验高校在危机事件发生时，有关应急小组，尤其是救援小组在接到应急命令后，能否迅速启动相关危机管理预案，按事先根据危险目标模拟事故状态制定出的各种事故状态下的应急处置预案进行应急疏散、事件处置和现场救护等应急行动。

五是监测与评估。本科目着重检验高校在事件发生时，有关组织（机构）为控制事件现场，是否对事件的发展势态及影响进行动态监测。

六是信息发布。本科目着重检验高校在事件发生后，能否将有关事件的信息、影响、救援工作的进展、人员伤亡情况等及时向家长、媒体和公众公布，以消除恐慌心理。

七是应急结束。本科目着重检验高校在结束应急行动前，能否正确进行现场处置，确保不引发二次事件（故），以便尽快恢复正常的学习、工作和生活秩序。

（3）恢复重建。设计"恢复重建"这一科目，着重检验学校及有关部门在应急阶段结束后，为减少危机造成的损失，能否立即投入一定的人力、财力、物力，帮助事件所波及的单位（部门）从紧急情况中恢复到正常状态。进行"恢复重建"科目演练时，主要演练"善后处置"和"恢复行动"两方面内容。

一是善后处置。本科目着重检验高校有关组织和人员如何依据国家法律、法规、方针、政策和学校有关管理制度，来妥善地料理和解决危机引发的人员伤亡、财物损毁、秩序破坏等问题。

二是恢复行动。本科目着重检验高校在处置危机事件时所进行的管理的恢复、现场警戒与安全管理、给予帮助、心理干预、损失评估、搜集记录资料和数据、事件调查、恢复安全紧急系统、保险索赔、制度建设和公共关系等工作情况。

（4）应急保障。"应急保障"科目着重检验学校在危机应对中，能否提供满足危机处置所需要的保障条件，以便高效、快速地处置好危机事件。进行"应急保障"科目演练主要有以下内容：

一是通信保障。重检验高校是否明确应急指挥部、现场指挥、各应急部门、外部应急机构之间的通信方法，说明主要使用的通信方式、电话号码等；是否定期维护通信设备、核对电话号码；必要时是否能启动备用通信系统；是否选择合适的通信方式和适合的通信工具，多种通信方式是否确保通信畅通，能否随时保持联系。

二是物资保障。着重检验高校是否为危机管理准备了适量、符合要求的防护用品、消防器材、急救设备、抢险与抢修设备以及照明、音响、标志明显的服装或供佩戴的显著标志、旗帜以及持续式应急标志指示灯、停电自动应急灯等辅助工具。

三是财力保障。着重检验高校是否有应急所需经费，是否列入学校年度经费计划，且单列开支；需要使用时，能否快捷、方便、合法。

四是医疗卫生保障。着重检验高校可用的急救资源列表（如急救医院、救护车和急救人员）；抢救药品、医疗器械、消毒、解毒药品等的来源和供给；建立与医疗机构的联系与协调机制；针对学校主要的危险，为急救人员和医疗人员提供培训的安排和要求，保证其掌握正确的消毒和治疗方法，以及个人安全措施；指定医疗指挥官，建立现场急救和医疗服务的统一指挥、协调系统；建立对受伤人员进行分类急救、运送和转送医院的标准操作程序；记录汇总伤亡情况，通过公共信息机构向新闻媒体发布受伤、死亡人数等信息；保障现场急救和医疗人员个人安全的措施。

五是科技支撑。着重检验高校是否建立技术装备保障系统，充分发挥现代科学技术在危机处置中的特殊作用；是否采用先进科技；优化系统功能，整合各种紧急救援资源，购置先进的特种车辆、侦检设备、防护器材和通信设备等，确保紧急救援准确、快捷、及时、高效。

3. 预案的培训

要建立适应我国国情特色的高校危机管理预案体系，获得大量的危机管理预案体系建设的经验，除了回顾历史，总结教训，更需要不断地开展教育和培训。

《中华人民共和国突发事件应对法》和教育部相关文件中对危机管理预案的宣传教育及培训工作做了明确的规定。通过开展危机管理预案的宣传教育及培训，普及危机的预防、避险、自救和互救知识，提高高校教师和学生的安全意识和应急处置技能。由此可见，宣传教育和培训工作与危机管理预案管理工作密不可分。而现实中高校的危机管理预案仅有少数人知道，积极组织宣传和培训工作将是高校另一重要的工作。

危机管理预案在制定后，要分别让大家明确校园危机事件的基本类型、处理的方式与应对的措施。无论是管理人员还是一般师生，明确知晓危机事件"预防"与"避险"的方式，掌握"自救、互救"的方法与注意的事项，了解"他救"渠道以及联系的途径等。通过组织宣传和培训，树立良好的应急意识，发挥危机管理预案的独特作用。

预案培训的范围包括教育主管部门的培训；高校师生的培训；专业应急救援队伍的培训。高校应制订年度培训计划，采用各种教学手段和方式，如自学、讲课、办培训班等，加强对各有关人员危机应对的培训，以提高危机处理能力。培训的主要内容包括法律法规、条例和标准、安全知识、各级应急预案、抢险维修方案、本岗位专业知识、应急救护技能、风险识别与控制、基本知识、案例分析等。法律法规教育是应急培训的核心之一，也是安全教育的重要组成部分。通过教育使应急人员在思想上牢固树立法治观念，明确"有法必依、照章办事"的原则。安全卫生知识培训主要包括火灾、爆炸等基本理论及其简要预防措施；识别重大危险源及其危害的基本特征；重大危险源及其临界值的概念；化学毒物进入人体的途径及控制其扩散的方法；中毒、窒息的判断及救护等。安全技术与抢修培训主要让师生和救援队伍进行安全操作、事故控制抢修、抢险工具的操作和应用、消防器材的使用等。

专职应急抢险人员是发生危机事件时应急抢险的主力军，要求专业人员要熟悉应急预案每一个步骤和自己的职责，切实做到临危不乱，出手过硬。其培训的主要内容包括：熟悉应急预案的全部内容，各种情况的维修和抢险方案；熟练掌握本单位或部门在应急救援过程中所应用器具、装备的使用及维护，掌握和了解重大危害及事故的控制系统；有关安全生产方面的规章制度、操作规程、安全常识；应急救援过程中的自身安全防护知识，防护器具的正确使用；本企业所辖的管道线路、站场、阀室、附属设施及周边自然和社会环境的相关信息；事故案例分析等。另外，专业应急救援人员还需要进行定期考核，取得职业资格等。

(四) 预案的评估与修订

1. 预案评估的三个阶段

高校学生危机事件往往给高校带来人力、物力、财力损失。通过危机管理预案的培训来提高应急能力,是预防和控制危机事件的有效手段。高校学生危机管理预案的评估工作可以划分为三个阶段[①]。

(1) 预案编制前评估

高校学生危机管理预案编制前的评估工作主要是高校应急能力评估和高校学生危机风险评估。评估的主要目的是对高校的应急能力和风险层次进行明确定位,为危机管理预案的编制提供参考。编制前评估也可以称为水平评估,包括高校学生危机的识别、高校安全系统的脆弱性分析和可能的危机程度分析三个方面。高校学生危机的识别要通过对高校的自然条件、社区环境、校园建筑、师生规模等方面进行分析,总结历史,识别潜在的安全隐患和威胁;高校安全系统的脆弱性分析是为了找出发生危机事件后学生最易受到破坏的环节,以及时间、影响范围和后果;可能的危机程度分析,则是用于提供高校发生不同类型危机的可能性,如地震,台风等,或者同时发生多种危机的可能性,如山洪伴随泥石流等,并分析出对高校造成学生伤害的类型。进行危机管理预案的编制前期评估有助于更加科学、合理地进行危机管理预案的编制,使危机危机管理预案更加贴近实际,更有助于危机管理预案在突发事件的应急反应中发挥更大的作用。

(2) 预案内容评估

高校学生危机管理预案整体内容的评估主要是指针对编制好的危机管理预案,从科学性、实用性等角度对内容、结构进行评估,保证危机管理预案的科学性、完整性和权威性。预案演练评估,也可以作为预评估,是指在危机管理预案编制后,在整个演练过程中发现的问题,进行的评估。评估的范围包括准备阶段、实施阶段和总结阶段。其目的在于对预案制定后检验危机管理预案的内容是否合理、参与人员职责、分工是否明确、部门之间的关系协调是否及时,并通过演练评估总结经验教训,寻找有效的

---

① 邱涛. 高校突发事件应急预案研究 [D]. 武汉:中南民族大学,2013.

解决办法，修订完善的危机管理预案，为今后的危机处置提供有效的借鉴。

评估的主要内容如表 4-10 所示。

表 4-10 预案评估内容

内容	详细
完整性	包括预案结构和内容的完整性。一是对预案的文本结构的科学性和灵活性方面的界定，整个预案体系的结构状况的合理性分析。二对预案内容的完整性分析，预案内容包括了：所有需要完成的任务；所有具备的必要的应急反应能力；提供了应急反应行动各个方面和一系列程序（即如何行动、何时行动、由谁指挥）；确定了成功的标准和预期的结果；估计实现目标所需时间
充分性	一个编制完善的危机管理预案，是建立在充分的风险评估基础之上的。如果预定的响应目标和能力可以有效地确定，并完成其中关键性的任务，那么，该预案就是充分的
可行性	危机管理预案的承担机构或部门能否在预案设置的时间内，利用现有的资源履行指定的职责，并完成重要任务。这些机构或部门应该根据任务，分配现有的内、外部资源，并跟踪资源的状态（归属、是否可利用等）
可接受性	确保在现有的资源条件下，预案的执行者能够履行自己的职责，尽量避免产生人员、设备物资或时间方面的额外风险。如果资源需求规模与任务要求成正比，那么预案可以根据资源的成本予以调整
符合性	《预案》最大限度地遵守我国现行危机管理预案法规政策标准和国家、地方上位危机管理预案的要求，以及相关预案之间的衔接性

(3) 实施效果评估

高校学生危机管理预案实施效果的评估主要是高校危机管理预案培训评估、高校危机管理预案演练评估和高校危机管理预案的实施评估。高校危机管理预案培训工作的好坏直接影响到危机管理预案的演练效果，也会影响到危机管理预案的实施效果。因此，对于培训、演练的评估是危机管理预案实施评估的补充，是查找危机管理预案实际应用中的矛盾根源的有效方法。高校学生危机事件发生后，针对危机的启动情况、应急决策能力、应急保障能力、应急部门分工协作情况、现场处置情况、恢复重建情况等进行的评估。比较前两种评估方式来说，其"事后诸葛亮"的特性表现更为突出，具有很强的针对性。事后评估为高校危机管理预案的准确度、全面性和有效性进行分析，提出防范和改进措施，修订和完善危机管理预案，从而使危机管理预案更加科学可行，并为高校危机管理预案的修订提供了实例支撑。

由于危机管理预案培训效果评估有综合性、复杂性及模糊性,以往的评估主要采用专家访谈、问卷调查等语言形式[①],但这些方法只能针对整个培训过程中的某个环节作出具体评价,评估内容比较片面、评估结果比较模糊。柯氏模型是被广泛使用的培训效果评估模型,从评估深度和难度将培训效果分为4个递进的层次,使评估结果更加全面[②],用于检验危机管理预案培训是否达到预期的目的和要求,以期有助于高校应急管理者调整以后的培训内容和形式、修订危机管理预案。柯氏四级评估模式[③],在培训效果评估中占主导地位,它是从反应层、学习层、行为层、结果层对培训过程进行完整、系统的评估,具体内容见表4-11[④]。

表4-11 柯氏四层评估模型

评估层	评估时间	评估目的	主要评估内容	主要评估方法
反应层	培训结束后马上进行	调查培训项目的满意程度	培训设施、培训师、教学方法、课程设置等	问卷调查
学习层	培训后期	测定受训者的学习获得程度	知识和智力水平的增加	笔试、情景模拟、案例
行为层	培训后1~3个月	考察受训者的知识运用程度	行为变化、知识应用	绩效考核、访谈、观察、问卷调查
结果层	培训结束一年后	衡量培训创造出的价值	生产率、事故率、态度等	行动计划法、问卷调查

反应层主要考虑培训形式和内容是否被高校师生接受,培训内容和行业的密切度,师生对培训工作前期准备(地点、时间、环境等)的满意度等。学习层通过学习危机管理预案,掌握各类事故的救援流程以及风险辨识、控制能力。行为层反映应急培训效果的实践能力,因此,将行为层的评估设置在危机管理预案演练环节。由于事故率的降低、伤亡人数的减少是多因素互相作用的结果,所以结果层的评估主要体现培训之后应急能力的改变。

---

① 张素丽,康泉胜,方元,等. 浙江省突发事件应急预案评价指标体系研究[J]. 中国安全科学学报,2012,22(10):164-169.
② 薛晓乐. 基于PEM的企业培训绩效评估研究及应用[D]. 重庆:重庆大学,2013.
③ 李贝. 基于Kirkpatrick模型的管理培训效果评估方法优化[D]. 长沙:长沙理工大学,2011.
④ 贺龙,彭恩泽,陈本伟,等. 基于柯氏理论的安全培训效果评估模型研究[J]. 中国安全生产科学技术,2015,11(03):186-190.

为了避免个人主观性的影响，各指标的确定参考《生产经营单位生产安全事故危机管理预案编制导则》①《生产安全事故应急演练评估指南》。首先对反应层、学习层、行为层、结果层的各指标因素归类，初步建立指标体系；其次，征求专家意见，删除隶属度低的指标；最后，进行相关性分析，删除重复指标，确保指标体系的可靠性，提高评价结果的准确度。建立的危机管理预案培训效果评估指标体系见表4-12。

表4-12 培训效果评估指标体系

一级指标	二级指标	指标说明
反应层 A_1	培训准备 A_{11}	培训形式、组织安排、培训设备、培训环境等前期准备
	培训教师 A_{12}	授课的专业性、新颖性、多样性、互动性等
	内容设计 A_{13}	重点是否突出、是否结合安全生产实际情况
学习层 A_2	法律法规 A_{21}	安全生产法、消防法、突发事件应对法、事故应急管理办法等
	预案文本 A_{22}	综合预案、专项预案、现场处置方案
	职能划分 A_{23}	各个职能部门的职责是否清晰、明确
	风险辨识 A_{24}	火灾、爆炸、坍塌、中毒等常发事故的风险辨识及事故灾害后果
	风险控制 A_{25}	火灾、爆炸、坍塌、中毒等常发事故的处置措施
	应急器材的使用 A_{26}	灭火器、消防栓、防毒口罩、水枪、护目镜等应急器材的使用
行为层 A_3	预警与响应 A_{31}	信息报告的清晰性与及时性、选择合适的响应等级等
	应急指挥 A_{32}	应急指挥的统一性、指挥部的正常运作等
	事故处置 A_{33}	救援方案的可行性、处置操作程序的规范性
	部门协作 A_{34}	信息发布、医疗救护、人员保护、现场管制与警戒等
	后期处置 A_{35}	人员安置、污染物的处理、潜在危害的应对措施
结果层 A_4	危机管理预案的修订 A_{41}	培训演练给危机管理预案修订提出的合理建议
	危机管理的重视 A_{42}	培训给预案管理工作的指导
	应急响应流程的熟悉 A_{43}	是否熟悉应急救援程序、是否熟悉自己的职责

2. 预案评估的依据

（1）国家和地方有关重大事故应急法规、标准和政策，如《中华人民共和国突发事件应对法》《中华人民共和国安全生产法》《国务院办公

---

① GB/T 29639—2020，生产经营单位生产安全事故应急预案编制导则 [S]．

厅关于印发突发事件应急预案管理办法的通知》（国办发〔2013〕101号）等。通过列举相关法律、法规条款中对危机管理预案的有关规定，根据规定的内容，对照预案的内容、结构，找出问题。由于该标准是原则性标准，任何预案的设定都是要符合法律法规的要求，按照国家规定的方针政策进行编写，所以以此作为对照评估的一种标准，体现预案的符合性[①]。

（2）上位危机管理预案，主要指国家层面、上级部门等颁发的一些突发事件综合应急预案，如国家自然灾害救助应急预案、国家防汛抗旱应急预案、国家地震应急预案、国家突发地质灾害应急预案、国家处置重、特大森林火灾应急预案等。依据上位应急预案中的内容结构设置、任务设置等对照所需评估的预案，发现问题。其他地方级的相关应急预案的设置需按照国家或上级预案编制的结构模式进行编写，在内容结构、任务设置等方面需与国家级预案保持一致，保持衔接性，有助于预案之间的联动。所以，以此方面作为一评估标准，体现预案的完整性。

（3）发达国家先进的应急管理理念和方法，有《美国国家事故管理系统（NIMS）》《美国国家应急响应框架（NRF）》《美国综合应急准备指南(101)》等[②]。我国对于应急管理方面的研究较少，尤其是理论创新方面更是非常少，美国在应急管理方面的发展较为成熟，在对预案的设置方面更是非常完善，美国通用任务表中，明确对可能发生的任何突发事件在应急预案中需体现出的任务进行了归纳总结如表4–13所示。

表4–13 应急预案风险应急准备任务表

阶段	目标任务	详细工作
防范	（A）探查威胁	①指导情报行动；②管理数据收集工作；③处理数据，获取情报；④分析情报；⑤发布威胁信息
	（B）控制通路	①检查相关物品；②监控相关地区；③组织人员筛查
	（C）消除威胁	①修复破损设施；②加固防范设施；③清除危险

[①] 薛元杰. 突发事件应急预案的评估研究[D]. 北京：首都经济贸易大学，2016.

[②] A–Ter Mors et al. An event–based task framework for disaster planning and decisionsupport [J]. In Proc. ofthe 2nd International ISCRAMConference, Brus – sels, Belgium, April, 2005：151–153.

续表

阶段	目标任务	详细工作
保护	（A）评估关键基础设施及重要资产	①识别相关资产；②评估脆弱性；③开展形势评估
	（B）保护关键基础设施及重要资产	①采取保护措施；②保护资产及财产；③分散资产，提供备份
	（C）降低公共风险	①保护公共卫生；②保护公共安全；③帮助公众做好应急准备
响应	（A）开展事故评估	①开展事故调查；②评估潜在危险及后果；③实现内部通信
	（B）最大程度减轻事故危害	①管理事故；②针对危险采取响应行动；③实施保护行动；④开展搜寻及救援工作；⑤发布公共信息
	（C）提供医疗服务	①管理事故；②针对危险采取响应行动；③实施保护行动；④开展搜寻及救援工作；⑤发布公共信息
恢复	（A）救援公众	①提供长期保健服务；②提供灾后恢复信息；③提供社会服务
	（B）恢复环境	①清理事故现场；②处置相关设施物品；③开展现场恢复；④恢复能源提供
	（C）恢复基础设施	①恢复政府服务；②重建房屋；③恢复国家生命线④恢复经济结构

3. 预案的修订

大多数高校现有的危机管理预案都有着"假、大、空"的通病，预案中的内容过于宽泛，预案中只罗列制定预案所要求的一些基本框架，框架之下没有任何实质性的内容，不具备可操作性。这样导致在学生危机事件发生时高校不能以预案为指导快速展开应急救援行动。因此，高校在制定预案时应尽可能细化预案内容，应急责任细化到部门甚至岗位。

一般出现以下情况，应当修订预案：其一，发现了新的风险或者有情况显示一项预案已经过时。其二，从发生过的危机事件中获得的经验教训，危机的发生往往会暴露出一些之前没有注意的风险点，或者表明需要更好的应急程序，或者应当将某些组织纳入预案中。其三，应急演练中获得经验教训。从应急演练中获取的经验教训与危机事件雷同，不同之处在于应急演练是人为控制的，特别设计以检验应急预案的程序，并且可以不断重复直到合理地安排产生为止。其四，组织机构及其程序、技术系统发生变动。其五，关键工作人员发生变动。预案或者其附则，必须不断地反映关键工作人员的变动。包括姓名、工作头衔以及联系方式。其六，有关的法律规定被修改，或者制定了新的法律规定，需要修订应急预案。根据国外的经验，应急预案至少应当每年定期修订一次，如果在这一年中发生了危机事件、进行应急演练、组织机构变动等情况，还应当及时修订预案[①]。

《中华人民共和国突发事件应对法》第十七条规定，"应急预案制定机关应当根据实际需要和情势变化，适时修订应急预案"。国家安全生产监督总局颁发的《生产安全事故应急预案管理办法》第二十九条规定：地方各级安全生产监督管理部门制定的应急预案，应当根据预案演练、机构变化等情况适时修订。生产经营单位制定的应急预案应当至少每三年修订一次，预案修订情况应有记录并归档。第三十条有下列情形之一的，应急预案应当及时修订：

（1）生产经营单位因兼并、重组、转制等导致隶属关系、经营方式、法定代表人发生变化的；

（2）生产经营单位生产工艺和技术发生变化的；

（3）周围环境发生变化，形成新的重大危险源的；

（4）应急组织指挥体系或者职责已经调整的；

（5）依据的法律、法规、规章和标准发生变化的；

（6）应急预案演练评估报告要求修订的；

（7）应急预案管理部门要求修订的。

应对危机事件是一个长期过程，预案不能一成不变，可以说危机管理预案修订的重要性并不亚于预案的制定。要在高校的日常管理中，及时发现、辨别新情况对现有预案的影响，根据现实的发展不断地对预案进行修改、补充、删除，要重视从日常的应急演练中探索经验；从已经发生的危机事件中总结规律；在组织机构、关键工作人员发生变动时，及时对预案做相应调整更新。只有不断地及时对预案进行修订完善，才能使应急预案更有效地发挥应对突发事件的作用。高校学生危机事件的预案在建立以后，

---

① 张红. 我国突发事件应急预案的缺陷及其完善［J］. 行政法学研究，2008（03）：9-15.

可能会在很长时间内不会启动。但现实的经验一再说明，提高危机意识，制定并不断完善应急预案，防患于未然，才是应对突发事件最好的办法。在新形势下，应对可能发生的危机事件，目前的高校应急预案的编制和管理工作还只是刚刚开始，面对挑战，未来的工作远未完成[①]。应急预案制定以后，并不是一劳永逸。要对预案不断修改、完善。在对危机事件潜在危险监测、调查、之后，高校应急管理机构应根据新环境、新问题，组织相关专家，对潜在风险进行评估、分析，对应急预案内容及时调整完善[②]。

（1）改进危机管理组织机构与职责。成立常设的危机管理机构，明确、细化危机管理机构的人员构成、职责。特别是应急指挥系统的设置和相关人员的配备，明确主要指挥决策者的职责、权力，明确相关部门的负责人及具体负责的应急任务，明确确立分工协作，应急联动的工作机制。明确问责制，对相关部门及人员不能履行应急救援行动时采取必要措施。

（2）改进应急行动标准化程序。细化应急行动执行部门在进行某一种或几种行动的操作标准，如操作指令检查表，这样一旦应急预案启动，应急管理相关部门及工作人员可以按照指令表有序的落实行动。改进危机事件发生现场的人员、财物的转移顺序，不断优化，提高应急救援的效率。

（3）改进危机管理预案中突发事件的处置措施。每一项处置措施都是一道工序，而应急预案中最关键的是突发事件的处置措施，将危机事件的处置措施，落实到操作层面。

（4）改进应急资源调度方案。高校财政部门要根据不同级别的突发事件对应急资源的需求程度不同，对应急管理中所需的人员、物资设备和其他资源做到详细地评估和预算，不断改进应急资源调度方案。

危机管理预案的修订应当由当初制定的主体负责，预案修订后，应当及时公布。

详细内容可参见2013年10月25日国务院办公厅发布的《突发事件应急预案管理办法》（国办发〔2013〕101号）。

---

① 张大成. 论对高校应急预案编制和管理的完善［J］. 辽宁工业大学学报（社会科学版），2010，12（01）：38-40.
② 何志程. 高校突发事件应急管理存在的问题及对策研究［D］. 东北师范大学，2012.

附录1

突发事件应急预案管理办法

国办发〔2013〕101号

第一章 总 则

第一条 为规范突发事件应急预案（以下简称应急预案）管理，增强应急预案的针对性、实用性和可操作性，依据《中华人民共和国突发事件应对法》等法律、行政法规，制订本办法。

第二条 本办法所称应急预案，是指各级人民政府及其部门、基层组织、企事业单位、社会团体等为依法、迅速、科学、有序应对突发事件，最大程度减少突发事件及其造成的损害而预先制定的工作方案。

第三条 应急预案的规划、编制、审批、发布、备案、演练、修订、培训、宣传教育等工作，适用本办法。

第四条 应急预案管理遵循统一规划、分类指导、分级负责、动态管理的原则。

第五条 应急预案编制要依据有关法律、行政法规和制度，紧密结合实际，合理确定内容，切实提高针对性、实用性和可操作性。

第二章 分类和内容

第六条 应急预案按照制定主体划分，分为政府及其部门应急预案、单位和基层组织应急预案两大类。

第七条 政府及其部门应急预案由各级人民政府及其部门制定，包括总体应急预案、专项应急预案、部门应急预案等。

总体应急预案是应急预案体系的总纲，是政府组织应对突发事件的总体制度安排，由县级以上各级人民政府制定。

专项应急预案是政府为应对某一类型或某几种类型突发事件，或者针对重要目标物保护、重大活动保障、应急资源保障等重要专项工作而预先制定的涉及多个部门职责的工作方案，由有关部门牵头制订，报本级人民政府批准后印发实施。

部门应急预案是政府有关部门根据总体应急预案、专项应急预案和部门职责，为应对本部门（行业、领域）突发事件，或者针对重要目标物保护、重大活动保障、应急资源保障等涉及部门工作而预先制定的工作方案，由各级政府有关部门制定。

鼓励相邻、相近的地方人民政府及其有关部门联合制定应对区域性、流域性突发事件的联合应急预案。

第八条 总体应急预案主要规定突发事件应对的基本原则、组织体系、运行机制，以及应急保障的总体安排等，明确相关各方的职责和任务。

针对突发事件应对的专项和部门应急预案，不同层级的预案内容各有所侧重。国家层面专项和部门应急预案侧重明确突发事件的应对原则、组织指挥机制、预警分级和事件分级标准、信息报告要求、分级响应及响应行动、应急保障措施等，重点规范国家层面应对行动，同时体现政策性和指导性；省级专项和部门应急预案侧重明确突发事件的组织指挥机制、信息报告要求、分级响应及响应行动、队伍物资保障及调动程序、市县级政府职责等，重点规范省级层面应对行动，同时体现指导性；市县级专项和部门应急预案侧重明确突发事件的组织指挥机制、风险评估、监测预警、信息报告、应急处置措施、队伍物资保障及调动程序等内容，重点规范市（地）级和县级层面应对行动，体现应急处置的主体职能；乡镇街道专项和部门应急预案侧重明确突发事件的预警信息传播、组织先期处置和自救互救、信息收集报告、人员临时安置等内容，重点规范乡镇层面应对行动，体现先期处置特点。

针对重要基础设施、生命线工程等重要目标物保护的专项和部门应急预案，侧重明确风险隐患及防范措施、监测预警、信息报告、应急处置和紧急恢复等内容。

针对重大活动保障制定的专项和部门应急预案，侧重明确活动安全风险隐患及防范措施、监测预警、信息报告、应急处置、人员疏散撤离组织和路线等内容。

针对为突发事件应对工作提供队伍、物资、装备、资金等资源保障的专项和部门应急预案，侧重明确组织指挥机制、资源布局、不同种类和级别突发事件发生后的资源调用程序等内容。

联合应急预案侧重明确相邻、相近地方人民政府及其部门间信息通报、处置措施衔接、应急资源共享等应急联动机制。

第九条 单位和基层组织应急预案由机关、企业、事业单位、社会团体和居委会、村委会等法人和基层组织制定，侧重明确应急响应责任人、风险隐患监测、信息报告、预警响应、应急处置、人员疏散撤离组织和路线、可调用或可请求援助的应急资源情况及如何实施等，体现自救互救、信息报告和先期处置特点。

大型企业集团可根据相关标准规范和实际工作需要，参照国际惯例，建立本集团应急预案体系。

第十条 政府及其部门、有关单位和基层组织可根据应急预案，并针对突发事件现场处置工作灵活制定现场工作方案，侧重明确现场组织指挥机制、应急队伍分工、不同情况下的应对措施、应急装备保障和自我保障等内容。

第十一条 政府及其部门、有关单位和基层组织可结合本地区、本部门和本单位具体情况，编制应急预案操作手册，内容一般包括风险隐患分析、处置工作程序、响应措施、应急队伍和装备物资情况，以及相关单位联络人员和电话等。

第十二条 对预案应急响应是否分级、如何分级、如何界定分级响应措施等，由预案制定单位根据本地区、本部门和本单位的实际情况确定。

第三章 预案编制

第十三条 各级人民政府应当针对本行政区域多发易发突发事件、主要风险等，制定本级政府及其部门应急预案编制规划，并根据实际情况变化适时修订完善。

单位和基层组织可根据应对突发事件需要，制定本单位、本基层组织应急预案编制计划。

第十四条 应急预案编制部门和单位应组成预案编制工作小组，吸收预案涉及主要部门和单位业务相关人员、有关专家及有现场处置经验的人员参加。编制工作小组组长由应急预案编制部门或单位有关负责人担任。

第十五条 编制应急预案应当在开展风险评估和应急资源调查的基础上进行。

（一）风险评估。针对突发事件特点，识别事件的危害因素，分析事件可能产生的直接后果以及次生、衍生后果，评估各种后果的危害程度，提出控制风险、治理隐患的措施。

（二）应急资源调查。全面调查本地区、本单位第一时间可调用的应急队伍、装备、物资、场所等应急资源状况和合作区域内可请求援助的应急资源状况，必要时对本地居民应急资源情况进行调查，为制定应急响应措施提供依据。

第十六条 政府及其部门应急预案编制过程中应当广泛听取有关部门、单位和专家的意见，与相关的预案作好衔接。涉及其他单位职责的，应当书面征求相关单位意见。必要时，向社会公开征求意见。

单位和基层组织应急预案编制过程中，应根据法律、行政法规要求或实际需要，征求相关公民、法人或其他组织的意见。

第四章　审批、备案和公布

第十七条 预案编制工作小组或牵头单位应当将预案送审稿及各有关单位复函和意见采纳情况说明、编制工作说明等有关材料报送应急预案审批单位。因保密等原因需要发布应急预案简本的，应当将应急预案简本一起报送审批。

第十八条 应急预案审核内容主要包括预案是否符合有关法律、行政法规，是否与有关应急预案进行了衔接，各方面意见是否一致，主体内容是否完备，责任分工是否合理明确，应急响应级别设计是否合理，应对措施是否具体简明、管用可行等。必要时，应急预案审批单位可组织有关专家对应急预案进行评审。

第十九条 国家总体应急预案报国务院审批，以国务院名义印发；专项应急预案报国务院审批，以国务院办公厅名义印发；部门应急预案由部门有关会议审议决定，以部门名义印发，必要时，可以由国务院办公厅转发。

地方各级人民政府总体应急预案应当经本级人民政府常务会议审议，以本级人民政府名义印发；专项应急预案应当经本级人民政府审批，必要时经本级人民政府常务会议或专题会议审议，以本级人民政府办公厅（室）名义印发；部门应急预案应当经部门有关会议审议，以部门名义印发，必要时，可以由本级人民政府办公厅（室）转发。

单位和基层组织应急预案须经本单位或基层组织主要负责人或分管负责人签发，审批方式根据实际情况确定。

第二十条 应急预案审批单位应当在应急预案印发后的 20 个工作日内依照下列规定向有关单位备案：

（一）地方人民政府总体应急预案报送上一级人民政府备案。

（二）地方人民政府专项应急预案抄送上一级人民政府有关主管部门备案。

（三）部门应急预案报送本级人民政府备案。

（四）涉及需要与所在地政府联合应急处置的中央单位应急预案，应当向所在地县级人民政府备案。

法律、行政法规另有规定的从其规定。

第二十一条 自然灾害、事故灾难、公共卫生类政府及其部门应急预案，应向社会公布。对确需保密的应急预案，按有关规定执行。

第五章 应急演练

第二十二条 应急预案编制单位应当建立应急演练制度，根据实际情况采取实战演练、桌面推演等方式，组织开展人员广泛参与、处置联动性强、形式多样、节约高效的应急演练。

专项应急预案、部门应急预案至少每 3 年进行一次应急演练。

地震、台风、洪涝、滑坡、山洪泥石流等自然灾害易发区域所在地政府，重要基础设施和城市供水、供电、供气、供热等生命线工程经营管理单位，矿山、建筑施工单位和易燃易爆物品、危险化学品、放射性物品等危险物品生产、经营、储运、使用单位，公共交通工具、公共场所和医院、学校等人员密集场所的经营单位或者管理单位等,应当有针对性地经常组织开展应急演练。

第二十三条 应急演练组织单位应当组织演练评估。评估的主要内容包括:演练的执行情况,预案的合理性与可操作性,指挥协调和应急联动情况,应急人员的处置情况,演练所用设备装备的适用性,对完善预案、应急准备、应急机制、应急措施等方面的意见和建议等。

鼓励委托第三方进行演练评估。

第六章 评估和修订

第二十四条 应急预案编制单位应当建立定期评估制度,分析评价预案内容的针对性、实用性和可操作性,实现应急预案的动态优化和科学规范管理。

第二十五条 有下列情形之一的,应当及时修订应急预案:

(一)有关法律、行政法规、规章、标准、上位预案中的有关规定发生变化的;

(二)应急指挥机构及其职责发生重大调整的;

(三)面临的风险发生重大变化的;

(四)重要应急资源发生重大变化的;

(五)预案中的其他重要信息发生变化的;

(六)在突发事件实际应对和应急演练中发现问题需要作出重大调整的;

(七)应急预案制定单位认为应当修订的其他情况。

第二十六条 应急预案修订涉及组织指挥体系与职责、应急处置程序、主要处置措施、突发事件分级标准等重要内容的,修订工作应参照本办法规定的预案编制、审批、备案、公布程序组织进行。仅涉及其他内容的,修订程序可根据情况适当简化。

第二十七条 各级政府及其部门、企事业单位、社会团体、公民等,可以向有关预案编制单位提出修订建议。

第七章 培训和宣传教育

第二十八条 应急预案编制单位应当通过编发培训材料、举办培训班、开展工作研讨等方式,对与应急预案实施密切相关的管理人员和专业救援人员等组织开展应急预案培训。

各级政府及其有关部门应将应急预案培训作为应急管理培训的重要内容,纳入领导干部培训、公务员培训、应急管理干部日常培训内容。

第二十九条 对需要公众广泛参与的非涉密的应急预案,编制单位应当充分利用互联网、广播、电视、报刊等多种媒体广泛宣传,制作通俗易懂、好记管用的宣传普及材料,向公众免费发放。

第八章 组织保障

第三十条 各级政府及其有关部门应对本行政区域、本行业(领域)应急预案管理工作加强指导和监督。国务院有关部门可根据需要编写应急预案编制指南,指导本行业(领域)应急预案编制工作。

第三十一条 各级政府及其有关部门、各有关单位要指定专门机构和人员负责相关具体工作,将应急预案规划、编制、审批、发布、演练、修订、培训、宣传教育等工作所需经费纳入预算统筹安排。

第九章 附　　则

第三十二条 国务院有关部门、地方各级人民政府及其有关部门、大型企业集团等可根据实际情况,制定相关实施办法。

第三十三条 本办法由国务院办公厅负责解释。

第三十四条 本办法自印发之日起施行。

附录 2

学生伤害事故处理办法

(2002年6月25日教育部令第12号发布)

第一章 总　　则

第一条　为积极预防、妥善处理在校学生伤害事故，保护学生、学校的合法权益，根据《中华人民共和国教育法》《中华人民共和国未成年人保护法》和其他相关法律、行政法规及有关规定，制定本办法。

第二条　在学校实施的教育教学活动或者学校组织的校外活动中，以及在学校负有管理责任的校舍、场地、其他教育教学设施、生活设施内发生的，造成在校学生人身损害后果的事故的处理，适用本办法。

第三条　学生伤害事故应当遵循依法、客观公正、合理适当的原则，及时、妥善地处理。

第四条　学校的举办者应当提供符合安全标准的校舍、场地、其他教育教学设施和生活设施。

教育行政部门应当加强学校安全工作，指导学校落实预防学生伤害事故的措施，指导、协助学校妥善处理学生伤害事故，维护学校正常的教育教学秩序。

第五条　学校应当对在校学生进行必要的安全教育和自护自救教育；应当按照规定，建立健全安全制度，采取相应的管理措施，预防和消除教育教学环境中存在的安全隐患；当发生伤害事故时，应当及时采取措施救助受伤害学生。

学校对学生进行安全教育、管理和保护，应当针对学生年龄、认知能力和法律行为能力的不同，采用相应的内容和预防措施。

第六条　学生应当遵守学校的规章制度和纪律；在不同的受教育阶段，应当根据自身的年龄、认知能力和法律行为能力，避免和消除相应的危险。

第七条 未成年学生的父母或者其他监护人（以下称为监护人）应当依法履行监护职责，配合学校对学生进行安全教育、管理和保护工作。

学校对未成年学生不承担监护职责，但法律有规定的或者学校依法接受委托承担相应监护职责的情形除外。

第二章 事故与责任

第八条 发生学生伤害事故，造成学生人身损害的，学校应当按照《中华人民共和国侵权责任法》及相关法律、法规的规定，承担相应的事故责任（2010 年 12 月 13 日，中华人民共和国教育部令第 30 号公布修改）。

第九条 因下列情形之一造成的学生伤害事故，学校应当依法承担相应的责任：

（一）学校的校舍、场地、其他公共设施，以及学校提供给学生使用的学具、教育教学和生活设施、设备不符合国家规定的标准，或者有明显不安全因素的；

（二）学校的安全保卫、消防、设施设备管理等安全管理制度有明显疏漏，或者管理混乱，存在重大安全隐患，而未及时采取措施的；

（三）学校向学生提供的药品、食品、饮用水等不符合国家或者行业的有关标准、要求的；

（四）学校组织学生参加教育教学活动或者校外活动，未对学生进行相应的安全教育，并未在可预见的范围内采取必要的安全措施的；

（五）学校知道教师或者其他工作人员患有不适宜担任教育教学工作的疾病，但未采取必要措施的；

（六）学校违反有关规定，组织或者安排未成年学生从事不宜未成年人参加的劳动、体育运动或者其他活动的；

（七）学生有特异体质或者特定疾病，不宜参加某种教育教学活动，学校知道或者应当知道，但未予以必要的注意的；

（八）学生在校期间突发疾病或者受到伤害，学校发现，但未根据实际情况及时采取相应措施，导致不良后果加重的；

（九）学校教师或者其他工作人员体罚或者变相体罚学生，或者在履行职责过程中违反工作要求、操作规程、职业道德或者其他有关规定的；

（十）学校教师或者其他工作人员在负有组织、管理未成年学生的职责期间，发现学生行为具有危险性，但未进行必要的管理、告诫或者制止的；

（十一）对未成年学生擅自离校等与学生人身安全直接相关的信息，学校发现或者知道，但未及时告知未成年学生的监护人，导致未成年学生因脱离监护人的保护而发生伤害的；

（十二）学校有未依法履行职责的其他情形的。

第十条　学生或者未成年学生监护人由于过错，有下列情形之一，造成学生伤害事故，应当依法承担相应的责任：

（一）学生违反法律法规的规定，违反社会公共行为准则、学校的规章制度或者纪律，实施按其年龄和认知能力应当知道具有危险或者可能危及他人的行为的；

（二）学生行为具有危险性，学校、教师已经告诫、纠正，但学生不听劝阻、拒不改正的；

（三）学生或者其监护人知道学生有特异体质，或者患有特定疾病，但未告知学校的；

（四）未成年学生的身体状况、行为、情绪等有异常情况，监护人知道或者已被学校告知，但未履行相应监护职责的；

（五）学生或者未成年学生监护人有其他过错的。

第十一条　学校安排学生参加活动，因提供场地、设备、交通工具、食品及其他消费与服务的经营者，或者学校以外的活动组织者的过错造成的学生伤害事故，有过错的当事人应当依法承担相应的责任。

第十二条　因下列情形之一造成的学生伤害事故，学校已履行了相应职责，行为并无不当的，无法律责任：

（一）地震、雷击、台风、洪水等不可抗的自然因素造成的；

（二）来自学校外部的突发性、偶发性侵害造成的；

（三）学生有特异体质、特定疾病或者异常心理状态，学校不知道或者难于知道的；

（四）学生自杀、自伤的；

（五）在对抗性或者具有风险性的体育竞赛活动中发生意外伤害的；

（六）其他意外因素造成的。

第十三条　下列情形下发生的造成学生人身损害后果的事故，学校行为并无不当的，不承担事故责任；事故责任应当按有关法律法规或者其他有关规定认定：

（一）在学生自行上学、放学、返校、离校途中发生的；

（二）在学生自行外出或者擅自离校期间发生的；

（三）在放学后、节假日或者假期等学校工作时间以外，学生自行滞留学校或者自行到校发生的；

（四）其他在学校管理职责范围外发生的。

第十四条　因学校教师或者其他工作人员与其职务无关的个人行为，或者因学生、教师及其他个人故意实施的违法犯罪行为，造成学生人身损害的，由致害人依法承担相应的责任。

第三章　事故处理程序

第十五条　发生学生伤害事故，学校应当及时救助受伤害学生，并应当及时告知未成年学生的监护人；有条件的，应当采取紧急救援等方式救助。

第十六条　发生学生伤害事故，情形严重的，学校应当及时向主管教育行政部门及有关部门报告；属于重大伤亡事故的，教育行政部门应当按照有关规定及时向同级人民政府和上一级教育行政部门报告。

第十七条　学校的主管教育行政部门应学校要求或者认为必要，可以指导、协助学校进行事故的处理工作，尽快恢复学校正常的教育教学秩序。

第十八条　发生学生伤害事故，学校与受伤害学生或者学生家长可以通过协商方式解决；双方自愿，可以书面请求主管教育行政部门进行调解。

成年学生或者未成年学生的监护人也可以依法直接提起诉讼。

第十九条　教育行政部门收到调解申请，认为必要的，可以指定专门人员进行调解，并应当在受理申请之日起60日内完成调解。

第二十条　经教育行政部门调解，双方就事故处理达成一致意见的，应当在调解人员的见证下签订调解协议，结束调解；在调解期限内，双方不能达成一致意见，或者调解过程中一方提起诉讼，人民法院已经受理的，应当终止调解。

调解结束或者终止，教育行政部门应当书面通知当事人。

第二十一条 对经调解达成的协议，一方当事人不履行或者反悔的，双方可以依法提起诉讼。

第二十二条 事故处理结束，学校应当将事故处理结果书面报告主管的教育行政部门；重大伤亡事故的处理结果，学校主管的教育行政部门应当向同级人民政府和上一级教育行政部门报告。

第四章 事故损害的赔偿

第二十三条 对发生学生伤害事故负有责任的组织或者个人，应当按照法律法规的有关规定，承担相应的损害赔偿责任。

第二十四条 学生伤害事故赔偿的范围与标准，按照有关行政法规、地方性法规或者最高人民法院司法解释中的有关规定确定。

教育行政部门进行调解时，认为学校有责任的，可以依照有关法律法规及国家有关规定，提出相应的调解方案。

第二十五条 对受伤害学生的伤残程度存在争议的，可以委托当地具有相应鉴定资格的医院或者有关机构，依据国家规定的人体伤残标准进行鉴定。

第二十六条 学校对学生伤害事故负有责任的，根据责任大小，适当予以经济赔偿，但不承担解决户口、住房、就业等与救助受伤害学生、赔偿相应经济损失无直接关系的其他事项。

学校无责任的，如果有条件，可以根据实际情况，本着自愿和可能的原则，对受伤害学生给予适当的帮助。

第二十七条 因学校教师或者其他工作人员在履行职务中的故意或者重大过失造成的学生伤害事故，学校予以赔偿后，可以向有关责任人员追偿。

第二十八条 未成年学生对学生伤害事故负有责任的，由其监护人依法承担相应的赔偿责任。

学生的行为侵害学校教师及其他工作人员以及其他组织、个人的合法权益，造成损失的，成年学生或者未成年学生的监护人应当依法予以赔偿。

第二十九条　根据双方达成的协议、经调解形成的协议或者人民法院的生效判决，应当由学校负担的赔偿金，学校应当负责筹措；学校无力完全筹措的，由学校的主管部门或者举办者协助筹措。

第三十条　县级以上人民政府教育行政部门或者学校举办者有条件的，可以通过设立学生伤害赔偿准备金等多种形式，依法筹措伤害赔偿金。

第三十一条　学校有条件的，应当依据保险法的有关规定，参加学校责任保险。

教育行政部门可以根据实际情况，鼓励中小学参加学校责任保险。

提倡学生自愿参加意外伤害保险。在尊重学生意愿的前提下，学校可以为学生参加意外伤害保险创造便利条件，但不得从中收取任何费用。

第五章　事故责任者的处理

第三十二条　发生学生伤害事故，学校负有责任且情节严重的，教育行政部门应当根据有关规定，对学校的直接负责的主管人员和其他直接责任人员，分别给予相应的行政处分；有关责任人的行为触犯刑律的，应当移送司法机关依法追究刑事责任。

第三十三条　学校管理混乱，存在重大安全隐患的，主管的教育行政部门或者其他有关部门应当责令其限期整顿；对情节严重或者拒不改正的，应当依据法律法规的有关规定，给予相应的行政处罚。

第三十四条　教育行政部门未履行相应职责，对学生伤害事故的发生负有责任的，由有关部门对直接负责的主管人员和其他直接责任人员分别给予相应的行政处分；有关责任人的行为触犯刑律的，应当移送司法机关依法追究刑事责任。

第三十五条　违反学校纪律，对造成学生伤害事故负有责任的学生，学校可以给予相应的处分；触犯刑律的，由司法机关依法追究刑事责任。

第三十六条　受伤害学生的监护人、亲属或者其他有关人员，在事故处理过程中无理取闹，扰乱学校正常教育教学秩序，或者侵犯学校、学校教师或者其他工作人员的合法权益的，学校应当报告公安机关依法处理；造成损失的，可以依法要求赔偿。

第六章 附 则

第三十七条 本办法所称学校,是指国家或者社会力量举办的全日制的中小学(含特殊教育学校)、各类中等职业学校、高等学校。

本办法所称学生是指在上述学校中全日制就读的受教育者。

第三十八条 幼儿园发生的幼儿伤害事故,应当根据幼儿为完全无行为能力人的特点,参照本办法处理。

第三十九条 其他教育机构发生的学生伤害事故,参照本办法处理。

在学校注册的其他受教育者在学校管理范围内发生的伤害事故,参照本办法处理。

第四十条 本办法自 2002 年 9 月 1 日起实施,原国家教委、教育部颁布的与学生人身安全事故处理有关的规定,与本办法不符的,以本办法为准。

在本办法实施之前已处理完毕的学生伤害事故不再重新处理。

附录 3

教育部等五部门关于完善安全事故处理机制维护学校教育教学秩序的意见

教政法〔2019〕11 号

各省、自治区、直辖市教育厅（教委）、高级人民法院、人民检察院、公安厅（局）、司法厅（局），新疆生产建设兵团教育局、新疆维吾尔自治区高级人民法院生产建设兵团分院、新疆生产建设兵团人民检察院、公安局、司法局：

为贯彻落实全国教育大会精神，完善学校安全事故预防与处理机制，形成依法依规、客观公正、多元参与、部门协作的工作格局，为学校（含幼儿园）办学安全托底，解决学校后顾之忧，维护老师和学校应有的尊严，保护学生生命安全，根据教育法、治安管理处罚法、刑法等法律法规和《国务院办公厅关于加强中小学幼儿园安全风险防控体系建设的意见》等有关规定，现提出如下意见。

一、健全学校安全事故预防与处置机制

1. 着重加强学校安全事故预防。各级教育部门要依法加强对学校安全工作的督导、检查，会同、配合有关部门加强对学校校舍、场地、消防、食品安全和传染病防控等事项的监管，指导学校完善安全风险防控体系，完善学校安全管理组织机构和责任体系，健全问责机制。各级各类学校要树立预防为先的理念，落实安全标准，健全安全管理制度，完善安全风险排查和防范机制，压实安全责任，加强学生的安全教育、法治教育、生命教育和心理健康教育，建立并严格执行学校教职工聘用资质检查制度，从源头上预防和消除安全风险，杜绝责任事故。健全学校安全隐患投诉机制，对学生、家长和相关方面就学校安全存在问题的投诉、提出的意见建议，及时办理回复。

2. 规范学校安全事故处置程序。各级教育部门要指导、监督学校健全安全事故处置机制，制定处置预案、明确牵头部门、规范处置程序，完善报告制度，提高工作规范化、科学化、专业化水平。安全事故发生后，学校应当立即启动预案，及时开展救助。发生重大事故，要建立由学校主要负责人牵头的处置机制，必要时由当地人民政府或者学校主管部门、其他相关部门牵头处理。学校应当建立便捷的沟通渠道，及时通知受伤害者监护人或者近亲属，告知事故纠纷处理的途径、程序和相关规定，主动协调，积极引导以法治方式处置纠纷。学校要关心受伤害者，保障受伤害者及其监护人、近亲属的知情权和依法合理表达诉求的权利。

3. 健全学校安全事故处理的法律服务机制。司法行政机关应当组织法律援助机构依法为符合条件的学校安全事故受伤害者提供法律援助，指导律师事务所、公证机构等为当事人提供法律服务，指导律师做好代理服务工作，引导当事人依法、理性表达意见，合理提出诉求。有条件的地方可以设立学生权益法律保护中心，以政府购买服务等方式，聘请法律专业服务机构或人员，为学生提供法律服务。纠纷处理过程中，需要鉴定以明确责任的，由双方共同委托或者经当事人申请，由主持调解的机构、组织委托司法鉴定机构进行鉴定。

4. 形成多元化的学校安全事故损害赔偿机制。学校或者学校举办者应按规定投保校方责任险，有条件的可以购买校方无过失责任险和食品安全、校外实习、体育运动伤害等领域的责任保险。要通过财政补贴、家长分担等多种渠道筹措经费，推动设立学校安全综合险，加大保障力度。要增强师生和家长的保险意识，引导家长为学生购买人身保险，有条件的地方可以予以补贴。学校可以引导、利用社会捐赠资金等设置安全风险基金或者学生救助基金，健全救助机制。鼓励有条件的地方建立学校安全赔偿准备基金，或者开展互助计划，健全学校安全事故赔偿机制。

二、依法处理学校安全事故纠纷

5. 健全学校安全事故纠纷协商机制。学校安全事故责任明确、各方无重大分歧或异议的，可以协商解决。协商解决纠纷应当坚持自愿、合法、平等的原则，尊重客观事实、注重人文关怀，文明、理性表达意见和诉求。

学校应当指定、委托协商代表，或者由法治副校长、学校法律顾问等专业人员主持或参与协商。协商一般应在配置录音、录像、安保等条件的场所进行。受伤害者亲属人数较多的，应当推举代表进行协商，代表人数一般不超过5人并相对固定。双方经协商达成一致的，应当签署书面协议。推动学校建立专业化的安全事故处理委员会，统筹学校安全事故预防与处置。

6. 建立学校安全事故纠纷调解制度。教育部门应当会同司法行政机关推进学校安全事故纠纷调解组织建设，聘任人大代表、政协委员、法治副校长、教育和法律工作者等具备相应专业知识或能力的人员参与调解。建立由教育、法律、医疗、保险、心理、社会工作等方面专业人员组成的专家咨询库，为调解工作提供支持和服务。市县两级行政区域内可根据需要设立学校安全事故人民调解委员会，对学校难于自行协商或者协商不成的安全事故纠纷实现能调尽调。司法行政机关应当会同教育部门、人民法院加强对学校安全事故人民调解委员会的指导，帮助完善受理、调解、回访、反馈等各项工作制度，加强人民调解员队伍建设和业务培训，确保调解依法、规范、公正、有效进行。地方教育部门根据需要可以直接组织行政调解。区域内的高等学校可以加强合作，联合建立事故纠纷调处机制。

7. 依法裁判学校安全事故侵权责任。人民法院对起诉的学校安全事故侵权赔偿案件应当及时立案受理，积极开展诉讼调解，对调解不成的，要按照《中华人民共和国侵权责任法》和相关法律法规，参照《学生伤害事故处理办法》等规章，明确划分责任，及时依法判决；对学校已经依法履行教育、管理职责，行为无过错的，应当依法裁判学校不承担责任。诉讼调解、裁判过程中，要切实保护双方权利，杜绝片面加重学校赔偿责任的情形。最高人民法院通过发布指导性案例等方式，加强审判指导。人民法院在诉讼过程中应当加强法律宣传教育，并做好判后释疑工作。

8. 杜绝不顾法律原则的"花钱买平安"。学校安全事故纠纷处理过程中，要坚守法律底线，根据事故客观事实和法律法规规定，明确各方责任。责任认定前，学校不得赔钱息事。经认定，学校确有责任的，要积极主动、按标准依法确定赔偿金额，给予损害赔偿，不得推诿塞责、拖延不办。学校负责人或者直接管理者有责任的，学校主管部门应当依法依规及时处理、严肃问责。学校无责任的，要澄清事实、及时说明。任何组织和个人不得非法干涉纠纷处理。坚决避免超越法定责任边界,片面加重学校负担、"花钱买平安",坚决杜绝"大闹大赔""小闹小赔"。原则上,公办中小学、幼儿园人身伤害事故纠纷涉及赔偿金额请求较大的,应当积极引导当事人通过人民调解等方式解决。各地可以根据实际,规定公办中小学校、幼儿园协商赔偿的限额。

三、及时处置、依法打击"校闹"行为

9. 及时制止"校闹"行为。学校安全事故处置过程中,如发生家属及其他校外人员实施围堵学校、在校园内非法聚集、聚众闹事等扰乱学校教育教学和管理秩序,侵犯学校和师生合法权益等"校闹"行为的,学校应当立即向所在地公安机关报案,提供当事方人数、具体行为、有无人员受伤等现场情况,并保护好现场,配合公安机关做好调查取证等工作。公安机关到达前,学校保卫部门可依法采取必要的措施,阻止相关人员进入教育教学区域,防止其干扰教育教学活动。公安机关接到报案后应当立即组织警力赶赴现场,维持现场秩序,控制事态,协助有关部门进行疏导劝阻,防止事态扩大。对现场发生的违法犯罪行为,要坚决果断制止,对涉嫌违法犯罪人员依法查处。

10. 依法惩处"校闹"人员。实施下列"校闹"行为,构成违反治安管理行为的,公安机关应当依照治安管理处罚法相关规定予以处罚:(1)殴打他人、故意伤害他人或者故意损毁公私财物的;(2)侵占、毁损学校房屋、设施设备的;(3)在学校设置障碍、贴报喷字、拉挂横幅、燃放鞭炮、播放哀乐、摆放花圈、泼洒污物、断水断电、堵塞大门、围堵办公场所和道路的;(4)在学校等公共场所停放尸体的;(5)以不准离开工作场所等方式非法限制学校教职工、学生人身自由的;(6)跟踪、纠缠学校相关负责人,侮辱、恐吓教职工、学生的;(7)携带易燃易爆危险物品和管制器具进入学校的;(8)其他扰乱学校教育教学秩序或侵害他人人身财产权益的行为。"校闹"行为造成学校、教职工、学生财产损失或人身伤害,被侵权人依法追究"校闹"人员侵权责任的,应当予以支持。同时,可以通过联合惩戒机制,对实施"校闹"、聚众扰乱社会秩序的人员实施惩戒。

11. 严厉打击涉及"校闹"的犯罪行为。实施"校闹"行为涉嫌构成寻衅滋事罪、聚众扰乱社会秩序罪、故意毁坏财物罪、非法拘禁罪、故意伤害罪和聚众扰乱公共场所秩序、交通秩序罪等，需要追究刑事责任的，公安机关要依法及时立案侦查，全面客观地收集、调取证据，确保侦查质量。人民检察院应当及时依法批捕、起诉。人民法院应当加快审理进度，在全面查明案件事实的基础上依法准确定罪量刑。对故意扩大事态，教唆他人实施针对学校和教职工、学生的违法犯罪行为，或者以受他人委托处理纠纷为名实施敲诈勒索、寻衅滋事等行为的，依法从严惩处。

师生、家长或者校外人员因其他原因在校内非法聚集、游行或者实施其他影响学校正常教育教学秩序行为的，参照上述规定予以处置。

四、建立多部门协调配合工作机制

12. 加强学校及周边安全风险防控。各地要加强校园周边综合治理，在城镇幼儿园、中小学周边全面实行学生安全区域制度。教育部门应当会同公安机关指导学校建立健全突发事件预警应对机制和警校联动联防联控机制，提高应对突发事件的现场处置能力。公安机关要加强校园及周边警务室建设，加强校园周边巡逻防控，及时受理报警求助。

13. 有效应对涉及学校安全事故纠纷的舆情。学校要做好安全事故的信息发布工作，按照规定主动、适时公布或者通报事故信息；在处置预案中明确接待媒体、应对舆情的部门和人员，增强舆情应对的意识和能力。对恶意炒作、报道严重失实的，学校要及时发声、澄清事实。对有较大影响的安全事故事件，属地教育部门应在党委、政府统一领导下，会同相关部门做好舆情引导工作。对于虚假报道引起社会不良影响的，学校应当向有关部门反映或提起诉讼，追究其侵权责任。

14. 营造依法解决学校安全事故纠纷的社会氛围。推动学校安全法律制度建设，鼓励各地制定或修改、完善学校安全方面的地方性法规。司法行政机关要协调指导有关部门加强法治宣传教育，增强社会公众的法治意识，培养尊法学法守法用法的社会氛围，推动形成依法理性解决学校安全事故纠纷的共识。要通过家长学校、家长委员会等多种方式拓宽学生父母或其他监护人参与学校管理和监督的渠道，加强对学生父母或其他监护人的法治宣传，形成和谐家校关系。学校要切实树立依法治校、依法办学理念，通过法治思维和法治方式化解矛盾纠纷，不得为防止发生安全事故而限制或取消正常的课间活动、体育活动和其他社会实践活动。

15. 建立学校安全工作部门协调机制。各地、各有关部门要深刻认识保障学校安全的重要意义，加强组织领导与协调配合，形成工作合力。地方教育部门应当积极协调相关部门建立联席会议等工作制度，定期互通信息，及时研究解决问题，共同维护学校安全，切实为学校办学安全托底，解除学校后顾之忧，保障学校安心办学、静心育人。

各地可以结合实际，制定贯彻实施本意见的具体办法。

教育部　最高人民法院
最高人民检察院　公安部　司法部
2019年6月25日

内 容 提 要

本书围绕高校学生危机事件，分析了经常混淆的危机与突发事件，危机管理与应急管理的区别与联系，梳理了国内外主流的危机管理理论。根据常见危机事件的分级与分类，对高校学生危机事件进行了分类分级分析，指出了高校危机管理的现状与存在问题。结合高校发生的自然灾害、事故灾难、公共卫生、社会安全四类危机事件，分析了不同的应对策略。提出了高校应对学生危机事件的几个原则，以案例的方式提出如何打造平安校园。以"一案三制"为主要内容体系，分别阐述了危机管理预案、危机应对法制、体制和机制的相关理论，并在此基础上提出了高校学生危机事件"一案三制"建设的意见建议。

本书可供高等院校和科研院所相关专业的师生使用，也可供有关应急管理、危机管理、企业管理相关的研究人员参考，同时也可作为各级政府部门学习危机管理基础知识的入门读物。